Tony Birks
Faszination Töpfern

Zweite, ergänzte Auflage

Tony Birks

Faszination Töpfern

Ein Anleitungsbuch für einfaches und anspruchsvolles Töpfern

Zweite, ergänzte Auflage

Fotografien von Peter Kinnear

Verlag Paul Haupt
Bern · Stuttgart · Wien

Seite 1: Dekoriertes, aus Scheiben aufgebautes Gefäß von Bruce McLean.
Seiten 2 und 3: „Vierundzwanzig Stunden", Terrakottaarbeit von Antony Gormley;
Gesamtlänge 9 m, Höhe der Einzelfiguren 2–30 cm.
Seite 4: Zusammengesetzter Krug aus Irdenware von Betty Woodman.

Die englische Originalausgabe erschien 1993 in erster und 1997
in zweiter Auflage bei Conran Octopus Ltd., London unter dem Titel :
The Complete Potter's Companion von Tony Birks

Fotografien: Peter Kinnear; Illustration: Paul Bryant

Aus dem Englischen übersetzt von Alfred Schneider, CH-Winterthur
Redaktion und Satz der deutschen Ausgabe: Bücher GmbH, D-Bayreuth

Die Deutsche Bibliothek - CIP-Einheitsaufnahme

Faszination Töpfern: ein Anleitungsbuch für einfaches und anspruchsvolles Töpfern/ Tony Birks, Fotogr. von Peter Kinnear.
[Aus dem Engl. übers. von Alfred Schneider]. 2., erg. Aufl. - Bern; Stuttgart; Wien: Haupt, 1998
Einheitssacht.: The complete potter's companion <dt.>
ISBN 3-258-05684-6

1. deutsche Auflage: 1994
2. deutsche Auflage: 1998

Inhaltsverzeichnis

Einführung

Noch vor einem halben Jahrhundert wurden Kunsttöpfer eher geringschätzig betrachtet. Fabriken produzierten Gebrauchsgeschirr; niemand hatte Bedarf für handgemachte Töpferware. Bildhauer bevorzugten Metall und Stein. Die seltenen keramischen Werkstätten waren Kunstschulen und Akademien angegliedert.

Wie hat sich doch seither die Situation verändert! Der Ton ist heute, im zu Ende gehenden Jahrhundert, zum beliebtesten Werkmaterial geworden, um sich künstlerisch und kunsthandwerklich auszudrücken. In jeder größeren Stadt und in zahlreichen Schulen gibt es gut besuchte Töpferkurse. Töpfer mit eigenem Atelier gehören zu den angesehenen Künstlern, und ihre Werke finden sich in öffentlichen und privaten Sammlungen. Ton, ein unerschöpflicher und billiger Werkstoff, erfährt eine ungewöhnliche Renaissance als Material für schöpferisches Schaffen. Die Seiten dieses Buches zeigen, was moderne Künstler daraus gemacht und zu welchen Höhenflügen der Fantasie sie sich emporgeschwungen haben.

Nicht alle Möchtegerntöpfer setzen sich zum Ziel, an die Grenzen der Tonverarbeitung zu stoßen, sondern geben sich mit gefälligen, handgemachten Objekten zufrieden, die einen bestimmten Zweck erfüllen. Als ich 1972 eine erste Ausgabe dieses Buches verfaßte, widmete ich sie als praktische Wegleitung den Studenten in einem Zwei-Stunden-Abendkurs. Das Buch sollte eine Hilfe sein gegen die Frustration, zu wenig Zeit mit dem Lehrer verbringen oder zu kurze Zeit auf der Töpferscheibe praktizieren zu können, indem sich das praktisch Erlernte bei der Lektüre zu Hause vertiefen ließ. Es sollte ferner aufstrebende Anfänger zur Selbständigkeit führen, um dann eine eigene Töpferwerkstatt einzurichten. Seit der ersten Ausgabe sind zahlreiche Töpferhandbücher erschienen, sowohl spezialisierte als auch allgemeine, und mein eigener Zugang zum Unterrichten und selbst zum Töpferhandwerk hat sich verändert. Neuauflagen meines Buches berücksichtigten technische Entwicklungen – insbesondere im Ofenbau – und überhandnehmende Überlappungen von traditionell früher getrennten Techniken. Es ist bemerkenswert, wie sich frühere klare Abgrenzungen von einer Methode zur anderen verwischt haben und wie die dynamische Arbeit von heute fast ausnahmslos auf kombinierten Techniken fußt, wie z. B. der Pinch- und Plattentechnik, der Formgebungs- und Drehtechnik und der neuesten Methode der Arbeit mit Ton, der mit Papier vermischt wurde.

Die vorliegende, wiederum überarbeitete Ausgabe, welche die neuesten Entwicklungen bei Grundmaterialien, Glasuren und Öfen berücksichtigt, peilt indessen ein ganz anderes Ziel an. Sie will Töpfer ermuntern, zu experimentieren, höhere Ziele anzustreben und sich nicht zufriedenzugeben mit mittelmäßigen Ergebnissen, sondern sich dem weltweit feststellbaren Drang der schöpferischen Künstler anzuschließen, außerordentliche Werke zu schaffen und die Tätigkeit als Töpfer zu ihrem zentralen Anliegen zu machen. Die Abbildungen zeigen Keramik aus jüngster Zeit und in extremen Variationen. Trotzdem sollten sie die Zeit überdauern und als hervorragende Werke bestehen bleiben.

Natürlich gehört zur Ausübung des Töpferhandwerks sehr viel mehr, als in einem einzigen Buch vermittelt werden kann. Man wird nicht ohne Anstrengung und über Nacht Töpfer, doch es gibt so gut wie niemand, dem nicht die Erzeugung von Keramik möglich wäre. Das Buch sei der jungen Generation der Töpfer gewidmet.

Tony Birks, 1997

Marmorierte Streifen aus weißem, rotem und schwarzem Ton, teilweise glasiert und bei hoher Temperatur gebrannt, mit separaten Tonblenden zu einem keramischen Schauelement aufgezogen.
Konstruktion von Cornelia Klein.
Gesamthöhe: 150 cm.

Erde, Feuer und Wasser

Es ist überraschend, wie die Erde Töpferwaren hervorbringt. Einerseits enthält oft schon ein Spaten voll Gartenerde eine Anzahl von blau und weiß glasierten Splittern, andererseits ist die Erde selber der wichtigste Grundstoff der Töpferware. Bleibt sie unangetastet, so verändern sich keramische Fragmente und tonhaltige Erden nebeneinander während Jahrhunderten überhaupt nicht.

Es lohnt sich, keramische Fragmente genauer anzuschauen, sind sie doch oft gut für eine Hintergrundgeschichte. Vor einigen Jahren las ich einen unansehnlichen, rehbraunen Scherben auf, der sich als der Boden eines handgedrehten Gefäßes entpuppte, unglasiert, auf der Unterseite mit einer von der Töpferscheibe herrührenden Einkerbung und seitlich mit einem Fingerabdruck des Töpfers versehen. Ich fand ihn auf einer bekannten römischen Ausgrabungsstätte; er stammte aus der Hand eines Töpfers, der vor fast 2.000 Jahren lebte. Ein solcher Fund ist an und für sich nicht erstaunlich, wenn man bedenkt, daß die Töpferware so alt ist wie unsere Zivilisation und nicht verwittert wie z. B. Eisen oder Holz. Tonscherben finden sich darum auf einer archäologischen Fundstätte fast so häufig wie Unkraut. Und doch: des Töpfers Fingerabdruck und das Zeugnis der weitergeführten, fast zeitlosen Technik lösten Empfindungen aus, die über die reine Erfahrung hinausgingen. Es handelte sich um den Boden eines Gefäßes, wahrscheinlich eines Vorratskruges für eine Flüssigkeit, zweifellos auf der Töpferscheibe aus einem Ton der näheren Umgebung gemacht – genau wie es heute der Fall sein könnte.

Natürlich sind die Techniken verfeinert worden, und die Keramische Industrie hat sich zu einem hochpräzisen Industriezweig entwickelt, aber die Grundprinzipien blieben unverändert. Auch die Anziehungskraft der Töpferei hat mit der zunehmenden Mechanisierung nichts eingebüßt, denn Ton – sei es roh im ursprünglichen Zustand oder gebrannt als Fertiggefäß – wird geschätzt, weil man ihn in die Hand nehmen und erfühlen kann und das Herstellen von Keramik Freude bereitet.

Dieses Buch ist als praktischer Führer und Begleiter für viele Interessenten angelegt, die, aus welchen Gründen auch immer, die Herstellung von Töpferwaren verstehen und erlernen wollen. Es ist ein unermeßliches Feld, und selbst manch einer, der das Töpferhandwerk ergreift, hat zunächst nur unklare Vorstellungen von den wichtigsten Materialien und Verfahren. Im folgenden Kapitel werden Anleitungen vermittelt, die für den Anfänger bestimmt sind. Der erfahrene Töpfer wird in den späteren Kapiteln auf seine Rechnung kommen, während das vorliegende Kapitel dem Anfänger vorerst einige Grundlagen vermitteln will.

Das Rohmaterial

Keramik wird aus einem gewöhnlichen, natürlich vorkommendem Material, dem Ton, hergestellt, der nach der Verformung in einem Ofen großer Hitze ausgesetzt wird. Von Keramik kann man erst sprechen, wenn dem Ton alles in ihm enthaltene Wasser – freies und chemisch gebundenes – durch Hitze entzogen worden ist. Erst nach dem Brand also erhält man ein stabiles Produkt mit bleibenden Eigenschaften, fester als manches Gestein. Es läßt sich in Stücke zerbrechen, aber man kann diese nur schwer gänzlich »entsorgen«. Sie lassen sich weder auflösen noch schmelzen oder mit anderen chemischen Verbindungen kombinieren. Überzieht man ihre Oberfläche mit einer Glasur, sind sie noch dauerhafter.

Die großartige Schale mit Wasserpflanzen (rechts) *aus dem Victoria- und Albert-Museum in London entstand in Persien, ungefähr vor 750 Jahren. Das römische Fragment* (unten) *stammt aus Berkshire, England und ist mehr als 1.000 Jahre älter.*

Ton ist verwitterter, zerfallener Granit und besteht hauptsächlich aus Tonerde (Aluminiumoxid) und Kieselsäure (Siliziumdioxid). Wo Ton in tiefen Schichten, nahe dem Entstehungsort, vorkommt, ist er in der Regel ziemlich rein. Dies ist der Fall bei den China-Clay-Vorkommen, das die exponierten Granitgesteine im Bodmin-Moor in Cornwall/Südwestengland umgibt. Dort färbt der Ton die Flüsse weiß, und die Abfallberge neben den Minen sehen geisterhaft wie eine Mondlandschaft aus. China Clay oder Kaolin aus dieser Region ist der »Mutterton« und setzt sich einzig aus Kieselsäure, Tonerde und Wasser zusammen. Alle »Abarten« enthalten Verunreinigungen. Aber gerade diese sind merkwürdigerweise für den Charakter und damit auch für den Stellenwert des Tons maßgebend, indem sie die Farbe und Struktur mitbestimmen.

Je weiter weg vom ursprünglichen Standort der Ton geschwemmt wird, desto mehr wird er mit anderem Material untermischt. Meist kommt er in Form von Sedimenten, also Ablagerungen vor, die vom Wasser transportiert wurden und sich in diesem absetzten. Vor allem in den jüngeren geologischen Schichten enthält er oft Kieselsäure in Form von Sand (Quarzsand). Der Ton, der uns in Straßeneinschnitten oder auch beim Umgraben im Garten vor Augen kommt, weist oft eine gelbe oder graublaue Farbe auf, die von eingelagerten Mineralien, insbesondere vom Eisen, herrührt. Der grobe Ziegelton aus den englischen Midlands zeigt beispielsweise seinen Eisengehalt in der rosigen Pinkfärbung nach dem Brennen. Daneben sind viele andere Mineralien, wie z. B. Kalzium-, Titan-, Natrium- und Kalium-Verbindungen, in kleinen, aber bedeutsamen Mengen vorhanden.

Der Töpfer muß kein Chemiker sein, um herauszufinden, daß der stärker verunreinigte Ton die bessere Bearbeitungsqualität hat. Das will nun aber nicht heißen, daß ein Gefäß aus Ton, das Wurzeln, verrottete Blätter und Muscheln enthält, auf der Scheibe verarbeitet werden könnte. Hat man die organischen Verunreinigungen ausgesiebt, muß man Additive, wie z. B. feinen Sand oder Bentonit, zusetzen, um den Ton wieder verarbeitbar (also formbar) und geschmeidig zu machen. Es ist an und für sich verlockend, Ton zu verwenden, der mit dem eigenen Spaten aus dem Boden gegraben wird, aber die Arbeit ist sehr mühsam. Selbst nach einem langen Arbeitstag braucht es noch einen erheblichen Energieaufwand, bevor der Ton verwendbar wird.

Wenn dieselbe Platte im »grünen« Zustand (frisch gedreht) (links) *und nach dem Steinzeugbrand* (rechts) *fotografiert wird, zeigt sich die Schrumpfung besonders anschaulich.*

Hinzu kommt, daß das Durcharbeiten und Homogenisieren des Tons eine langsame und arbeitsaufwendige Beschäftigung ist. Er muß auf seine Bearbeitungsqualitäten, seine Sprödigkeit (Brüchigkeit) nach dem Brand, und auf seine Schrumpfquote geprüft werden. Selbst wenn er aufbereitet und mit Additiven plastisch gemacht wird, kann der selber gegrabene Ton immer noch zu Enttäuschungen führen, indem er beim Brand die besondere, ungewöhnliche Farbe verliert, oder bei hohen Temperaturen zum Zerspringen oder zur Rißbildung neigt.

Der erfahrene Töpfer wählt mit Vorteil einen Ton, der für die industrielle Verwendung sorgfältig aufbereitet worden ist (oft sind es Mischungen von Materialien aus verschiedenen Quellen). Interessiert er sich für die Chemie, wird ihm der Lieferant die Analyse des Tons vermitteln. Man nennt den Rohstoff in der Regel Tonmasse oder »Körper«, den man mit einem »Glasmantel« in Form eines Glasurüberzugs versieht. Bei porösen Blumentöpfen unterbleibt ein solcher Überzug.

Die Herstellung eines Gefäßes

Die Formgebung kann nach drei Methoden erfolgen: einmal durch Drehen auf der Töpferscheibe (siehe Kapitel 3–7), durch Aufbau von Hand ohne mechanische Hilfsmittel (siehe Kapitel 8–10) oder mit Hilfe von Gießformen oder Modeln mit flüssigem oder knetbarem Ton (siehe Kapitel 11–13). Nach der Formung des Gefäßes aus Ton in nassem oder breiigem Zustand muß der Ton an der Luft vollständig ausgetrocknet werden, bevor es im Ofen gebrannt wird. Das dabei abgehende »freie« Wasser bewirkt eine Schrumpfung, einen Schwund.

Im Ofen erfolgt eine weitere Schrumpfung, wenn bei ca. 600°C das chemisch gebundene Wasser entweicht – es ist dies grob gesagt die Temperatur vom Heizelement eines elektrischen Strahlers oder von der Spitze einer glimmenden Zigarette. Die Ofentemperatur steigt in der Regel auf 1.000°C bis 1.100°C. Nach dem Abkühlen wird das Gefäß aus dem Ofen genommen; es ist jetzt fest, unlöslich, unveränderbar und porös. Man spricht in diesem Stadium des Gefäßes von »Schrühware« (oder Scherben), der Brand heißt »Schrühbrand«. Das Gefäß wird sodann mit Glaspulver oder mit Glasingredienzien bedeckt und im Ofen erneut gebrannt, so daß der Glaspulverüberzug schmilzt und an der Oberfläche als Glasur erstarrt. Das Gefäß ist nun nicht mehr porös; es ist gebrauchsbereit. Der zweite Brand wird als »Glattbrand« oder »Glasurbrand« bezeichnet.

Oft finden die beiden Brände nacheinander im selben Ofen statt. Die den Anfänger zunächst verwirrenden Fachausdrücke »Schrühbrand« und »Glattbrand« bedeuten einzig, daß eine Ofenfüllung eben dem ersten oder »Rohbrand« oder dem zweiten Brand unterzogen wird, der auch »Gutbrand« heißt.

Um die Angelegenheit noch etwas komplizierter zu machen, bedient sich der erfahrene Töpfer der wichtigen Methode des kombinierten Schrüh- und Glattbrands in einem einzigen Prozeß, den man als »Rohglasieren« oder »Einbrand« bezeichnet. Das Gefäß wird nach diesem Verfahren nur einmal der hohen Temperatur ausgesetzt. Die Energieeinsparung liegt auf der Hand, doch muß mit einer höheren Fehlerrate gerechnet werden.

Eine Dekoration des Gefäßes kann grundsätzlich in jedem Stadium der Herstellung stattfinden: vom Dekor auf dem noch weichen Ton bis zum Dekor auf glasierten Oberflächen. Im letzten Fall ist ein dritter (oder zweiter) Glattbrand erforderlich. Es ist jedoch beizufügen, daß er gewöhnlich nur in industriellen Töpfereien die Regel ist.

Irdenware und Steinzeug

Die Fachausdrücke »Irdenware« und »Steinzeug« bezeichnen die beiden Hauptarten der Keramik; sie resultieren aus verschiedenen Brenntemperaturen. Irdenware wird bei 1.000°C bis 1.100°C gebrannt. Diese Temperaturen genügen, um die Glasur zu schmelzen, genügen aber nicht, um den Charakter des Innenkörpers zu verändern. Bei ungefähr 1.150°C beginnt die Verglasung des Tons, d. h. er schmilzt zu einer festen, nicht porösen Masse. Hat die Verglasung stattgefunden, nimmt das Gefäß Steinzeugcharakter an. Die üblichen Steinzeugbrenntemperaturen liegen bei 1.250°C bis 1.300°C. Erst bei diesen Temperaturen entfaltet die Glasur ihren vollen Charakter.

Grundsätzlich ist es möglich, in dem weiten Temperaturbereich von 650°C bis 1.150°C Töpferwaren mit befriedigender Glasur herzustellen, doch arbeiten die meisten Keramikmanufakturen und die meisten erfahrenen Töpfer in den zwei Temperaturbereichen von 1.000°C bis 1.100°C und 1.250°C bis 1.300°C, wo die besten Resultate erzielt werden. In jedem Fall müssen der Tonkörper, die Glasur und der Ofen auf eine bestimmte Temperatur abgestimmt sein. Glasuren sind so zusammengesetzt, daß sie bei einer ganz bestimmten Temperatur »glattgebrannt« sind. Nur innerhalb eines Toleranzbereiches von 10°C (± 5°C) um diese präzise Glattbrandtemperatur lassen sich die schönsten Glasuren erzielen. Andererseits arbeiten Ton und Öfen bis zu einer individuellen Maximaltemperatur in befriedigender Weise.

Steinzeuggefäße sind dicht und verhältnismäßig schwer, die Glasurfarben wirken eher düster, wie in diesem Gefäß von Richard Batterham. *Höhe: 35,5 cm.*

Die Tone und die Öfen sind oft nach ihren Maximaltemperaturen bezeichnet, z. B. Irdenware-Ton (max. 1.100°C) oder Steinzeug-Ton (max. 1.300°C), was aber nicht heißt, daß sie nicht auch bei niedrigeren Temperaturen mit Erfolg eingesetzt werden können. Eine Schale aus Irdenware läßt sich mit Steinzeug-Ton in einem Steinzeug-Ofen herstellen – vorausgesetzt, daß der Brand bei Irdenware-Temperaturen und mit einer Irdenware-Glasur geschieht. Es ist in der Tat eine Frage des gesunden Menschenverstandes und kann durch folgende Faustregel festgelegt werden: »Versuchen Sie nie, einen Ton oder einen Ofen bei einer höheren Temperatur als der bekannten Maximaltemperatur einzusetzen. Versichern Sie sich, daß die Glasur auf die Temperatur abgestimmt ist.« Eine »harte« Glasur, die eine hohe Temperatur erfordert, wird bei einer zu niedrigen Temperatur ganz einfach nicht schmelzen. Ist die Temperatur zu hoch angesetzt, fließt sie davon und bildet kleine Lachen, wobei der Ofen beschädigt wird.

Irdenware ist porös, nicht sehr dicht oder schwer, und ihre Glasuren sind in der Regel hellglänzend. Beim dichteren Steinzeug ist der Ton zusammengesintert. Ein Steinzeuggefäß ist deswegen schwerer als ein irdenes Gefäß gleicher Größe. Die Steinzeugglasuren sind in der Regel dunkler und gesprenkelt. Eine allgemein bekannte Variante von gesinterter Keramik ist Porzellan, das öfters durchscheinend und leicht wirkt, weil es in der Regel dünnwandig ist. Für Porzellan braucht es einen speziell reinen Ton und eine ebensolche Glasur; es wird jedoch bei hohen Temperaturen gebrannt.

Eine entsprechende Ausrüstung vorausgesetzt, kann der Anfänger grundsätzlich mit jeder Art Töpferware beginnen. Es ist eigentlich bedauerlich, daß die traditionelle Ansicht vorherrscht, Irdenware eigne sich besser für den Anfänger, wobei man diesem Steinzeug- und Porzellankeramik als unbestimmtes, zukünftiges Ziel vor Augen stellt. Es ist allerdings Tatsache, daß einige Töpfereien nur mit Öfen und »roten« Tonen für Irdenware eingerichtet sind, obschon Steinzeugtone nicht teurer zu stehen kommen. Dort wo es aber praktikabel ist, den Anfänger mit grobem Steinzeugton und einfachen Steinzeugglasuren arbeiten zu lassen, profitiert er am meisten. Irdenware erfordert präziseres Arbeiten, um Resultate gleicher Qualität zu erzielen. Zahlreiche Töpfer und Töpferwerkstätten spezialisieren sich auf Steinzeug. Ein Grund, weshalb die große Mehrheit von industriellen Töpfereien Irdenware vorzieht, liegt im geringeren Energieverbrauch für den Brand der Fertigware. Es braucht teure Mehrenergie, um die Endtemperatur von 1.250°C bis 1.300°C zu erreichen.

Vielleicht bewirkt gerade die Präzision von industrieller Irdenware, gekoppelt mit einem oft eher farblosen Dekor, den Eindruck von Lebendigkeit in der Form, die ihrerseits gerne mit einer weniger genauen Ausführung in Verbindung gebracht wird. Massenproduzierte Töpferwaren müssen natürlich nicht langweilig und unansehnlich sein, so wenig wie handgetöpferte Gefäße plump sein müssen. Man kann von einem eigenartigerweise gespaltenen Anspruch bei einigen Leuten reden, wenn sie einerseits – mit offensichtlicher Befriedigung – stümperhafte und plumpe Trinkbecher und Schüsseln für den Backofen kaufen und andererseits kleinste Gestaltungsfehler bei einem Stuhl oder einem Rasierapparat beanstanden. Es ist ihnen offensichtlich die Fähigkeit abhanden gekommen, bei echtem Kunsthandwerk denselben hohen Maßstab anzulegen wie bei mechanisch erzeugten Waren. Die Töpferwerkstatt ist nicht der Ort für Präzisionsarbeit, was aber keine Entschuldigung sein darf für einen Mangel an Eleganz und Verarbeitungsqualität. Hastig und unsorgfältig hergestellte Gefäße haben umso weniger Berechtigung, wenn man bedenkt, wieviel Zeit für die Fertigstellung eines Gefäßes aufgewendet werden muß.

Andererseits kann ebenso von einem Fehler gesprochen werden, wenn man schon zu Beginn auf dem höchsten Standard beharrt, denn ohne ein Gefäß zu fertigen, läßt sich das nächste gar nicht vergleichen. Geht man so vor, werden bereits im allerersten Unterricht Hoffnungen des Anfängers, am Ende des Kurses Kaffeekannen und praktische Schüsseln nach Hause bringen zu können, zerstört. Die Enttäuschungen bleiben nicht aus, wenn die Ausbeute des ersten Kurses nur aus wenigen Gefäßen besteht, die erst gegen Kursende fertig werden. Den meisten Anfängern geht der Fortschritt viel zu langsam, und sie finden den Unterricht in der Klasse frustrierend. Die Erlernung des Töpferhandwerks ist nicht ein stetig fortschreitender Vorgang, sondern sie geht sprunghaft vor sich, mit gelegentlichen Rückschritten. Gelingt aber ein solcher Sprung und entsteht unvermittelt und fast wie durch ein Wunder eine ganze Anzahl von handgefertigten Gefäßen, sind alle Frustrationen und Enttäuschungen vergessen, und man ist erfüllt von großer Freude.

Porzellan kann durchscheinend sein und ist oft wegen der dünnen Wände leichtgewichtig. Diese Vase von Rudolf Stoffel *wurde auf der Töpferscheibe aufgedreht und anschließend, bei noch weichem Ton, von Hand in der Form verändert.*

Einige der berühmten Kategorien von Irdenware – Majolica und Delfter Irdenware – sind durch Kobaltoxid (blaue Farbe) und Zinnglasur (weiße Farbe) charakterisiert. Dose aus Irdenware mit Deckel von Catherine Vanier. *Höhe: 30,5 cm.*

2

Die Aufbereitung des Tons

Wie der Milch begegnet man dem Ton gewöhnlich zuerst nicht in seiner natürlichen Form, sondern abgepackt und gebrauchsfertig. Obschon sein natürliches Vorkommen in Kapitel 1 behandelt worden ist, kommen die meisten Anfänger nur mit dem frischen Töpferton aus dem Polyäthylenbeutel in Berührung. Solche Plastikbeutel oder -säcke aus Polyäthylen sind, wenn unverletzt und verschweißt, luftdicht und halten Ton während vieler Jahre in einwandfreiem Zustand. Sobald der Sack Löcher aufweist und der Verschluß geöffnet ist, verliert der Ton an Feuchtigkeit und wird hart. Der Verlust an Feuchtigkeit beschädigt den Ton nicht direkt, er muß aber vor Gebrauch wieder weich gemacht werden, was zeitaufwendig ist. Natürlich kann Ton auch in Pulverform eingekauft werden – es ist dies die normale Praxis in den USA –, was wohl die Transportkosten reduziert, aber auf der anderen Seite die Aufbereitungsarbeit erhöht. Fast 30 % des plastischen und geschmeidigen Tons besteht aus Wasser, so daß sich beim pulverförmigen Ton die Versandkosten entsprechend verringern. Die meisten Anfänger verwenden frischen plastischen Ton direkt aus dem Plastiksack oder »Zweithandton« aus einem Recycling-Behälter. Nicht wenig Ton kommt nämlich gar nicht bis zum Brennen, aus Gründen von fehlerhafter Verwendung. Dieser »gebrauchte« Ton ist nach dem Recyclingprozeß, der in der Regel gründliches Mischen im Tonschneider umfaßt, für den zweiten Gebrauch besser geeignet als beim ersten Mal. In jedem Fall benötigt neuer oder alter Ton einen Aufbereitungsvorgang, bevor er gebrauchsfertig ist.

Walken und Kneten

Ton gebrauchsfertig zu machen, ist oft harte Arbeit; nur zu oft will man das nicht wahrhaben. Ungenügend aufbereiteter Ton läßt normalerweise die Fertigung eines Gefäßes im früheren oder späteren Stadium mißlingen, was in jedem Fall ärgerlich ist. Bei jedem angewendeten Herstellverfahren ist der plastische Ton in derselben Weise aufzubereiten. Mit dieser Aufbereitung muß gewährleistet werden, daß der Ton ein gleichmäßiges Gefüge bekommt, was mittels zweier Prozesse erreicht wird: durch »Walken« (oder Schlagen) und durch »Kneten«. Beim Walken wird der Tonklumpen mittels Nylonfaden oder Draht in Stücke oder Scheiben geschnitten und diese werden immer wieder kräftig auf der Werkbank zusammengepreßt. Beim Kneten wird der Tonklumpen mit den Händen kraftvoll zusammengepreßt. Diese Technik muß der Anfänger als erste erlernen, selbst wenn er das Teigkneten beherrscht, denn Teig und Ton verhalten sich verschieden.

Der Töpfer nimmt sich einen doppeltfaustgroßen Tonklumpen vor und bringt ihn auf eine saubere flache Unterlage. In den Töpfereien stehen zu diesem Zweck in der Regel sehr solide Werkbänke zur Verfügung, die Druckanwendung auf den Ton und seitliches Pressen mit den Händen ohne weiteres gestatten. Am besten eignet sich ein Schiefertisch, der ein höheres Aufsaugevermögen aufweist als ein Marmortisch, jedoch weniger absorbiert als eine Holz- oder Gipsunterlage. Die Handkantenmuskeln drücken an der Basis beider Handballen vom Körper weg gegen den Ton. Wie der Ton auf diese Weise fortgestoßen wird, holt man ihn wieder mit den Fingerspitzen zurück, zieht die Randpartien hin und her, so daß mit den Handkanten erneut Druck ausgeübt werden kann. Es soll sich dabei eine rhythmische und kreisförmige Bewegung einstellen.

Der Ton darf nicht an der flachen Unterlage kleben. Tut er es doch, ist er ent-

Kneten

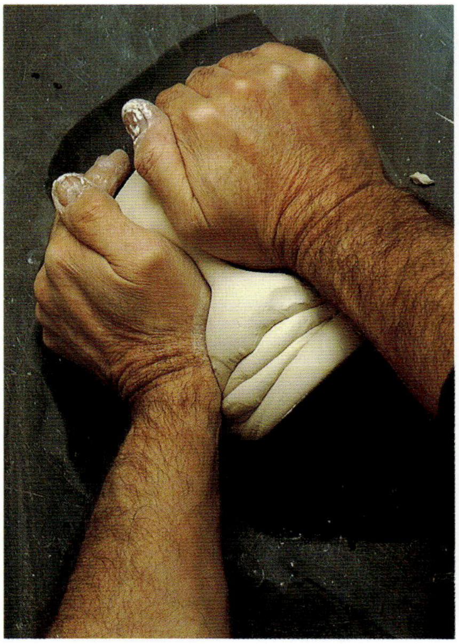

1 Ein Tonklumpen wird zu Beginn des Knetprozesses auf die Werkbank gepreßt. Der Druck wird von den starken Muskeln an der Basis der Handballen ausgeübt.

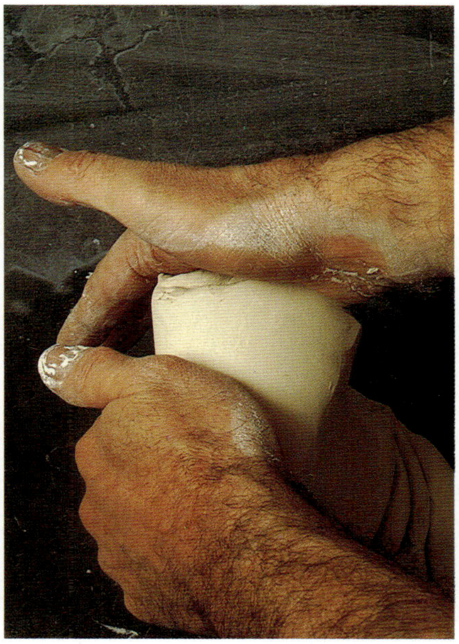

2 Die Fingerspitzen ziehen den Ton zurück und hinauf und falten ihn herwärts, so daß ihn die Handmuskeln wieder nach unten drücken können.

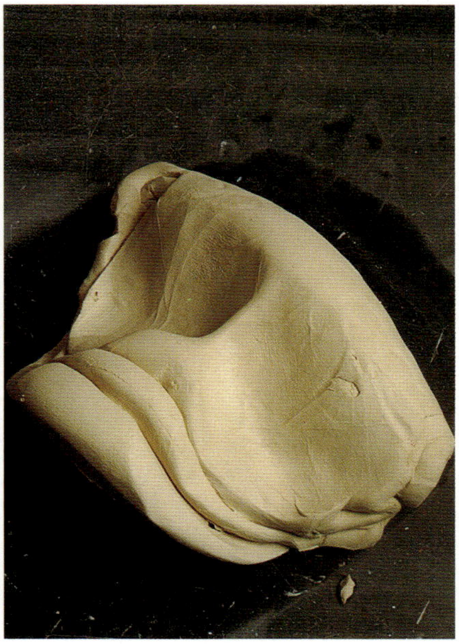

3 Erfolgt der Druck von beiden Händen gleichermaßen, nimmt der Tonklumpen die charakteristische Form an, die zur Bezeichnung »Rundkopf«-Kneten führt.

weder zu naß (und muß durch ein trockeneres Stück ersetzt oder mit Additiven getrocknet werden – siehe Seite 17), oder der Töpfer arbeitet zu schnell und muß sich ein rhythmischeres Arbeiten angewöhnen. Wenn des Anfängers Tonklumpen eine längliche Form annimmt (wie eine Wurst), ist er aufzustellen und zu einem kompakteren Klumpen niederzudrücken; der Vorgang beginnt dann wieder von vorne. Einige Anfänger beobachten, daß der Ton »schmierig« wird. Der Grund liegt darin, daß sie ihn nicht forsch genug anpacken und zu wenig Kraft ausüben; sie sollten vermehrt die Handkante und weniger die Fingerspitzen gebrauchen. Einigen »gelingt« es sogar, eine gewisse Schmierigkeit und Rißbildung miteinander zu produzieren. Diese Erscheinung ist in der Regel auf die Verwendung von Kosmetik zur Handpflege zurückzuführen. Ton trocknet bei einigen Leuten die Haut aus; man nimmt dies am besten während der Töpferarbeit in Kauf und verwendet danach eine Feuchtcreme zur Hautpflege. Ein Klumpen Ton, der an der Oberfläche Risse aufweist, ist nicht gebrauchsfertig und soll in den Behälter für wiederaufzubereitenden Ton zurückgeführt werden.

Die klassische Knettechnik läßt sich oft in wenigen Minuten erlernen. Wird sie vollständig beherrscht, kann sie – wenn gewünscht – mit der sogenannten Spiralknetmethode variiert werden. Bei vermehrter Kraftausübung mit der Handkante der rechten oder linken Hand tritt rasch eine Spiralform auf, was sehr schnell zu einem gleichmäßigen Gefüge führt. Spiralförmig gekneteter Ton behält die vorteilhafte Spiralform bei. Das Erlernen der Spiraltechnik ist nicht unbedingt nötig, aber sie erlaubt dem erfahrenen Töpfer die rasche Herstellung eines größeren Quantums von Ton.

Mit einer mit Endschlaufen versehenen Bronzedrahtschlinge oder einer solchen aus Nylonfaden (wie sie die Fischer verwenden) läßt sich der geknetete Ton wie Käse aufschneiden, um das Gefüge im Innern zu kontrollieren. Wird der Draht auf verschiedenen Höhen durch den Tonklumpen gezogen, lassen sich die einzelnen Scheiben ablösen und im Querschnitt überprüfen. Erfahrungsgemäß ist der Ton im Töpferunterricht verunreinigt. Oft enthält er Schwammfetzen, gebrannte Gipsstücke, Metallschrauben, Haare (sie können das Töpfergut auf der Scheibe zerstören!) oder andere Fremdkörper, die entfernt werden müssen. Wird der übliche Tonklumpen Zentimeter für Zentimeter durchgeschnitten, die Scheiben voneinander gelöst und wieder vereinigt, der Klumpen im rechten Winkel zu den vorhergehenden Schnitten erneut durchgetrennt, ist die Chance groß, daß solche Fremdkörper aufgefunden werden. Gleichzeitig treten Risse, Luftblasen und harte Knollen zutage. Schleudert man eine Tonscheibe auf den Werktisch, so wird sie beim Aufprall breiter und flacher, so daß sich eventuelle Mängel im Tongefüge als Riß oder Hohlraum zeigen.

Wie sind solche Fehler zu beheben? Ganz einfach durch weiteres Walken und Kneten des Tonklumpens, bis die in Intervallen aufgeschnittenen Scheiben keine Mängel mehr aufweisen. Es ist empfehlenswert, beim Wiedervereinigen der Scheiben zu einem Klumpen die Scheiben flächenverkehrt aufzubauen, so daß der Ton innerhalb des Klumpens zusätzlich homogenisiert wird. Für den aufmerksamen Schüler ist die Mischübung mit zwei verschiedenfarbigen Tonen aufschlußreich. Das Zusammenkneten von zweifarbigen Scheiben zeigt, wie der Ton innerhalb des Klumpens während des Mischvorgangs zirkuliert, bis die Vermischung perfekt ist. Wird der Knetprozeß

Spiralförmiges Kneten

Durch vermehrte Kraftausübung nach unten mit der Handkante der einen oder anderen Hand wird der Ton in eine kompakte, ammonitenähnliche Spiralform geknetet.

Herstellung von einwandfreiem Ton

1 Der Knetvorgang bezweckt die Sicherstellung einer glatten Konsistenz. Beim Aufschneiden des Tonklumpens sollten sich Luftblasen oder harte Knollen »verraten«.

2 Ein einzelner Schnitt durch den Tonklumpen deckt nicht alle Fehler auf, darum muß er mit einem Draht mehrfach durchgeschnitten werden.

richtig gehandhabt, führt das wiederholte Umschlagen und Falten des Tons nicht zu Lufteinschlüssen. Anfängern macht es oft Mühe, Fortschritte in der Qualität des aufbereiteten Tons zu erkennen. Der Hauptgrund könnte sein, daß sie einen zu großen Tonklumpen in Angriff nehmen; oft hilft die halbe Menge bereits entscheidend.

Additive

Gewisse Additive können die Verarbeitbarkeit des Tons oder sein Gefüge und Aussehen verbessern. Am üblichsten ist der Zusatz von fein zerkleinerter Schamotte oder ganz einfach von gemahlenem Töpfergut, das im Ofen gebrannt wurde. Dieses kann mehlfein oder wie Zucker sein und wirkt sich wegen seiner absorbierenden Eigenschaften als den Ton rasch trocknendes Mittel aus. Das Additiv wird in der Knetphase in den Ton eingearbeitet, etwa wie Rosinen in einen Teig. Der Schamottezusatz verlängert die Bearbeitbarkeit des Tons auf der Töpferscheibe. Das aufgedrehte Gefäß hält sich länger, ohne in sich zusammenzufallen, zudem führt grobes Schamottegries (oder Quarzsand) zu einer attraktiven Struktur im Fertigprodukt, obschon Anfänger die Oberfläche von solchen Objekten störend rauh und kratzend empfinden können. Einfärbmittel werden in der Knetphase als Metalloxide oder -karbonate zugegeben. Es braucht nur ganz kleine Mengen Farbstoffe, um den Ton zu färben. Die Farbstoffe sind im Kapitel 14 beschrieben. Einige Töpfer ziehen es vor, die Farbstoffe nicht allzu homogen in den Ton einzukneten, um zufällige Farbtupfer nach dem Brand zu erzeugen.

Sie werden rasch den richtigen Grad der Bearbeitbarkeit des Tons herausfinden. Zu harter oder zu weicher Ton führt in jedem Fall zu Schwierigkeiten. Ein einfacher »Härtetest« besteht darin, indem man mit dem Daumen gegen einen Tonballen drückt. Der Ton soll leicht nachgeben, darf aber nicht am Daumen kleben.

Das Lagern von aufbereitetem Ton

Der erfahrene Töpfer, der sich anschickt, auf der Scheibe zu arbeiten, teilt den aufbereiteten Tonklumpen in verschiedene Tonballen auf. Der Anfänger sollte sich diese Methode auch angewöhnen und mindestens ein halbes Dutzend Tonballen bereithalten, selbst wenn er nur wenige Minuten auf der Töpferscheibe zu arbeiten gedenkt. Beim Erlernen des Aufdrehens auf der Scheibe kann die »Lebensdauer« eines Tonballens nur wenige Sekunden betragen; es ist darum frustrierend und hemmend für den Arbeitsfluß, wenn man von der Scheibe weg zusätzlichen Ton aufbereiten muß.

Ton verliert rasch Feuchtigkeit; auf eine absorbierende Holzunterlage gelegt, wird der Tonballen auf der Unterseite trocken und hart. Es ist deswegen empfehlenswert, die Ballen auf einer Plastikfolie aufzuschichten (wie man früher Kanonenkugeln zu einer Pyramide aufgeschichtet hat) und, wenn nötig, in der Folie einzupacken. Aufbereiteter, in Polyäthylenfolie verpackter Ton hält sich über eine lange Zeit.

Da das Walken und Kneten recht anstrengend sein kann, arbeiten viele Töpfer vorerst gezielt streng und ruhen sich dann aus, bevor sie die Arbeit auf der Scheibe aufnehmen. Andere werden von der kurzen, aber intensiven Aufbereitungsarbeit erst recht in die richtige Stimmung versetzt, wie etwa beim Yoga oder dem Einlaufen vor einem Rennen.

Von Hand aufgebaute Keramik, wie beispielsweise nach der Wulsttechnik, kann selten in einem Arbeitsgang zu Ende geführt werden. Sie sollten genügend Ton verpackt am Lager halten, um zu einem späteren Zeitpunkt die Arbeit abzuschließen.

Wirkung des Knetens

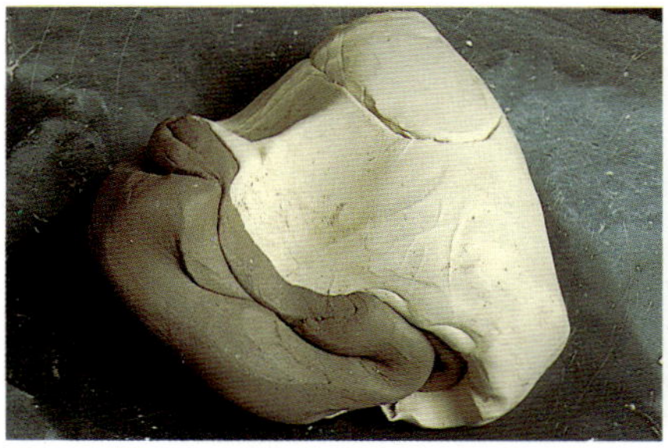

1–4 Um zu verstehen, wie die Tonpartikel während des Knetvorgangs umgewälzt werden, versuchen Sie, zwei gleich große Tonballen verschiedener Farbe zu kneten und dann durchzuschneiden. Mit fortschreitender Knetwirkung verschmelzen die Farbschlieren, bis der Ton einheitlich in Farbe und Gefüge ist.

Abwiegen

Nach dem Kneten teilen Sie den Tonklumpen in handliche Ballen auf. Wollen Sie Gegenstände gleicher Größe herstellen, wiegen Sie gleich schwere Tonballen ab.

Die magische Töpferscheibe

Die »Zauberei«, wie aus einem festen Tonballen innerhalb weniger Sekunden ein perfektes, symmetrisches Gefäß gedreht werden kann, entflammt die meisten Anfänger für die Töpferscheibe. Mit dieser Technik lassen sich nicht unbedingt die besten Gefäße fertigen, aber es ist der beste Weg, um mit Ton umgehen zu lernen. Anfänger, die keine Töpferscheibe zur Verfügung haben und gezwungenermaßen mit von Hand aufgebauten Gefäßen beginnen, können die Anleitungen zur Arbeit auf der Scheibe überspringen. Mein Rat an sie ist jedoch, sich so früh wie möglich mit der Töpferscheibe und der Scheibentechnik vertraut zu machen. Die nächsten fünf Kapitel führen den Anfänger durch die verschiedenen Stadien, die aller gedrehten Töpferarbeit gemeinsam sind. Sie werden mit ausgewählten Beispielen dafür, was mit Geschicklichkeit erreicht werden kann, illustriert.

Nebenstehend: Ein guter Arbeitsfluß braucht Zeit und Praxis. Die Schüssel von Takeshi Yasuda *ist ein Zeugnis für sicheres, gewandtes Drehen.*

Beginn der Arbeit an der Töpferscheibe

Die Töpferscheiben
Die Wahl von Töpferscheiben hat auch eine nicht zu unterschätzende emotionelle Seite. Im wesentlichen ist die Scheibe eine gleichmäßig sich drehende Plattform mit verschiedenen Geschwindigkeitsstufen. Sie dreht sich bedeutend langsamer, als der Anfänger sich das zunächst vorstellt. Der Antrieb der Scheibe kann durch den Töpfer selber (Fußantrieb mit Pedal) oder durch ein Schwungrad oder aber durch eine andere Quelle wie Elektrizität erfolgen. Für den Anfänger ist eine gute elektrische Scheibe zu empfehlen. Pedalantrieb, wie beim Radfahren, führt leicht zu unerwünschten Erschütterungen, die ablenken. Sie sollten sich aber ganz auf die Arbeit Ihrer Hände konzentrieren. Mancher Töpfer zieht die Arbeit mit Fußsteuerung vor, aber meistens erst, wenn er den Energieaufwand abzuschätzen und das Schwungrad geschickt zu bedienen gelernt hat.

Der schwerste und am häufigsten auftretende Defekt an der Scheibe sind verschlissene Lager, die den Scheibenkopf erschüttern und Ungleichlauf bewirken, ferner eine ruckweise arbeitende Kupplung, die die Scheibe unvermittelt in Betrieb setzt oder stoppt. Beide Mängel stellen den Töpfer auf eine harte Probe. Anfänger sollten, wenn immer sie die Wahl haben, solche Scheiben vermeiden.

Das Zentrieren
Der erste Schritt zur Herstellung von Gefäßen auf der Töpferscheibe besteht im Zentrieren des Tonklumpens. Das Zentrieren kann auf verschiedene Weise erfolgen, doch ist eine Voraussetzung unabdingbar: der Tonklumpen muß rund laufen, sonst kann kein Gefäß perfekt aufgedreht werden. Es ist wesentlich, die Zentriertechnik von Anfang an zu beherrschen. Ein Anfänger, der wohl späteren Arbeitsvorgängen wie Formen und Endbearbeiten gewachsen ist, aber die Zentriertechnik nicht ohne Hilfe beherrscht, ist in einer verzwickten Lage, denn auf sich selber gestellt ist er verloren.

Wahrscheinlich bringt die Schwierigkeit des Zentrierens mehr Anfänger zur Verzweiflung und Ernüchterung als irgend etwas anderes. Es braucht dazu einen Kunstgriff. Beherrscht man ihn, ist das Zentrieren nicht nur kinderleicht, sondern es macht Spaß, wenn der Tonklumpen bei verschiedenen Geschwindigkeiten rund läuft, und der Ton dem Druck der Hände wunschgemäß folgt. Haben Sie einmal diesen Stand erreicht, kann man Ihnen nur gratulieren.

Ein ungleichmäßiger Tonklumpen tendiert wegen der Zentrifugalkraft der drehenden Scheibe dazu, weggeschleudert zu werden; dieser Zug nach außen verstärkt sich, je schneller sich die Scheibe dreht. Nur wenn die Tonmenge im Zentrum perfekt ausbalanciert ist, sind die Zentrifugalkräfte allseitig gleich, und der Tonballen rotiert gleichmäßig, ist »gefügig« und gehorcht den Intentionen des Töpfers.

Es liegt auf der Hand, die Schwierigkeiten von Anfang an klein zu halten, indem man vor dem Drehen die Tonmasse so rund wie möglich formt und darauf achtet, daß diese gut aufbereitet und nicht zu hart ist. Die von einem Anfänger zu bewältigende Tonmenge hängt von der Größe seiner Hände ab. Die Regel dürfte ein Ballen sein von ungefähr 0,45 kg, entsprechend einer großen Orange (größer also als ein Tennisball).

Werfen Sie den Tonballen *nicht* auf die drehende Scheibe, da Sie auf diese Weise fast mit Sicherheit das Zentrum verfehlen,

Zentrieren des Tons 1

1 Legen Sie den Tonballen auf den Mittelpunkt der trockenen Töpferscheibe und benetzen Sie ihn mit Wasser, bevor Sie die Scheibe in Betrieb setzen.

2 Bei laufender Scheibe umfassen Sie die Tonmasse großflächig mit beiden Händen, so daß sich über dem Ton eine Art Becher bildet, und drücken sie fest nach unten.

3 Die linke Hand muß von der Seite stark gegen den Tonballen arbeiten, während die rechte Hand ihn ohne Druck sichert.

selbst aus nächster Nähe. Es ist nicht auszuschließen, daß Sie die Scheibe ganz verfehlen und der Tonballen im Wasserbecken oder auf dem Boden landet! Legen Sie den Ton besser in die Mitte der ruhenden, trockenen Scheibe und drücken Sie ihn gegen die Unterlage, ohne ihn zu verformen. Vergewissern Sie sich, daß Ihre Hände und die Scheibe trocken sind, bevor Sie mit der Arbeit beginnen. Ein Wasserfilm unter dem Ton wirkt wie ein Schmiermittel (wie Öl auf Metall) und verhindert das Ankleben des Tons.

Sobald die Scheibe in Betrieb gesetzt wird, zeigt sich jede Unebenheit im Tonballen unmittelbar. Nun kann das Zentrieren beginnen; es sind dazu außer den mit Wasser leicht benetzten Händen keine Werkzeuge nötig. Ein Wasserfilm auf Ihren Händen ist erforderlich, um das Kleben des Tons an den Händen zu vermeiden, sobald der Zentriervorgang beginnt, obschon Wasser möglicherweise den plastischen Ton aufweichen oder dessen Struktur aufschließen kann. Wird zu wenig Wasser verwendet, wird der Ton widerspenstig und stumpf. Paradoxerweise vermindert mehr Wasser das Kleben des Tons. Die Scheibe soll aber auch nicht im Wasser schwimmen, weil sonst die Arbeitsbedingungen darunter leiden und sich die Arbeitskleider mit Wasser vollsaugen.

Wenn Sie die Hände lose über dem Ton halten, werden sie mit dem drehenden, unebenen Tonballen mitschwanken. Sind Sie jedoch in der Lage, die Hände wie einen starren, festen Deckel darüberzuhalten, wird sich der Ton automatisch zentrieren. Doch ist es nicht ganz leicht, die Hände ruhig zu halten, wenn die Scheibe rotiert und die Schwankungen größer und größer werden. Ob Sie nun sitzend oder stehend an der Scheibe arbeiten, legen Sie die Ellbogen fest an den Scheibentrog an – normalerweise macht eine Gummimatte diese Arbeitshaltung bequemer. Umfassen Sie die gesamte Tonmasse mit beiden Händen und versuchen Sie beispielsweise, diese auf der Höhe der Fingerspitzen zu verschränken, so daß die Daumen über dem Scheibenzentrum zu liegen kommen, oder legen Sie die linke Hand an die Seite des Tonballens und die rechte Hand darüber.

Die Scheibe soll ziemlich schnell rotieren. Wenn Sie den Tonballen auf einer langsam drehenden Scheibe zu zentrieren versuchen, schaffen Sie sich nur Probleme. Ein erfahrener Töpfer zentriert den Ton innerhalb von ein bis zwei Sekunden auf einer schnell laufenden Scheibe, schneller als in jeder späteren Phase. Ein Anfänger, der auf einer Scheibe mit Fußantrieb arbeitet, sollte eine flotte Geschwindigkeit der Scheibe erreicht haben, bevor er den Ton auch nur berührt. Sie sollten nicht an das Aufbauen der Geschwindigkeit denken müssen, wenn Sie sich voll auf den Arbeitsvorgang konzentrieren.

Wird der Ton von der Seite her nach innen gedrückt, steigt er in der Form eines Rundkegels; Druck von oben macht ihn wieder niedriger. Dieses Spiel trägt auch dazu bei, ein eventuelles Flattern der Scheibe zum Verschwinden zu bringen. Die Hände sollten nicht voneinander gelöst werden, sollten jedoch abwechselnd zuerst von der Seite, dann von oben Druck ausüben, so daß der Ton darunter die Form verändern kann. Versuchen Sie hingegen eine andere Technik, indem Sie den Ton mit beiden Händen umfangen und ihn mit wachsendem Druck gegen Ihren Körper ziehen, wird der Tonkegel rasch in die Höhe steigen – er nimmt den

Zentrieren des Tons 1

4–5 Sobald die linke Hand den Ton nach oben zu einer hohen Wölbung gepreßt hat, wird der Druck der linken Hand verringert; nun kommt die rechte Hand zum Zug.

Durch festes Pressen nach unten mit den Handkantenmuskeln wird die Wölbung wieder flacher.

Zentrieren des Tons 2

Indem man beide Hände ineinander verschränkt und den Ton gegen sich zieht, folgt man einer beliebten Alternativmethode des Zentrierens.

Weg des geringsten Widerstands. Ein gleichmäßiger Druck der Daumen drückt den Kegel zu einer niedrigeren Wölbung herunter. Das Heben und Senken des Tonkegels – nach welcher Methode auch immer – bewirkt u. a. ein Selbstzentrieren des Tons.

Bleiben die Hände vollkommen ruhig, wenn sich der darunter liegende Ton dreht, ist die Arbeit getan. Tatsächlich gibt es keine allgemein verbindliche »korrekte« Methode, wie die Hände beim Zentrieren den Ton zu umfassen haben. Aber als allgemeine Regel kann gelten, daß sie den Ton so umfassen müssen, daß sie beim schnellen Rotieren der Scheibe völlig ruhig bleiben.

Diejenigen, die das Zentrieren unglaublich schwierig finden, müssen es hartnäckig üben, bis sie den Trick herausfinden. Sind Sie mit dem rotierenden Ton auf Kriegsfuß, so bleibt dieser oft Sieger! Vergessen Sie jedoch Ihren »Gegner« und konzentrieren Sie sich auf die ruhige Haltung Ihrer Hände, dann kann es schon anders aussehen.

Anfänger stellen manchmal fest, daß bei der Druckanwendung Ton zwischen beiden Händen oder Daumen ausgequetscht wird, so daß sich eine Pilzform bildet. Oder es ergibt sich, wenn der Tonkegel beim Niederdrücken zu fest eingeebnet wird, bei erneutem seitlichen Druck, der den Ton wieder steigen läßt, ein klebendes, hohles Zentrum (ein »Nabel«). In beiden Fällen muß die Haltung der Hände verändert werden, bis sie den Ton bequem umfassen. Im Zentrum des Tons eingeschlossene Luft oder Wasserlachen führen beim Aufdrehen des Gefäßes zu Schwierigkeiten. Um diesen Mangel zu vermeiden, ist der Ton in einer kompakten Form zu halten.

Vom-Stoß-Drehen

Wie kommt es dann bei der Schlüsselstellung des Zentrierens, fragen Anfänger, daß man am Fernsehen Töpfer aus Japan oder Bauerntöpfer in ihren Werkstätten in Spanien sehen kann, die sich keinen Deut um das Zentrieren des Tons kümmern, als ob sie aus einer schwankenden Tonmasse heraus einen Gegenstand drehten.

Die Antwort lautet, daß sie »vom Stoß drehen«. Um Zeit einzusparen, zentrieren sie jeweils nur den obersten Teil eines großen Tonklumpens, so daß in der Folge vielleicht zwölf kleine Schalen aufgedreht werden können, ohne die Töpferscheibe jedesmal mit Ton beschicken zu müssen. Es sieht fast so aus, wie wenn diesen Töpfern das Zentrieren mißlingt. Tatsache aber ist, daß sie nicht die schwankende Tonmasse verwenden, sondern nur deren obersten Teil.

Die Linkshändigkeit

Mit zwei linkshändigen Söhnen kenne ich die Probleme der Linkshänder in der rechtshändigen Welt, in der wir leben. In der Sicht des Maschinenbauers wäre es ein leichtes, eine Töpferscheibe, die im Uhrzeigersinn rotiert, zu konstruieren, aber bis heute sind nur für Rechtshänder solche, im Gegenuhrzeigersinn laufende, erhältlich.

Eine Scheibe mit Fußpedal oder Schwungrad kann in beiden Richtungen rotieren, aber ein Linkshänder, der die Scheibe im Uhrzeigersinn laufen läßt, wird beim Wechsel auf eine elektrisch angetriebene Scheibe, die links herum dreht, zum mindesten verwirrt sein. In Wahrheit werden beide Hände beim Drehen eines Gefäßes mehr oder weniger gleich gebraucht, so daß der Begriff der »führenden« Hand weniger bedeutsam ist als etwa beim Billardspiel. Es ist also durchaus nicht mangelndes Verständnis, wie es vorerst scheint, wenn der Lehrer einen Anfänger beschwört, »rechtshändig zu töpfern«.

Vorbereitung zum Aufbrechen

1 Bei laufender Scheibe ziehen Sie den Finger bis zur Kante des zentrierten Ballens hoch.

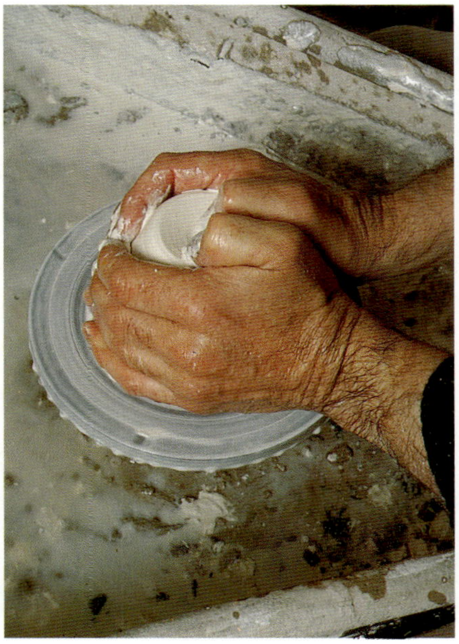

2 Läuft der Tonballen rund, und die Hände schwanken nicht bei laufender Scheibe, können Sie mit beiden Daumen die Wölbung aufbrechen.

Vom-Stoß-Drehen

Diese Technik bewährt sich, wenn sehr kleine Gegenstände wie z. B. Deckel herzustellen sind. Dabei muß nur der oberste Teil des großen Tonklumpens zentriert werden.

4

Das Aufbrechen (Öffnen)

Dreht der Ton auf der Töpferscheibe rund, ist der Töpfer bereit für die nächste Stufe. Das Aufbrechen oder Öffnen des Tonballens, um ein Gefäß zu formen, ist die nächste, wenn auch weniger gewichtige »Feuerprobe« für den Töpfer. Dazu bohrt sich der rechte Daumen ins Zentrum des Tonballens und schafft einen Hohlraum. Das Aufbrechen kann auch mit beiden Daumen erfolgen. Anfängern bereitet es einige Mühe, den (die) Daumen ohne zu schwanken nach unten zu führen. Der Hohlraum muß genau so rund laufen wie der Tonballen, denn wenn der Hohlraum azentrisch liegt, hat er mehr Material auf der einen als auf der anderen Seite.

Der erste Schritt zum Erlernen dieser Technik besteht im Einüben der Hohlraumherstellung mit dem Zeigefinger der rechten Hand: Legen Sie den Finger auf den Ton und führen Sie ihn gegen das Zentrum, indem Sie einen leichten Druck nach unten ausüben. Wenn Sie den Finger sanft wegnehmen, bleibt ein kleiner Hohlraum zurück. Nun kann sich der Daumen danach ausrichten, um die eigentliche Aushöhlung zu bewerkstelligen.

Im nächsten Schritt umfangen die Arme die Scheibe von der Seite her, die Hände sind fest miteinander verbunden, indem die linke Hand den rechten Handrücken nahe am Handgelenk faßt. Auf diese Weise wird der rechte Daumen frei, der senkrecht nach unten zeigt. Nun senken Sie ihn langsam in den Tonballen hinein. Gehen Sie zu weit, stoßen Sie auf die harte Oberfläche der Aufsatzscheibe. Sind Sie andererseits zu schüchtern, wird der Boden des Gefäßes so dick, daß es plump wirkt, vorausgesetzt, daß es beim Brand nicht reißt. Ideal ist es, wenn die Aushöhlung bis 1,5 cm über die Aufsatzscheibe reicht. Nur die Praxis lehrt Sie, wann Sie weit genug gegangen sind. Allerdings sehen Sie wenigstens, wo die Oberkante der Aufsatzscheibe genau ist, wenn Sie den um die Basis des Tonklumpens herum klebenden Ton entfernen.

Sobald der Hohlraum gemacht ist, ziehen Sie den Daumen nicht einfach zurück, sondern drücken ihn seitwärts von sich weg, so daß sich die Basis des Hohlraums ausweitet. Versuchen Sie die Daumenspitze auf konstanter Höhe zu halten, damit die Basis flach bleibt, und führen Sie diese Bewegung *langsam* aus.

Die Arbeit auf der Scheibe gelingt am besten, wenn sie langsam geschieht. Schnelle Bewegungen führen zu unschönen und schädlichen Spiralen. Bewegungen, die langsam beginnen, müssen auch langsam zu Ende gehen. Ein abrupter Abschluß des Vorgangs zum Ausweiten der Basis ist genau so schlecht wie ein überhasteter Beginn: das Gefäß wird ungleichmäßig.

Des öfteren wird in diesem Stadium Luft eingeschlossen. Wenn Sie feststellen, daß sich beim Ausweiten der Basis mit dem Daumen ein Vakuum aufbaut, ziehen Sie den Daumen *langsam* zurück, um die Luftschleuse zu brechen, dann fahren Sie mit wenig Wasser fort.

Jetzt kommen auch die Finger der rechten Hand, bis dahin an die Außenseite des Tonkörpers gelegt, zum Einsatz. Sie umgreifen den Tonkörper fest auf der entfernteren Seite (von Ihnen aus gesehen). Nun bewegen Sie die Hand langsam auf und ab. Mit den Fingern auf der Außenseite und dem Daumen auf der Innenseite, ungefähr 2 cm voneinander entfernt, steigt der sich dazwischen befindliche Ton hoch. Wenn Sie schließlich die Hand sanft vom Ton wegziehen, hat sich eine Hohlform gebildet. In der Fachsprache bezeichnet man sie als »Tintenfaßform«,

Die Herstellung eines zylinderförmigen Gefäßes

1 Machen Sie mit dem Zeigefinger im zentrierten Tonballen eine Vertiefung. Es ist wesentlich leichter, den Ton in einer Vertiefung aufzubrechen als auf einer Kuppe.

2 Indem sich die Hände fassen, wird der die Aushöhlung bewirkende Daumen ruhiggestellt. Ein nicht gestützter Daumen wackelt!

3 Ist der Daumen genügend tief in den Tonballen hineingepreßt – immer mit gefaßten Händen –, soll er vom Töpfer weggedrückt werden, um die Basis auszuweiten.

was sich wahrscheinlich besser einprägt als die Bezeichnung »umgestülpter Blumentopf«. Der ganze Vorgang, den zu erklären man so lange braucht, und zu dessen Erlernung oft Stunden nötig sind, sollte in einer einzigen, ungefähr fünf Sekunden dauernden Bewegung ausführbar sein. Mit mehr und mehr Erfahrungen müßten Sie sich zum Ziele setzen, einen

Rechts: *Eine schmucke zylindrische Form wie diejenige von* Ursula Scheid *liegt nicht außer Reichweite für einen Anfänger. Die eingravierte Verzierung und die Oxidtupfen im Ton machen das Gefäß zu einer besonders gelungenen Keramik.*

Gegenüber: *Eine zylindrische Vase von* Herbert Wenzel. *Der sorgfältig gefertigte Rand mit der doppelt ausgebildeten Schrägkante gibt dem Stück einen ausgeprägten Charakter. Es ist mit Glasurmalerei dekoriert (siehe Kapitel 19). Die Glasur ist aus Holzasche hergestellt (siehe Kapitel 16).*

Die Herstellung eines zylinderförmigen Gefäßes

4 Die Fingerspitzen der linken Hand pressen sich gegen die Toninnenseite. Auf der Außenseite drückt der Zeigefinger von der Seite gegen die Wandung.

5 Indem sich die Hände beim linken Daumen fassen, können beide Hände zu wiederholten Malen im Gleichklang die Wandung entlang nach oben fahren.

6 Mit dem Zeigefinger der rechten Hand kontrollieren Sie, ob das Oberteil des Gefäßes eben ist. Führen Sie diesen Vorgang sanft aus und stützen Sie die Wandung ab.

soliden Rand auf der Basisinnenseite und eine gleichmäßige Dicke der Wandung erzeugen zu können.

Die Herstellung eines Zylinders

Bis dahin war die rechte Hand die führende, tätige Hand, während der linken Hand eine sichernde und stützende Funktion zukam. Indessen gibt es Töpfer, die das Aufbrechen genau synchron mit beiden Händen bevorzugen. Beim nächsten Schritt haben beide Hände eine verschiedene Funktion; achten Sie darauf, daß beide Hände durch Eintauchen in Wasser genügend befeuchtet sind. Die *linke* Hand arbeitet auf der *Innenseite* des Gefäßes, indem so viele Finger (ohne Daumen), wie im Hohlraum Platz haben, sanft gegen die Basis der Wandung des Gefäßes gedrückt werden. Die *rechte* Hand arbeitet auf der *Außenseite* des Gefäßes, so daß der gekrümmte Zeigefinger mit dem flachen Teil zwischen erstem und zweitem Fingergelenk auf der Töpferscheibe nach unten gedrückt wird; die Seitenfläche des Zeigefingers schmiegt sich ganz natürlich an die Außenwandung an. Nun werden beide Hände miteinander nach oben gezogen. Der zwischen der linken und der rechten Hand hervorquetschende Ton kann keinen anderen Weg gehen als aufwärts; in wenigen Sekunden ist auf diese Weise der Zylinder fertig.

Sie sind nun am schwierigsten Teil der Arbeit angelangt. Es geschehen nun so viele Dinge gleichzeitig, daß es recht schwierig ist, sich auf drei zusätzliche Faktoren zu konzentrieren. Dabei müssen Sie für drei Konstanten sorgen, und wenn Sie das schaffen, haben Sie große Fortschritte gemacht. Es sind dies: *Konstante Geschwindigkeit der Töpferscheibe* (sie soll eher langsamer laufen als beim Zentrieren), ein *konstanter Abstand der Hände voneinander* und *eine konstante Aufwärtsbewegung am Gefäß.* Alle drei Faktoren gewährleisten eine gleichmäßige Dicke der Gefäßwandung. Mit mehr und mehr Praxis gelingt es, die Hände langsam vom obersten Teil des Tons zurückzuziehen und einen gleichmäßigen, rund laufenden Zylinder auf der Töpferscheibe herzustellen. Durch Wiederholung derselben Bewegung (zwei- bis dreimal) vom Boden bis zuoberst am Gefäß läßt sich die Dicke der Wandung bis zu der gefühlsmäßig geringsten Dicke reduzieren; der Zylinder wird dann seine »natürliche« Höhe erreichen.

Das Profil eines Zylinders

Die Wandung eines zylindrisch geformten Gefäßes soll eine gleichmäßige Dicke aufweisen, an der Basis leicht ausgeweitet. Der Boden soll eben sein, obschon sehr schwierig und viel Erfahrung erfordernd, ist es lohnend, ein frisch aufgedrehtes Gefäß aufzuschneiden, um festzustellen, wie Sie zurechtkommen.

Dem Zylinder eine ganz bestimmte Form zu geben, ist leicht zu beschreiben und zu verstehen – aber es in die Praxis umzusetzen, kann den Töpfer ein Leben lang fordern; nun ist beides auf dem Prüfstand: sein Sinn für Schönheit gleichermaßen wie seine praktische Fertigkeit. Kurz gesagt führt ein größerer Innendruck zu einer Ausweitung des Gefäßes: es bildet sich eine Ausbuchtung in der Wandung nach außen. Wird dagegen der Druck von außen auf das Gefäß erhöht, wird es eingeschnürt, und es bildet sich ein Hals oder »Kragen«. Würde man den drehenden Zylinder der Zentrifugalkraft allein überlassen, würde er sich schließlich ausweiten und wie ein mißratener Pfannkuchen abflachen. Aus diesem Grund braucht es mehr Druck von außen, um das Gefäß einzuschnüren, als von innen, um es auszuweiten, denn Sie müssen gegen die Fliehkraft aufkommen. Für eine wirklich wirksame Einschnürung müssen Sie beide Hände um das Gefäß legen, als wollten Sie es »erdrosseln«, die Daumen gegen sich gerichtet und die umfassenden Finger auf der entfernteren Seite. Wird das Gefäß zu einem sehr engen Hals gezogen, ist darauf zu achten, daß alles Wasser mit dem Schwamm entfernt worden ist, bevor es zu spät ist, den Schwamm in den engen Hals einführen zu können.

Es sind dies die Grundregeln für die Herstellung eines Gefäßes auf der Scheibe. Mit aufeinander abgestimmten Händen macht der Töpfer die Form länger, weitet sie aus oder schnürt sie ein. Ein Aspekt der Form ergibt sich aus der Verfahrenstechnik; die Töpferscheibe führt zwangsläufig zu einem kreisrunden Grundriß des Gefäßes. Das Außenprofil des Gefäßes ist Sache des Töpfers. Mit viel Praxis wird der Töpfer zum Experten, um auftretende Fehler zu beheben bzw. solche durch Vorausschauen gar nicht erst aufkommen zu lassen.

Aus Fehlern lernen

Ein weit verbreiteter Fehler des Anfängers besteht darin, die Gefäßwandung an der Basis zu dünn zu machen, so daß sich das oberste der Wandung löst und in den Händen des Töpfers bleibt, während die Basis fröhlich weiterdreht. Die Versuchung ist groß, in einem solchen Fall die angestrebte Vase in einen Aschenbecher zu verwandeln! Geben Sie ihr *nicht* nach! Es gibt viel bessere Möglichkeiten, Aschenbecher herzustellen, wenn sie solche benötigen, und Sie lernen nichts, wenn Sie aufs Geratewohl die klebende Tonmasse auf der Scheibe zu drehen versuchen. Passiert Ihnen ein solches Mißgeschick – und es wird mit Sicherheit einmal dazu kommen –, dann entfernen Sie den Rest des Tons, bei aufgestellter Scheibe, mit einem breiten Spachtel. Fangen Sie wieder von vorne an, mit einem neuen Tonballen.

Sie werden rasch feststellen, wie nützlich es ist, etwa ein halbes Dutzend Tonballen gebrauchsfertig zur Verfügung zu haben. Lassen Sie sich nicht entmutigen, wenn ein Stück nach dem anderen in den Abfallkübel wandert. Wieder aufbereitet, läßt sich der Ton erneut verwenden. Es unterlaufen einem Dutzende von Fehlern, bevor es sich lohnt, einen gedrehten Topf zu behalten.

Eine dünne Wandung nahe der Basis vermag das Gewicht des Tons darüber ganz einfach nicht zu tragen. Wenn es nicht schon auseinanderfällt, wird das Gefäß wahrscheinlich absacken oder sich in spiralförmiges »Wellblech« verziehen, sobald während des Formens der obere Teil unter Druck gesetzt wird. Ein solches Gefäß ist unbrauchbar, geben Sie es auf (selbst wenn es schmerzt) und fangen Sie wieder

Ausweiten

Erhöhter Druck von innen weitet die Form aus. Auf diese Weise erzeugt man eine Ausbuchtung. Die Hand außen hat Stützfunktion.

Einschnüren

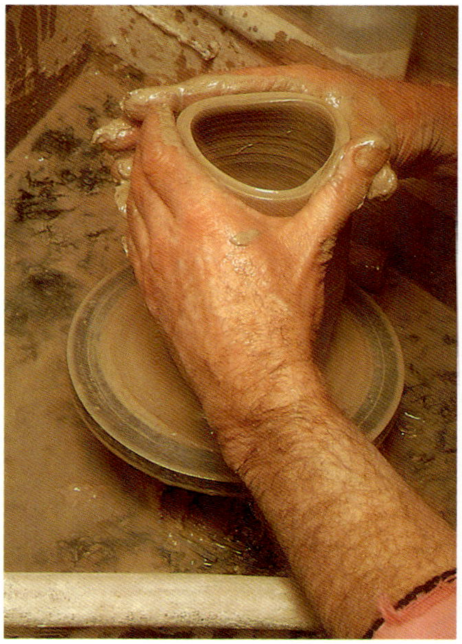

1 Um einen engen Hals zu erzeugen, stellen Sie sich vor, daß Sie das Gefäß mit beiden Zeigefingern und Daumen »erdrosseln«. Dann gehen Sie richtig vor.

2 Die Verformung des Tons zu einer dreiecksähnlichen Form (links) ist nur vorübergehend. Sobald sich die Hände sanft lösen, nimmt das Gefäß wieder eine runde Form an.

von vorne an. Das Problem von spiralförmigen Wellen tritt beim zu raschen Einschnüren des Gefäßes und bei zu großem Druck oft auf. Ist das Gefäß einmal zu einem breiten Ring ausgeweitet, besonders nahe dem obersten Teil, kann der Ton nur mit großer Geduld von neuem eingeschnürt werden. Sobald jedoch wieder wellblechartige Falten auftreten, werfen Sie das Gefäß besser weg und fangen wieder von vorne an. Achten Sie diesmal darauf, die Einschnürung vorsichtiger und sanfter vorzunehmen.

Ungenügend aufbereiteter oder sehr grober Ton (grundsätzlich eigentlich jeder Ton) kann rund um den Rand des Gefäßes reißen, wenn man den Druck nach außen verstärkt. Der abgerissene oder ungleichmäßige Rand muß sofort ausgebessert werden, weil sich sonst die Risse das Gefäß entlang nach unten fortsetzen. Ein einfaches Verfahren, um einen verunglückten Rand auszubessern, besteht darin, daß ein Streifen am oberen Teil des Gefäßes entfernt wird. Man verwendet dafür einen Stift oder eine Nadel, die am anderen Ende mit einem Korkzapfen abgesichert ist. Sie pressen die Nadel auf die Gefäßaußenseite langsam mit der rechten Hand durch die Wandung hindurch, bis die Spitze auf der Innenseite mit der Fingerkuppe der anderen Hand spürbar ist, und schneiden sodann einen Streifen ab. Indem Sie die Nadel fest, aber ohne Gewaltanwendung nach oben führen, läßt sich das oberste Stück ablösen, so daß ein neuer Rand darunter entstehen kann. Diese einfache und beliebte Methode macht einige Anfänger ganz nervös, weil sie das Teilstück zu früh abzulösen versuchen, bevor die Spitze eine ganze Umdrehung lang den Ton durchschnitten hat. Die Methode läßt sich auch anwenden, wenn der Abschluß eines Gefäßes wegen fehlerhaften Zentrierens oder Aufbrechens einseitig geraten ist. Es ist dies zwar nur ein vorläufiger Notbehelf, weil der »neue« Rand auf einer Seite dicker ausfällt als auf der anderen und weitere »Flickarbeit« die Unregelmäßigkeit wieder zu Tage bringen kann. Jedesmal, wenn dies geschieht, muß das Oberteil abgetrennt werden.

Fast alle möglichen Störfaktoren können den Anfänger zu Fehlern verleiten und das Gefäß in diesem Stadium ruinieren. Eine im Ton gefangene Luftblase kann das Gefäß azentrisch machen, es sei denn, es werde auf der stillstehenden Töpferscheibe schnell korrigiert. Zu hastige, ruckartige Bewegungen (besonders beim Ablösen der Hände) führen zu Ungleichmäßigkeiten und schließlich zur Zerstörung. Stärkeunterschiede in der Wandung müssen nicht verhängnisvoll sein, da diese zum Verschwinden gebracht werden können, indem man den Ton mit festen Händen wieder vom Boden bis zum Rand hochzieht. Sie dürfen aber nicht außer acht gelassen werden, weil sie ohne Korrektur immer schlimmer werden. Mit wachsender Erfahrung bekommen die Hände das richtige Gefühl für den Ton, so daß die Nerven der Fingerspitzen den nötigen »Feedback« (die Rückmeldung) auslösen. Nur Übung macht den Meister; sie trägt auch dazu bei, schlechte Gewohnheiten zu vermeiden. Es gibt zwei schlechte Gewohnheiten, die man vermeiden soll: mit den Händen auf dem Gefäß verweilen, ohne etwas zu tun, und den Atem anhalten. Beides machen Anfänger sehr oft, oft sogar zur gleichen Zeit. Es beeinträchtigt beides im ungünstigen Sinn: das Gefäß und den Töpfer! Die geeignete Stellung des Körpers ist aufrecht, mit dem Kopf über der Töpferscheibe, die Ellbogen bequem auf einem die Scheibe umgebenden, erhöhten Bord (dem Scheibentrog oder Scheibenkasten) abgestützt.

3 Lösen Sie die Hände immer sanft vom Ton ab. Anfänger machen diese Bewegung oft ruckartig, was zur Ungleichmäßigkeit des Gefäßes führt.

Begradigung des Randes

1–2 Ist der Rand ungleichmäßig geworden, so drücken Sie am besten eine Nadel durch die Wandung, bis Sie mit dem Finger auf der Innenseite deren Spitze spüren.

Warten Sie, bis die Töpferscheibe eine ganze Umdrehung gemacht hat und ein Streifen aus Ton abgeschnitten ist, den Sie dann abheben.

5

Grundformen auf der Töpferscheibe

Die natürliche Form, die sich mit Ton leicht ergibt, ist eine Blumentopfform, die oben weiter ist als an der Basis. Die Disziplin, die es braucht, um diese Form in einen Zylinder zu verwandeln, ist nicht umsonst, obwohl dies Möchte-gern-Töpfer langweilt. Wenn Sie sich aber auf diese gewöhnliche Form zu konzentrieren vermögen, werden Sie die Technik schneller beherrschen. Können Sie jedoch Rundformen nicht widerstehen, ist die Wahrscheinlichkeit groß, daß Sie an einer untersetzten Rundform hängen bleiben, die sich für längere Zeit in allen Ihren Gefäßen geltend machen wird. Rundungen, die sich ergeben, wenn man den Ton »seinen eigenen Weg« gehen läßt, wirken gedrungen, als ob das Gefäß »dahockt« oder sich zumindest niederhocken wolle. Auf der Töpferscheibe gedrehte Rundformen sind indessen umso besser, je mehr sie von Spannungen und Schwingungen erfüllt sind. Die in den Kapiteln 8 und 10 beschriebenen Techniken sind eher geeignet für vertiefte und bauchige Formen.

Die Wahl eines Profils

Es gibt kein Normen- oder Regelbuch für vollkommene Formen von Gefäßen, aber wenn Sie zwei gedrehte Formen miteinander vergleichen, sehen Sie unschwer den Unterschied zwischen einer kraftvollen, reinen Form und einer zögernden, unsicheren Form. Sie reagieren unmittelbar auf die Anmut einer Rundung oder auf das Aufeinanderprallen von eckigen Formen. Wenige strahlen »Persönlichkeit« aus, selbst wenn ihre Beschaffenheit wenig attraktiv ist. Die Elemente, die eine Persönlichkeit ausmachen, sind allerdings oft schwer zu definieren.

Eine Ausbauchung oder Verengung erhöht den Reiz eines Umrisses, indem sie die Blicke auf sich zieht. Jede Rundung, die sich in der Neigung oder Schräge verändert, ist für das Auge anziehender als eine konstante Rundung. So wirkt der Kettenbogen oder die Parabel dynamischer als der Halbkreis, und eine gegenläufige oder S-Kurve wirkt lebhafter, wenn die beiden Enden nicht aufeinander abgestimmt sind. Diejenigen, denen Harmonie und Ebenmaß ein echtes Anliegen sind, werden in der Keramik ihre eigenen Experimente machen und mit entsprechenden Resultaten Anerkennung finden. Es ist faszinierend, wie sich aus bestimmten Formen immer wieder andere ergeben.

Geht der Anfänger von der Zylinderform aus, ist es wesentlich, daß er eine klare Vorstellung von der Form hat, die er anstrebt. Einen Umriß oder ein Profil, mit tonigem Finger auf die Werkstattafel gezeichnet, ist ein nützlicher Wegweiser und eine sichtbare Vorgabe für Ihre Absichten.

Alle hier gezeigten Profile sind »mögliche« oder »natürliche« Formen, die den Wirkungen der Schwerkraft standhalten.

Herstellung einer kleinen Schale

1–2 Ein erfahrener Töpfer wird die kleine Schale drehen, indem er nur den Daumen auf der Innenseite ansetzt. Anfängern wird empfohlen, eine sanftere Methode zu wählen: der Ton wird mit dem rechten Daumen von sich weggedrückt, wobei die Außenwand mit der ganzen Innenfläche der linken Hand gestützt wird.

3 Beim Ausweiten der Schale ist die Töpferscheibe zu verlangsamen (oft dreht die Kante der kleinen Schale zu schnell).

Das Freidrehen einer Schale

Keine keramische Grundform betont das Harmonieprinzip klarer als die offene Schale, eine beliebte Form – historisch, funktionell und ästhetisch gesehen. Keine andere Form als die von einem Anfänger hergestellte Schale offenbart dessen Fertigkeit besser.

Es braucht eine spezielle Technik, um eine offene Schale auf der Töpferscheibe zu fertigen; sie weicht von der »normalen« Technik für eine gerade Gefäßform bis zur »Tintenfaßform« ab. Der Töpfer macht mit dem Daumen eine gleichmäßige Rundung auf der Innenseite der Tonwand, ohne den Ton gegen sich zu ziehen. Er bewegt den Ton vielmehr von Beginn an nach außen und betont die Schalenform schon im frühen Stadium. Das Aufziehen der Wandung wird ersetzt durch ein gleichzeitiges Aufbauen in der Höhe und Ausweiten der Schale, wobei die Hände die Position, wie im Bild gezeigt, einnehmen. Die Herstellung einer Flachform ist schwierig, weil ein großer Teil des Tons um den Rand herum unabgestützt ist. Es ist deshalb ratsam, die Schale mit einer recht weiten Basis auszustatten, die zum Teil beim Abdrehen abgetragen werden kann (siehe Kapitel 7).

Mit wachsendem Durchmesser der Schale nimmt die Geschwindigkeit am Umkreis zu. Obschon die Töpferscheibe beim Herstellen der Schale langsam drehen soll, dreht der Ton am Rand immer noch recht schnell zwischen den Fingern. Um es klar auszudrücken: selbst wenn die Scheibe bei einer Drehzahl von nur 60 Umdrehungen pro Minute umläuft, bewegt sich eine Schale von 30 cm am Umkreis mit 1 m pro Sekunde zwischen den Fingern, zu schnell für ein bequemes Arbeiten. Ein ruckartiger oder nicht konstant gehaltener Druck der Finger wirkt sich sofort ungünstig aus, oder, um es anders auszudrücken: ein Fehler in diesem Stadium kann zum sofortigen Einsturz führen.

Ohne daß die Schale radial abgestützt ist, hängt die Stabilität der aufgedrehten Schale von der Widerstandsfähigkeit gegen die Schwerkraft ab. Der Ton darf nicht zu weich sein, der Rand nicht zu fein, und im Querschnitt soll die Schale konisch gegen den Rand auslaufen. Die Dicke der Schalenbasis wird mit Vorteil größer gewählt als bei einem »aufrechten« Gefäß. Eine weit geöffnete Form wirkt leichter, wenn sie sich wenig von der Unterlage, auf der sie steht, abhebt. Indem vom Ton, sobald er härter ist, an der Basis abgetragen wird, läßt sich der Schale ein Fuß geben (siehe Kapitel 7).

Eine nützliche Regel für die Herstellung von offenen oder schalenförmigen Formen ist, die Form am Anfang ziemlich hoch oder »aufrecht« zu halten. Es ist wesentlich einfacher, eine hohe Form auszuweiten und tiefer zu machen, als eine zu weite oder zu flache Schale enger zu machen. Das Endprofil der Schale soll erst ganz am Schluß gemacht werden, wobei der Innenseite größere Aufmerksamkeit zu schenken ist als der Außenseite; diese kann noch später angepaßt werden (siehe Kapitel 7). Das Freidrehen einer sehr weiten und sehr flachen Schale erfordert viel Geschick – selbst die erfahrensten Töpfer müssen einen sehr guten Tag haben, wenn sie eine solche Schale machen, und der Ton muß perfekt aufbereitet sein.

4 Wenn man zur normalen Haltung der linken Hand auf der Innenseite und der rechten Hand auf der Außenseite zurückkehrt, läßt sich die Schale nachbearbeiten.

Gegenüber oben: Eine weite Schale mit schmalem Fuß ist schwieriger herzustellen als eine tief ausgebuchtete Form. Diese auffallende Arbeit stammt von Lucie Rie.

Oben: Das Profil einer Schale ist sehr wichtig. Fließende Rundungen, dünn gedreht, bieten sich am besten in Porzellan an, wie dieses Stück von Tony Birks.

Die wichtige Rolle des Randes

Die Gefäße von manchen Anfängern, selbst die Zylinderformen, machen den Eindruck, wie wenn sie »knapp an Ton« wären für die gewählte Form. Der Grund liegt oft darin, daß das Oberteil mehrere Male abgeschnitten werden mußte. Immer liegt es daran, daß in den Wandungen zu wenig Ton enthalten ist, so daß der Töpfer die Arbeit nicht richtig zu Ende führen konnte. Es ist ein eigentlicher ästhetischer Fehler, der schneller vermieden werden kann, wenn man ihn als solchen erkennt. Er hat aber auch praktische Auswirkungen, da ein zu dünner Rand schwerer unter Kontrolle zu halten und leichter zu beschädigen ist.

Massives, sehr gekonntes Steinzeuggefäß des Schweizer Keramikers Edouard Chapallaz. *Das sphärische Gefäß mit Celadonglasur (siehe Kapitel 16) bezieht seine Ausdruckskraft aus der Form und der sorgfältigen Endbearbeitung. Ein beim Drehen hochgezogener Ring betont die kleine Öffnung in der Mitte. Höhe: 38 cm.*

Fertigbearbeitung des Randes

1 Dem Oberteil ist größte Beachtung zu schenken. Die meisten Anfänger machen einen zu dünnen Rand, der ein falsches Bild von der Dicke der Wandung vermittelt.

2 Eines der besten Werkzeuge für die Endbearbeitung des Randes ist ein kleiner Streifen Wildleder. Er erzeugt eine glatte, abgerundete Oberfläche.

Die richtige Abmessung

Ein mit Ton außen auf der Seite der Töpferscheibe befestigter Meßstab zeigt Ihnen an, wann Ihr Gefäß die gewünschte Höhe oder Weite erreicht hat.

Die letzte Bewegung der Hände, bevor sie sich zuoberst vom Gefäß lösen, gibt einen wichtigen Akzent für die Form als Ganzes; die fertige Randlinie kann deren Charakter entscheidend verändern. Bleibt viel Ton übrig, kann der Rand voll und üppig erscheinen; seine Dicke gibt einen Anhaltspunkt für die gesamte Dicke des Gefäßes und somit auch für dessen Gewicht. Der Wunsch, das Gefäß zu betasten, hat mit seinem Gewicht zu tun – ein Gefäß, das anspricht, lädt zum Berühren und In-die-Hand-Nehmen ein. Das Gewicht in der Hand sollte genau damit übereinstimmen, was Sie auf Grund des Aussehens erwartet haben. Ein Anfängergefäß mit dünnem Rand enttäuscht die Erwartung, wenn es eine dicke Basis aufweist und daher bleischwer ist. Umgekehrt sollte ein dünnes Gefäß nicht mit einem zu dicken Rand ausgestattet sein, weil es sonst schwerer wirkt als es in Wirklichkeit ist. Andererseits kann ein schmaler oder strenger Rand durchaus im Einklang mit der gesamten Form stehen. Daher ist es offensichtlich, daß es keine festen Regeln für die Ausgestaltung des Oberteils der Gefäße gibt. Denken Sie jedoch daran, daß der Rand einem Gefäß, wie die Muskeln einem Gesicht, einen ganz bestimmten Ausdruck verleiht.

Scheuen Sie sich nicht, so lange am Rand zu arbeiten wie an der ganzen Form, oder spezielle Werkzeuge einzusetzen, um eine bessere Schlußgestaltung oder einen Kontrast zwischen Ausguß und der sonstigen Oberfläche zu erzielen. Ein schmaler Streifen Wildleder, über das Randprofil gezogen, führt zu einem glatten, ansprechenden Aussehen. Ein Gummi- oder Metallschaber erzeugt ein eher schmuckloses, schlichtes Aussehen, wogegen mit Hilfe eines Schwammes ein weiches, fließendes Aussehen bewirkt wird. Der Schwamm hat zudem den Vorteil, nassen und klebrigen Ton, der sich rund um den obersten Teil bildet, aufzusaugen.

Die Endbearbeitung der äußeren Oberfläche

Die äußere Oberfläche eines Gefäßes kann ebenfalls mit Werkzeugen fertiggestellt werden. Die Finger lassen charakteristische Drehlinien beidseitig, innen und außen, zurück; diese sind manchmal so persönlich wie die Handschrift. Große hervortretende Drehlinien sind oft sehr dekorativ und zu einer Form passend, so daß irgendwelche »Nacharbeit« dem Gefäß zum Nachteil gereichen würde. Ein sehr großes gedrehtes Gefäß braucht geradezu seine Drehlinien, um ihm eine Struktur zu verleihen. Bei kleinen Gefäßen sind sie jedoch nicht immer ein attraktives Gestaltungsmittel. Sie lassen sich bei drehender Scheibe mit dem sanft über die Oberfläche fahrenden Schwamm entfernen; zurück bleibt eine feinere Strukturierung.

Einige Töpfer ziehen es vor, einen nierenförmigen Gummi- oder Metallschaber zu verwenden. Das Gummiwerkzeug paßt gut zum Ton und erzeugt eine feine, glatte Oberfläche, die besonders für die Innenfläche von Schalen geeignet ist. Das Metallwerkzeug ist schwieriger in der Handhabung. Mit einem Satz von Werkzeugen aus Metall oder Holz zur Bearbeitung des Profils eines Gefäßes lassen sich Formen und Oberflächenstrukturen erzeugen, die mit den Fingern unmöglich zu schaffen sind. Andererseits verfügt die Spitze des Werkzeugs über keine Nerven, wie es bei den Fingern der Fall ist, die eine Warnung signalisieren, wenn der Ton nicht optimal ist und sich ein Mißgeschick ankündigt. Wird beispielsweise das Metallwerkzeug am Gefäß trocken oder unsanft angesetzt, kann eine Verwindung eintreten, die das Gefäß unbrauchbar macht.

Eine eingravierte Linie kann die äußere Form vorteilhaft betonen, kann aber andererseits auch einen formalen Mangel im Profil des Gefäßes verdecken.

Die Endbearbeitung der Oberfläche

1–2 Die unterschiedliche Rundung des nierenförmigen Werkzeugs gibt dem Töpfer die Möglichkeit, praktisch jede gedrehte Form zu glätten. Ein Metallwerkzeug (oben links) schabt die Oberfläche schön glatt. Manche Töpfer bevorzugen ein nierenförmiges Werkzeug aus Holz oder flexiblem Gummi (oben).

Das Abheben des Gefäßes von der Scheibe

Der Anfänger, der bis zu dieser Stufe alle Hürden ohne Schaden zu nehmen überwunden hat, wird nun mit neuen Problemen konfrontiert. Das Abheben der gedrehten Form von der Töpferscheibe scheint auch beim gelassensten Töpfer nervöse Schauer auszulösen; dabei liegt der Schlüssel zu diesem Vorgang gerade im ruhigen Arbeiten und im Selbstvertrauen.

Zuerst wird die Feuchtigkeit im Innern des Gefäßes auf der laufenden Scheibe mit dem Schwamm aufgenommen. Mit den Fingern entfernt man überflüssigen klebrigen Ton an der Basis des Gefäßes (ebenfalls bei laufender Scheibe) so sauber wie möglich. Wenn erwünscht, macht man mit einem Metallwerkzeug eine V-förmige Kerbe rund um die unterste Basis des Gefäßes, bevor die Scheibe angehalten wird. Die Kerbe dient als Führung für Trenndraht oder Trennfaden.

Ein Nylonfaden oder doppelt gezwirnter Draht, wie er bei der Aufbereitung des Tons verwendet wird, wird unter dem Gefäß so nah wie möglich über der Oberfläche der Töpferscheibe (dem Scheibenkopf) von einer Seite auf die andere durchgezogen. Werden die Drahtenden während des Durchziehens gekreuzt, wird das Gefäß sofort freigeschnitten und kann ohne weiteres von der Scheibe abgenommen werden. Dieser Vorgang erfordert einige Praxis. Dem Anfänger wird empfohlen, den Draht durchzuziehen, ohne ihn an den Enden zu kreuzen. Sodann wird wenig Wasser auf die Töpferscheibe gegossen und der Vorgang wiederholt, so daß etwas Wasser mit dem Draht unter das Gefäß gezogen wird. Dies löst das Gefäß von der Scheibe und ermöglicht es, es zu verschieben. Der Anfänger wird bei diesem heiklen Schritt ängstlich beobachtet haben, ob der durchgezogene Draht nicht auf der Innenseite des Gefäßes sichtbar geworden ist. Gefäße ohne Basis sind aus naheliegenden Gründen unbrauchbar und sollen zusammengeschlagen werden. Indessen ist eine leichte Bewegung in der Basis, wenn der Draht darunter vorbeizieht, ein gutes Zeichen dafür, daß die Basis nicht zu dick geraten ist.

Jegliches Berühren der fertigen Form mit den Fingern hinterläßt Abdrücke, die auf ein Minimum zu reduzieren sind. Eine glasierte Platte oder eine andere glatte Unterlage, auf der Höhe der Töpferscheibe gehalten, sind von Nutzen, damit das Gefäß seitlich von der Scheibe geschoben werden kann. Die Platte *muß* sauber, kalt und naß sein. Ist sie schmutzig, warm und/oder trocken, so bleibt das Gefäß beim ersten Berühren an der Platte kleben und wird sich beim weiteren Schieben verziehen. Dasselbe geschieht, wenn man versucht, das Gefäß mit zwei Fingern leicht auf die Platte zu schieben und es dabei kleben bleibt. In einem solchen Fall muß der Draht noch einmal unter dem Gefäß durchgezogen werden, bis es sich löst. Indem eine Hand die Platte hält und zwei Finger der anderen Hand gegen das Gefäß drücken, sollte dessen seitliche Verschiebung von der Scheibe auf die Platte ohne Komplikationen (in etwa drei Sekunden) möglich sein. Vergewissern Sie sich, daß die Platte auf der Höhe der Scheibe gehalten wird und das Gewicht des Gefäßes aufnehmen kann.

Ist das Gefäß erst einmal auf der Platte, so stellen Sie es weg, damit es nicht unabsichtlich von anderen Töpfern berührt wird. Falls genügend Platz vorhanden ist, ist es empfehlenswert, die Platte mit dem frischen Gefäß so zu deponieren, daß Sie es bei der Fertigung des nächsten Gefäßes im Auge behalten können. Denn wenn das Gefäß auf der Platte zu trocknen beginnt, wird es un-

Innentrocknung

Fahren Sie sorgfältig mit dem Schwamm in das Gefäß hinein (bei laufender Scheibe). Wenn Sie die Basis getrocknet haben, können Sie feststellen, ob sie flach ist.

Abheben des Gefäßes

1 Beim Entfernen des Gefäßes von der Scheibe muß man sich ein ruhiges, sicheres Arbeiten aneignen. Zögern Sie nicht, wenn Sie den Draht unter dem Gefäß durchziehen.

2 Vergewissern Sie sich, daß die Unterlage, auf der Sie das Gefäß abstellen wollen, sauber und naß ist, damit es beim Hinübergleiten nicht Schaden nimmt.

verrückbar auf dieser festkleben. Es ist deshalb ratsam, daß Sie nochmals einen Draht unter dem Gefäß durchziehen, so daß es auf der Platte trocknen und schrumpfen kann, ohne festzukleben.

Die meisten Gefäße wirken auf der Scheibe viel größer; sie scheinen zu einer realistischen Größe erst zusammenzuschrumpfen, wenn sie auf dem Regal stehen. Sie schrumpfen auch wirklich, weil sie Feuchtigkeit verlieren, ganz besonders später beim Brand. Das alles hat einen Einfluß auf die eigene Wertschätzung des Töpfers! Die Gefäße sehen, von der Seite betrachtet, anders aus, verglichen mit der Form, die Sie während der Herstellung nur von oben gesehen haben. Aus diesem Grund lohnt es sich, hie und da einen Blick von der Seite auf das Gefäß zu werfen, solange es noch auf der Töpferscheibe ist.

Kleine Gefäße sind leichter von der Scheibe abzunehmen als große; sie lassen sich mit zwei Fingern von jeder Hand nahe der Basis in die Luft heben, ohne sie auf eine Platte zu schieben. Erfahrene Töpfer gehen so vor, um Zeit einzusparen. Aber selbst Meister ihres Fachs überlegen es sich zweimal, ob sie eine wirklich große Schale auf die Platte schieben oder direkt von der Scheibe abheben wollen. Die Gefahr, eine Verwindung zu erzeugen, ist oft sehr groß.

Der einfachste Weg, um dieses recht knifflige Problem anzugehen, ist die Verwendung einer mit einem nassen Tonbatzen auf der Scheibe angeklebten runden Sperrholzunterlage. Die Schale wird auf dieser hergestellt und am Schluß mit der Unterlage abgehoben, indem man den darunter klebenden Ton loslöst. Ton gibt eine gute Verbindung zwischen Töpferscheibe und Holzplatte durch Saugwirkung. Ist das Gefäß fertig, hält man die Platte auf der laufenden Töpferscheibe an, so daß der Tonbatzen nachgibt. Das perfekte, unverzogene Gefäß läßt sich sodann mit der Platte auf das Trockenbrett stellen. Es ist aber ratsam, den Draht unter dem Gefäß durchzuziehen, so daß dieses, von der Platte gelöst schrumpfen kann. Macht man das nicht, besteht die Gefahr, daß das Gefäß nicht unbeschädigt, d. h. in einem Stück, abgelöst werden kann.

Dem anschließenden Trockenvorgang für die gedrehte, in sich ruhende Form ist große Aufmerksamkeit zu schenken. Sie läßt sich spanabhebend fertigbearbeiten (Abdrehen als die übliche Bearbeitungsmethode), sobald das Tongefäß lederhart (oder fest wie Käse) getrocknet ist. Der ganze Vorgang der Endbearbeitung ist in Kapitel 7 beschrieben; der Anfänger sollte die Anleitung nachschlagen, wenn es um die Vollendung des lederharten Gefäßes geht.

Drehen auf einer Unterlage

1–2 Das Abheben von flachen Schalen oder Platten ist schwierig. Es ist vorteilhaft, eine Holzplatte zu verwenden, die ihrerseits auf einer Tonunterlage ruht. Diese ist für bessere Haftung mit Nuten versehen, wie auf dem Bild gezeigt. Das gedrehte Gefäß kann sodann zusammen mit der Holzplatte abgehoben werden (oben).

Meisterstücke

Freigedrehte Gefäße

UNTEN:
HEIN SEVERIJNS
Ein großartig gerundetes Gefäß mit abgestimmter kristallisierter Glasur. Steinzeug.

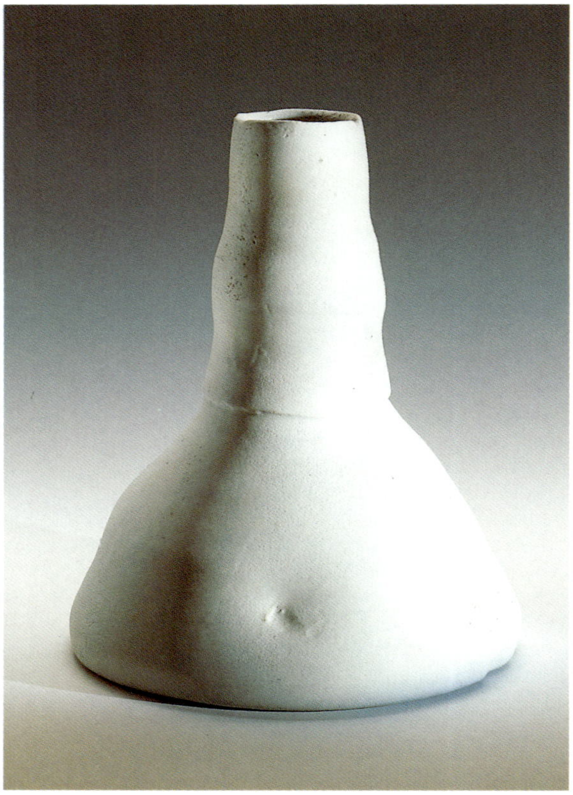

OBEN:
ROBERT TURNER
»Beach«, eine gedrehte, kegelähnliche Form als Teil einer Serie von weich gedrehten Formen, für die der Künstler berühmt ist. Höhe: 31,75 cm.

RECHTS:
JANET MANSFIELD
Eine stehende Form, auf der Scheibe gedreht, mit Markierungen, die mit einem Metallwerkzeug im noch nassen Gefäß erzeugt worden sind. Die Oberflächenbeschaffenheit rührt von einer Beimischung von Granitsand her. Die Patina und die Aschenglasursprenkelung sind auf den Langsambrand in einem Anagama-Ofen (einkammeriger ostasiatischer Ofen) zurückzuführen. Höhe: 30,5 cm.

OBEN:
PETER VOULKOS
Der Töpfer mit der am meisten zerklüfteten Keramik machte diese vielfach durchlöcherte Platte im Holzofenbrand bei Steinzeugtemperaturen. Durchmesser: 59 cm.

UNTEN:
MICHAEL CASSON
Diese stilisierte Schale mit dem schönen Rand ist ein gutes Gefäß für die gemalte Verzierung unter einer Salzglasur.

RECHTS:
LUCIE RIE
Diese hohe Vase wurde nach dem Drehen hochgezogen und rohglasiert. Manganflecken durchdringen vom Rohkörper aus die Glasur. Höhe: 35,5 cm.

6

Deckel, Schnaupen, Henkel, Tüllen und zusammengesetzte Gefäße

Zahlreiche fertige Gefäße sind nicht in einem einzigen Arbeitsgang auf der Scheibe gefertigt worden, sondern erfordern zusätzliche Ergänzungsteile, die im lederharten Zustand des Tons am Grundkörper befestigt werden. Eine Teekanne besteht zum Beispiel aus dem Grundkörper, einer Tülle, einem Henkel und einem Deckel. Dieses Kapitel schließt mit einem Abschnitt über die faszinierenden zusammengesetzten Gefäße: die Herstellung von komplexen plastischen Formen durch Zusammenfügen von gedrehten oder von Hand aufgebauten Einheiten. Es ist jedoch unvermeidlich, vorerst mit der alltäglichen Arbeit zu beginnen und die Fertigung von Deckeln, Schnaupen (Gießschnauzen), Henkeln und Tüllen für Gebrauchsgefäße zu beschreiben.

Im Vergleich zu der allgemeinen Technik des Drehens ist die Herstellung von diesen Zubehörteilen sehr einfach zu erlernen. Sie kunstgerecht in einen gelungenen Formkörper zu integrieren, ist schon wesentlich anspruchsvoller. Der Henkel z. B. muß nicht nur gut in der Hand liegen und bequem zu halten sein, er muß auch gut aussehen und abgestimmt sein auf das Gefäß. Die Schnaupe eines Krugs muß im Charakter mit der Gefäßform übereinstimmen. – Die Ansatzteile tragen ganz wesentlich zum Aussehen des Gefäßes bei; jedes kann auf ganz verschiedene Art gefertigt werden. Dem Anfänger wird empfohlen, so viele Abwandlungen wie möglich auszuprobieren.

Schnaupen

Die Ausgießschnaupe wird mit den Fingern geformt, wobei das Gefäß auf der ruhenden Scheibe steht. Der Vorgang ist verblüffend einfach. Der Gefäßbrand wird gedehnt und mit einem Finger (in der Regel ist es der Zeigefinger der rechten Hand) nach außen gebogen, während zwei Finger (in der Regel der Daumen und der *zweite* Finger der linken Hand) den Rand halten, damit die Schnaupe nicht verzogen wird. Eine nicht befriedigende Schnaupe läßt sich rückgängig machen, vorausgesetzt, daß der Rand nicht zu rauh behandelt worden und nicht angerissen ist und keine Haarrisse aufweist, indem der Rand durch Verengen wieder in den ursprünglichen Zustand versetzt wird. Diese Arbeit wird auf der drehenden Töpferscheibe ausgeführt. Danach kann der Töpfer einen zweiten Versuch wagen.

Vergewissern Sie sich, daß Henkel und Schnaupe, von oben gesehen, in einer geraden Linie liegen. Ist das nicht der Fall, wird das Ausschenken der Flüssigkeit behindert.

Fertigen einer Schnaupe

1 Der Zeigefinger einer Hand drückt die Schnaupe nach außen und unten, während der Daumen und ein Finger der anderen Hand die Tonwandung zurückhalten.

2 Die haltende Hand zieht den Rand leicht nach oben und verleiht ihm eine Wellenform, damit die Flüssigkeit im Gefäß zur Ausgießstelle geführt wird.

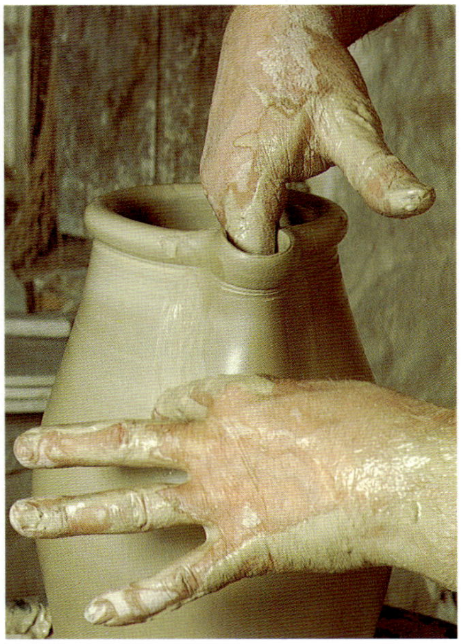

3 Formen Sie dann mit Zeigefinger und Daumen der linken Hand in fester Abwärtsbewegung unterhalb der Schnaupe eine Art von »Kehle«.

Der Zeigefinger, der den Vorgang des Dehnens besorgt, muß an der Schnaupe für eine feine und scharfe Kante sorgen, selbst bei einem dicken Rand. (Es gehört zu den stetigen Forderungen an Töpfer und an die keramische Industrie, nicht tropfende Ausgüsse – Tüllen und Schnaupen – zu produzieren.) Sonst bleibt ein Tropfen Flüssigkeit an der zu runden Kante hängen, wenn Flüssigkeit aus dem Gefäß ausgeschenkt wird. Er fließt dann dieses entlang nach unten bis zum Fuß, sobald man das Gefäß wieder aufrichtet. Dieser störende Fehler läßt sich beheben, hat aber oft ästhetische Nachteile zur Folge: die beim Ausschenken am besten funktionierenden Gefäße wirken nicht selten verzogen und unschön. Das Geheimnis besteht darin, an der Schnaupe eine scharf ausgeprägte Kante (sie wirkt als »Wasserscheide«) zu machen.

Ein dicker umlaufender Wulst aus Ton am oberen Rand kann die Linie der Ausgießschnaupe besonders betonen, umso mehr, als dieser Wulst einen ästhetisch attraktiven Ansatzpunkt für den Henkel abgeben kann (siehe Seite 40). Auch die Menge der Flüssigkeit und die Geschwindigkeit, mit der sie an die Schnaupe herangeführt wird, hat Einfluß auf den Ausgießvorgang. In diesem Sinne wird die Funktion der Schnaupe verbessert, wenn bei ihrer Ausformung die zurückziehenden Finger sehr nachdrücklich eingesetzt werden. Auf diese Weise ergibt sich eine gewisse Wellenform, die obendrein der Optik des Gefäßes zugute kommt. Der Anfänger sollte mit vielen Formen üben und die Ergebnisse vergleichen mit denen einer anderen Methode, nämlich jener der angesetzten Schnaupe, die bei Kaffeekannen beliebt ist. Dabei wird ein Stück Ton in der Form eines gefalteten Dreiecks gegen den ausgeschnittenen Gefäßrand gedrückt und wie eine Tülle oder ein Henkel befestigt.

Henkel

Henkel für auf der Töpferscheibe gefertigte Gefäße werden am besten nach der Henkelziehmethode hergestellt. Man nimmt dazu einen Batzen gut plastischen und sorgfältig gekneteten Tons und formt ihn zu einer Rübe. Man hält sie mit einer Hand hoch und streicht mit der anderen, mit viel Wasser, das untere Ende in die Länge (man könnte die Bewegung vergleichen mit dem Melken einer Kuh). Bei großen Gefäßen garniert man die »Tonrübe« direkt mit Schlicker an das Gefäß an.

Oben: Gezogene Henkel können zu weich sein für die unmittelbare Verwendung. Es ist ratsam, sie aufzuhängen, um sie leicht anzutrocknen.

Gegenüber: Kasserolle von Jane Hamlyn.

Henkelziehen

1 Halten Sie die Tonrübe mit einer Hand hoch und ziehen Sie das Ende mit der anderen Hand nach unten. »Schmieren« Sie mit genügend Wasser.

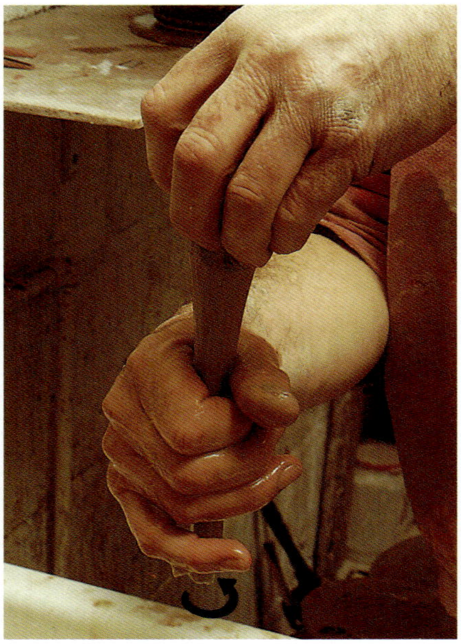

2 Wenn Sie die Hände um 180° drehen (siehe Pfeil), bekommt der Henkel einen symmetrischen Querschnitt, was die anschließende Arbeit bequemer macht.

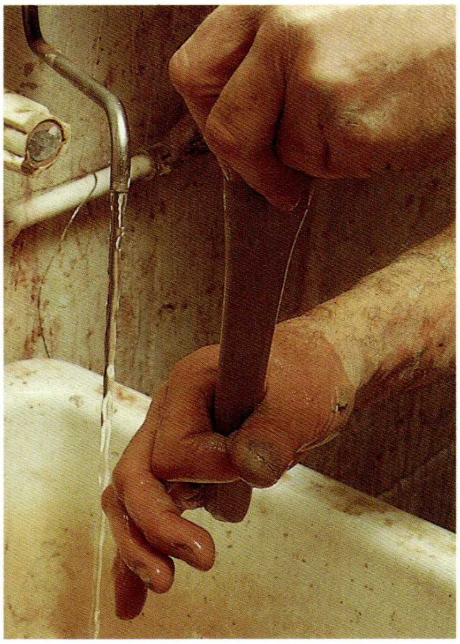

3 Vermeiden Sie einen spitz zulaufenden Henkel. Der Tonhenkel sollte gegen die Basis zu eher etwas breiter sein.

wobei die lederharte Gefäßoberfläche an der für den Henkel bestimmten Stelle mit einem Stift leicht eingekerbt wird. Unter Verwendung von wenig Wasser wird dann das dickere Ende des Henkels angesetzt. Das Gefäß muß kräftig und genügend verfestigt sein, damit es sich nicht verzieht, wenn der Henkel zur Form ausgezogen wird (man spricht vom Henkelschwung). Die besten Resultate erhält man mit dem geneigt gehaltenen Gefäß, um die Richtung des Henkels zu steuern.

Breite Henkel, die »aus dem Gefäß gezogen werden«, scheinen wie natürlich aus dem Gefäßkörper herauszuwachsen. Hat der Henkel die richtige Länge und Dicke erreicht, wird er umgebogen, und das Ende wird mit beiden Daumen fest an die Wandung des Gefäßes gedrückt. Ist der Henkel zu lang, wird die Überlänge gekappt, bevor das Henkelende befestigt wird. In der Regel wird allerdings dieser überflüssige Ton dann entfernt, wenn die Daumen den Henkel schräg an den Gefäßkörper garnieren. Die Form läßt sich nach der Befestigung ein wenig modifizieren, doch besteht beim Biegen und Abpressen die Gefahr, daß dabei der Henkelschwung beeinträchtigt wird. Wenn dann das Gefäß beim Trocknen auf den Kopf gestellt wird, kann der Henkel infolge der Schwerkraft etwas absacken, was zu einem Gegenschwung des Henkels am fertigen Gefäß führt.

Das Henkelende darf nie dünner ausgeformt sein als sein Oberteil. Die Praxis lehrt den Töpfer, das Ausziehen des Henkels so zu steuern, daß dieser in der Mitte schlanker wird als an beiden Enden. Das Ausziehen des Henkels direkt am Gefäß ist auch für kleine Henkelnasen an großen Krügen zu empfehlen und für Griffe, die vom Gefäß gerade abstehen. Ein gerader Griff läßt sich auch bei einer Kaffeekanne oder einem Milchtopf anbringen. Er ist aber in diesen Fällen nur dann handlich, wenn er etwas unterhalb der Mitte des Gefäßes angesetzt ist, damit das Gewicht beim Drehen (Ausschenken) ausgeglichen wird.

Anfänger pflegen die Henkel getrennt vom Gefäß zu machen und garnieren sie dann an. Sie sollten sie aber nicht isoliert für sich herstellen, sondern das Gefäß, wofür sie bestimmt sind, immer im Auge behalten. Nur so gelingt es, Henkel von der richtigen Größe und Form zu fertigen. Der Querschnitt des Henkels, in der Fingerbeuge, zwischen Daumen und Zeigefinger geformt, wird symmetrisch, indem der Henkel um 180° gedreht und allseitig gleich gerundet wird.

Fertigung eines Griffs

1–2 Wenn Sie einen geraden Griff an einer kleinen Schale befestigen, ist es vorteilhaft, ihn direkt am Gefäß auszuziehen (siehe Text oben auf S. 43) und dann abzulängen.

Mit dem Messer geschnitten, gibt es aber eine für die Hand unbequeme scharfe Kante. Sie muß in trockenem Zustand mit Schleifpapier geglättet werden.

Wie die beim Drehen eines Gefäßes entstehenden Linien (Drehlinien), sind auch Henkelprofile so persönlich wie die Handschrift. Die meisten Anfänger nehmen sich die Zeit, sich dafür eine flüssige Arbeitstechnik anzueignen. Zu den Grundregeln bei der Henkelfertigung gehört die Bereitstellung einer genügend großen Tonrübe pro herzustellenden Henkel, die sich am oberen Ende zu einem größeren Tonbatzen ausweitet. Beachten Sie, daß zu viele gezogene Henkel leicht zu Boden gleiten, und machen Sie sie deshalb auf der Unterlage fest. Sie hängen dann wie ein Hundeschwanz herunter und trocknen so schon vor ihrer Anbringung etwas. Schließlich ist es ratsam, immer mindestens doppelt so viele Henkel zu machen wie Sie brauchen, falls das Angarnieren an die Gefäße mißlingen sollte. Oft vergißt man in der Hitze des Gefechts die vorbereiteten Henkel, so daß sie zu hart werden. Prüfen Sie daher deren Härte vor Gebrauch: die nach unten hängenden Henkel müssen sich leicht und ohne zu reißen

Einige dekorative Henkelnasen an einem schönen Krug von Wayne Ngan. *Sie wurden aus dünnen Tonwürsten gefertigt.*

Fertigen von passenden Henkeln

Wenn Sie eine Serie von Gefäßen fertigen, ist es ratsam, genügend ausgezogene, in der Größe und Länge abgestimmte Tonhenkel in Vorrat zu haben.

Angarnieren eines Henkels

1–2 Vielen Anfängern macht es Mühe, weichen, plastischen Ton so zu bearbeiten, daß die Henkel nicht »angepappt« wirken. Nur viel Erfahrung lehrt Sie, wie Sie einen halb ausgezogenen Henkel an den Rand des Kruges garnieren müssen. Ziehen Sie den Henkel mit nassen Händen aus, bis er elegant und geschmeidig ist.

zu dem vorgesehenen Henkelschwung biegen lassen. Sie dürfen aber nicht zu naß und in der Handhabung klebrig sein.

Ist ein Henkel genügend angetrocknet, wählen Sie einen geeigneten »Kandidaten« aus dem Vorrat aus und entfernen den überschüssigen Tonklumpen am oberen Ende mit dem Handballen. Dies führt zu einer leicht konkaven Form, die sich gut an die Rundung des Gefäßes anpaßt. Die Anlegefläche sollte man mit ein paar Linien oder kleinen, mit der Spitze eines Bleistifts eingetieften Löchern strukturieren und das gleiche mit der zum Anfügen bestimmten Fläche des Gefäßkörpers tun. Wenig, mit dem Schwamm auf beide Flächen aufgetragenes Wasser bewirkt eine feste Verbindung. Wasser ist ein besseres Bindemittel als klebriger Ton oder Schlicker, obschon es Töpfer gibt, die für diesen Zweck Schalen mit Schlicker bereithalten.

Neigt man das Gefäß seitlich nach unten, läßt sich die untere Befestigung des Henkels ausführen, indem das Ende des Henkelbogens mit beiden Daumen an das Gefäß gepreßt wird; gleichzeitig wird die Henkellänge gekappt. Pressen Sie nicht zu stark, weil Sie sonst die Form auch

Ein Krug aus Irdenware von Theresia Hebenstreit. *Der Vogel ist im Gefäß eingeritzt, und sein Schnabel ist Teil der Tülle. Höhe: 71 cm.*

3 Biegen Sie den Henkel über die untere Befestigungsstelle, die zur besseren Haftung vorher aufzurauhen ist.

4 Entfernen Sie den überschüssigen Ton, ebnen Sie die Henkelbasis schräg auslaufend mit beiden Daumen und glätten Sie sie anschließend.

eines lederharten Gefäßes beschädigen können. Beachten Sie ferner, daß die obere Henkelbefestigung die Kreisform des Randes nicht beeinträchtigt. Der Henkel eines Kruges muß genau gegenüber der Schnaupe oder Tülle liegen, damit das Ausschenken keine Probleme macht. Wichtig ist außerdem, daß der Henkel, von oben betrachtet, gerade (und nicht schräg) heraussteht, weil er sonst nicht bequem in der Hand liegt.

Anfänger stellen oft fest, daß gezogene Henkel während des Ziehvorgangs brechen. Ein weit verbreiteter Fehler beim Fertigen eines Henkels ist der, daß er zu spitz ausläuft. Erste Versuche führen oft zu klumpigen Henkeln, die alles andere als eine Zierde des Gefäßes sind, aber beruhigen Sie sich: mit wachsender Praxis werden auch Sie die Technik perfekter Henkel meistern. Henkel lassen sich auch nach der Gießmethode (siehe Kapitel 13) herstellen oder mittels der erfinderischen Methode der ovalen Drahtschlinge. Ein sehr starker Draht wird zu einer Schlinge gebogen (etwa in der Form einer Lupe mit Griff) und durch einen Block von aufbereitetem Ton gezogen. Auf diese Weise wird ein gleichmäßiger Tonhenkel ausgestanzt, dessen Form je nach Ausbildung der Drahtschlinge bestimmt werden kann. Versuchen Sie es! Solche Henkel sind vollkommen gleichmäßig und lassen sich nach der Herstellung schneller einsetzen als die gezogenen, aber sie entbehren der Eigenart und sind seelenlos. Rundhenkel, die auch nicht gerade eigenständig sind, lassen sich aus einem Tonzylinder als Ringe ausschneiden. Sie werden seitlich am Gefäß wie ein Ohr angarniert.

Ein Töpfer kann ein Leben lang nur Krüge fertigen, die er kreativ in der Größe, in den Henkeln und Schnaupen variiert. Der Krug hat eine starke Aussagekraft, rechtfertigt sich selbst. Als Vorratsgefäß für irgendwelche Güter deckt er einen Grundbedarf in der Binnenversorgung und tritt in allen Zivilisationen und vielen Kulturen in Erscheinung. Sammlungen in Museen von mittelalterlichen Kulturgegenständen umfassen oft Gefäße und hohe Krüge (Amphoren z. B.), die trotz des grobkörnigen Tons sehr schön geformt sind. Industriell hergestellte Krüge sind meistens im Vergleich zu ihnen eckig und ganz einfach grundhäßlich, obschon in den dreißiger Jahren und wieder in jüngster Zeit Krüge mit Pfiff und Witz industriell gefertigt worden sind.

Deckel

Nimmt der Anfänger eine Teekanne in Angriff, gilt er schon als weit fortgeschritten, denn eine Teekanne ist das schwierigste unter den Alltagsgefäßen. Die Grundform muß einen Deckel mit einbeziehen, der nicht herausfallen darf, auch nicht bei geneigter Kanne (beim Ausschenken). Deckel und Tülle sind gleichzeitig wie der Gefäßkörper zu fertigen, wogegen der Henkel später kommt. Ein geeigneter Körper einer Teekanne kann ohne die Zubehörteile recht plump wirken. Er muß mit einem speziellen Rand ausgestattet sein; in der Regel ist es eine Auskehlung bzw. eine Auflage für einen genau hineinpassenden Deckel. Diese Auskehlung ist einfach und in wenigen Sekunden machbar, und zwar gegen Ende der Fertigung des Teekannenkörpers.

Es wird gewöhnlich mehr Ton oben an der Form zur Verfügung gehalten, und der Rand wird mit dem Zeigefinger der rechten Hand flachgestrichen. Der Rand wird mit dem senkrecht angesetzten Daumennagel in der Mitte geteilt, so daß bei mäßigem Druck nach unten ein Absatz im Rand entsteht. Die Auskehlkante soll nicht zu fein und zu dünn gestaltet sein, wogegen ihr Profil ziemlich rechtwinklig und gegen die Mitte zu leicht nach unten geneigt auszubilden ist. Gerät die Auskehlung etwas unbeholfen, handelt man den Nachteil ein, daß sie nur schwer zu reinigen ist. Der Daumen und Daumennagel sind für diese Arbeit die empfindlichsten Werkzeuge, obschon ein Modellierholz sie ersetzen kann, falls der Daumennagel eine völlig ungeeignete Form aufweist. Sehr lange Fingernägel können für die Töpferarbeit ein echtes Hindernis sein, während ganz kurze Fingernägel ebenfalls ungeeignet sind.

Ein Stück Wildleder bewährt sich zum Abrunden der Innenkante der Auskehlung. Das Außenprofil der Kanne muß nach der Druckausübung zur Fertigung der Auflage sorgfältig überprüft werden. Von jetzt an ist es schwierig, weiter an der Innenkante des Krugs zu arbeiten, ohne die Auskehlung zu beschädigen. Aus diesem Grund müssen Sie sich besser vorher vergewissern, daß die Form stimmt.

Nach dem Entfernen der Kanne von der Töpferscheibe sind sofort zwei Maße mit dem Töpferzirkel zu nehmen: dasjenige des Deckels (Durchmesser) und dasjenige für dessen »Kehle«. Zu diesem Zweck wird ein Paar Töpferzirkel benötigt. Die Sollmaße lassen sich »speichern«, indem man die Zirkelspitzen in ein Stück feuchten Tons in der Nähe des Arbeitsplatzes drückt.

Der Deckel der Teekanne sollte unmittelbar nach dem Gefäßkörper und mit demselben Ton (aus Gründen der gleichen Farbe und Schrumpfung) auf der Scheibe gedreht werden. Es braucht die erwähnte Kehle, damit der Deckel während des Ausgießens nicht aus der Teekanne herausfällt. Aus Tradition sollte der Deckel auch ein kleines durchgehendes Loch aufweisen, damit der Dampf entweichen kann. Oben am Deckel ist ein gut greifbarer Knopf vorzusehen. Der Deckel kann auf der Scheibe auf zwei Arten gefertigt werden: entweder »Kopf nach unten« oder »Kopf zuoberst«. Wird die Methode »Kopf nach unten« gewählt, ist die »Kehle« zuerst zu fertigen, indem das Zentrum so auszuhöhlen ist, daß der Durchmesser mit dem Sollmaß des Zirkels übereinstimmt. Die obere Seite des Deckels wird erst im lederharten Zustand durch Abdrehen fertiggemacht (siehe Kapitel 7). Dies alles ist viel einfacher zu machen als es klingt – oder aussieht. Wird die Methode »Kopf zuoberst« gewählt, läßt sich der Knopf leicht fertigen, indem man mit den Daumen leicht von der Mitte wegdrückt, so daß ein Tonknollen emporgehoben wird.

Fertigen einer Auflage

1 Konfitüretöpfe, Vorratsgefäße und Teekannen benötigen dicht schließende Deckel. Diese ruhen in der Regel auf einer »Auflage« auf der Innenseite des Gefäßrandes.

2 Nachdem Sie den Rand ausgeweitet und flachgestrichen haben, wird ein Teil des Randes mit dem Fingernagel oder mit einem Modellierholz nach unten gedrückt.

3 Nun messen Sie mit dem Töpferzirkel die innere und äußere Kante der Auflage, damit Sie genau wissen, wie groß Sie den Deckel und die Kehle machen müssen.

Ein Deckel nach der »Kopf-zuoberst«-Methode benötigt eine sehr dicke Basis, weil daraus die Kehle – im lederharten Zustand – zu formen ist (siehe Kapitel 7).

Das Fertigen von Deckeln ist eher ein langatmiger Vorgang. Für die Serienfabrikation werden die Deckel meistens so geformt, daß ihre Fertigung rasch und ohne große Nacharbeit möglich ist. Design und Technik müssen jedoch auf die Form des Muttergefäßes abgestimmt sein. Das Deckelprofil soll auslaufend oder im Einklang mit der Gesamtform der Kanne sein; der Töpfer soll diese stets im Auge behalten, damit Deckel und Kanne auch wirklich eine Einheit bilden. Deckel, die völlig isoliert von der Kanne gefertigt werden, sehen selten stimmig aus, wenn sie am Schluß der Kanne aufgesetzt werden.

Ein geschmackvolles Espresso-Kaffeeservice von Carol Roorbach. *Obschon in der Formgebung traditionell, repräsentiert es beste moderne, handgemachte Keramik. Zum Service gehört ein gedrehtes Kaffeetablett. Brand mit Salzglasur auf Segerkegel 10 (siehe Seiten 137 und 177).*

Deckel: Kopf-nach-unten-Methode

Die Fertigung eines Deckels nach der Kopf-nach-unten-Methode ist leicht. Sie ziehen eine »Kehle« herauf und vergewissern sich, daß deren Durchmesser stimmt.

Deckel: Kopf-zuoberst-Methode

1 Nach der Kopf-zuoberst-Methode muß genügend Ton für die »Kehle« unter dem Deckel vorgesehen werden. Sie wird erst durch Abdrehen fertiggemacht.

2 Überprüfen Sie die Maße des Deckels mit dem Töpferzirkel. Machen Sie ihn nicht zu klein! Sie können ihn beim Drehen zwar kleiner machen, aber nicht größer.

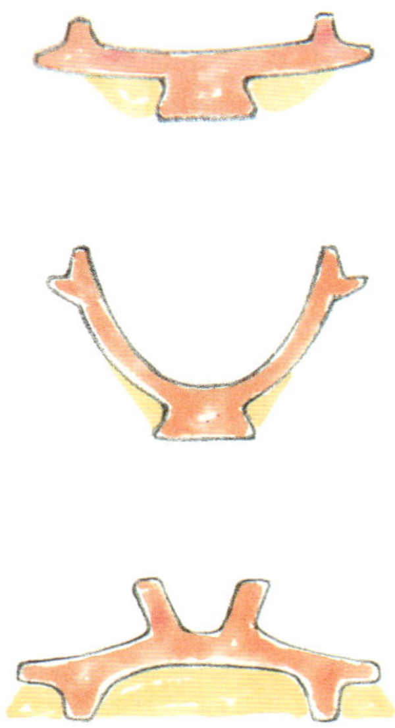

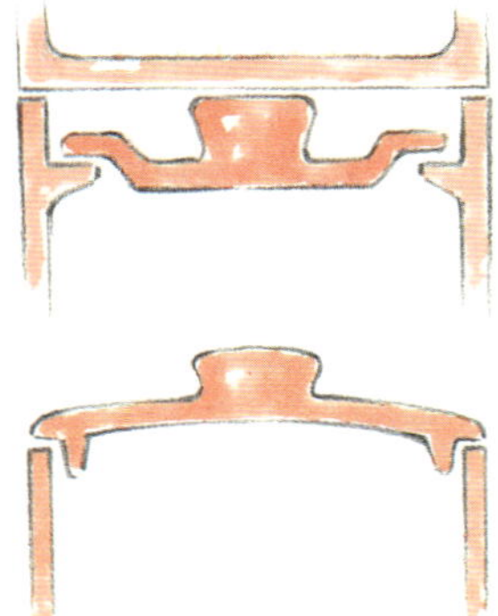

Links: Deckelformen nach der Kopf-nach-unten-Methode gefertigt (die oberen zwei) bzw. nach der Kopf-zuoberst-Methode (die untere). Die gelben Flächen bezeichnen den durch Abdrehen zu entfernenden Ton. Oben: Querschnitte von Vorratsgefäßen. Das obere ist so gestaltet, daß ein Aufeinanderstapeln möglich ist.

Wenn der Deckel stark gebogen sein muß, kann er Kopf-nach-unten als Schale geformt werden, wobei er möglicherweise gegen den Rand flacher ausgebildet ist und der Halteknopf erst später hinzugefügt wird. In ähnlicher Weise läßt sich der Deckel als »Bienenkorb«, Kopf-nach-oben, fertigen. Die richtige Deckelgröße zu produzieren, kann recht schwierig sein – der Deckel muß ja perfekt in die Auskehlung passen, mit geringem Spiel. Es ist aber auch nicht leicht, einen zu einer eleganten kleinen Teekanne passenden Knopf zu fertigen, muß er doch groß genug sein, daß man ihn halten kann, und robust genug, daß er im Abwaschbecken nicht zerbricht.

Es gibt praktisch keine Grenzen für mögliche Variationen, doch sind nicht alle praktikabel. Je höher der Deckel gestaltet ist, umso unstabiler ist er beim Neigen der Kanne. Je kleiner der Knopf ist, desto schwächer ist die Isolation für die Finger, denn Teekannendeckel können sehr heiß werden. Der Knopf kann durch Drehen gefertigt werden, wenn der Rest des Deckels lederhart geworden ist. Ein kleiner Tonballen ist leicht im Zentrum des Deckels anzukleben; er kann dann auf der Töpferscheibe mit wenig Wasser zu einem Knopf gedreht werden, wobei überschüssiger Ton zu entfernen ist (siehe Seite 63). Dieses eher merkwürdige Vorgehen – aus Gründen des gesunden Menschenverstands gewählt – reduziert den Arbeitsaufwand beim späteren Abdrehen.

Andere Gefäße als Teekannen stellen verschiedenartige Anforderungen an die Deckel. Für Vorratsgefäße sind Deckel geeignet, die bündig mit dem oberen Teil des Gefäßes sind, es sei denn, sie haben einen tiefer liegenden Knopf, der ein Stapeln der Gefäße zuläßt. Keramische Deckel sind meistens nicht luftdicht, außer wenn sie mit Gummi- oder Korkunterlagsscheiben versehen sind. Bei Vorratsgefäßen für Konfitüre oder Senf ist es aus Gründen der Hygiene empfehlenswert, Profile, die nur schwer zu reinigen sind, zu vermeiden. Übereinandergreifende Deckel eignen sich dafür am besten. Besonders große Deckel von Kasserollen sind auf Holztellern zu fertigen, damit sie ohne Verformung von der Töpferscheibe genommen werden können (siehe Seite 37). Kasserollendeckel, die eine Verwendung im heißen Ofen aushalten müssen, sind meistens alles andere als gelungen vom ästhetischen Standpunkt her. Sie müssen mit einem wirklich großen Knopf oder Haltegriffen ausgerüstet sein, so daß man den Deckel auch mit Ofenhandschuhen sicher handhaben kann. Gleichzeitig sollen sie niedrig sein, weil man sonst unweigerlich mit dem oberen Ofenrost in Konflikt kommt. Kasserollen selbst weisen oft seitlich kleine Griffnasen auf, die dem Koch die Arbeit mit ihnen erleichtern. Eine echte Hilfe ist nur der tiefkehlige Deckel, der von der Seite angehoben werden kann, ohne daß er von der Kasserolle herunterfällt.

Tüllen

Unsere Teekanne benötigt noch eine Tülle. Sie läßt sich gießen (siehe Kapitel 13) oder drehen. Jede andere Fertigungsmethode wird wahrscheinlich zu grob sein für diese heikle Arbeit. Das Drehen einer kleinen konkaven Hohlform (wie ein Miniaturkühlturm) ist verhältnismäßig einfach, indem man Ton von einem zentrierten Tonklumpen auf der Scheibe nimmt. Das Aufbrechen geschieht wie üblich mit dem Daumen. Für das inwendige Aufziehen verwenden Sie mit Vorteil den kleinen Finger der linken Hand, sonst wird die Tülle zu groß und zu klobig. Der Ausguß soll mit einer nach auswärts gerichteten Rundung ausgestaltet sein. Die fertig gedrehte Tülle ist an der Basis durchzuschneiden, abzuheben und auf einer Platte abzulegen. Wie bei den Henkeln ist es empfehlenswert, mehr Tüllen als notwendig zu produzieren, um eine Reserve zu haben für den Fall eines Mißgeschicks.

Das Drehen auf der Töpferscheibe ist der einfachste Teil in der Herstellung einer Tülle. Ist sie lederhart getrocknet, wird der weitere untere Teil mit einem scharfen Messer in einem Winkel abgeschnitten, der auf den Bauch der Teekanne abgestimmt ist. Dann wird die Tülle ungefähr in Position gebracht und eine feine Linie um die Tüllenkante herum in die Kanne geritzt. Mit einem 5-mm-Metallbohrer werden nun Löcher gebohrt; diese Perforierung hält

Drehen einer Tülle

1 Schmale Finger sind bei der Herstellung von Tüllen gefragt. Tüllen werden wie ein Miniaturzylinder gedreht und durch Einschnüren in die gewünschte Form gebracht.

Oben: Teekanne mit Tenmoku-Glasur von Tony Birks. *Es ist eine gefällige Kanne mit einem gut faßbaren Knopf und einer so tiefen Kehle, daß der Deckel auch bei geneigter Kanne nicht herausfällt.*

Unten rechts: Eine elegante Teekanne mit Henkel aus Schilfrohr von Geoffrey Whiting.

beim Ausschenken die Teeblätter zurück. Der Bohrer ist sehr sorgfältig zu handhaben, wobei eine Hand oder ein Finger die Wandung von innen her stützt, damit sie nicht nachgibt.

Das Ausgußende der Tülle kann ebenfalls in einem Winkel abgeschnitten werden, obgleich es nicht immer nötig ist.

Es ist wichtig, daß die Oberflächen an der Kanne wie an der Tüllenbasis aufgerauht werden, um eine gute Verbindung zu gewährleisten. Beide Flächen sind mit wenig Wasser auf den Kontaktflächen fest gegeneinander zu pressen. Ein eher komischer, aber katastrophaler Fehler zeigt sich, wenn das Niveau des Tüllenkopfs tiefer liegt als der Deckel: in einem solchen Fall läuft der Tee zur Tülle hinaus, ohne daß die Kanne geneigt wird!

Tüllen eignen sich sowohl für Trinkflaschen als auch für Tee- und Kaffeekannen, genauso wie Henkel erforderlich sind bei einer Vielzahl von Gefäßen. Beide können auch nur zur Dekoration angebracht sein.

2 Der endgültige Rand muß wirklich fein ausgestaltet sein, um Tröpfeln auf ein Minimum zu reduzieren.

Zusammensetzen einer Teekanne

1 Halten Sie die lederharte Tülle gegen den Krug, um den Umriß der Verbindung beurteilen zu können. Das Niveau der Tülle muß über demjenigen der Deckelauflage liegen.

2 Schneiden Sie die Basis der Tülle unter einem Winkel weg. Es braucht einen sehr gut passenden Sitz der Tülle auf dem Körper der Kanne.

3 Manchmal wird der äußerste Ausguß fast horizontal geschnitten, bevor die Tülle an den Krug garniert wird. Die scharfe Kante verhindert das Tropfen.

4 Ein Bohrwerkzeug mit einem Metallrohreinsatz eignet sich gut zum Bohren eines Fächers von Sieblöchern an der Basis der Tülle.

5 Es ist wichtig, die Kontaktflächen von Tülle und Kanne aufzurauhen und wenig Wasser für eine bessere Haftung zuzugeben, bevor die Tülle an die Kanne gepreßt wird.

6 Die Verbindungsfläche wird abschließend bearbeitet. Es kann sein, daß ein Tonstreifen ergänzt werden muß, um sie glatt verstreichen zu können.

Des Teekannentöpfers Fertigkeit zeigt sich im Querschnitt (links): eine Standardkanne von Julia und Bryan Newman. *Die ungebrannte Kanne (oben) stammt ebenfalls von den* Newmans. *Der Henkelbogen wurde als Ring aus einem weiten, gedrehten Zylinder ausgeschnitten.*

7 Der gezogene Henkel wird wie üblich an der Kanne angarniert. Achten Sie darauf, daß der Henkel genau gegenüber der Tülle liegt.

8 Im Deckel der Teekanne ist traditionsgemäß ein kleines Loch vorzusehen. Es kann im Zentrum des Knopfs oder seitlich davon gebohrt werden.

9 Ist der Deckel durch Abdrehen genau passend fertiggestellt, wird er in die Teekanne eingesetzt, damit beide Teile miteinander trocknen und schrumpfen können.

Zusammengesetzte Gefäße

Ein zusammengesetztes Gefäß ist das Resultat von separat hergestellten und dann zusammengesetzten Teilen. Die Einzelteile können alle auf der Töpferscheibe gefertigt oder einige von Hand aufgebaut oder gegossen sein. Ein Vorteil der zusammengesetzten Gefäße besteht darin, daß sie des Töpfers Fähigkeiten über die Verarbeitungsbegrenzung der Töpferscheibe hinaus erweitern. Gedrehte Zylinder können zu mehr als 1 m hohen Türmen zusammengesetzt werden. Oder sie lassen sich aufschneiden und im rechten Winkel zur Hauptachse setzen, oder sie können vollständig neu zu plastischen Strukturen arrangiert werden.

Die Technik ist extrem einfach. Gedrehte Stücke werden im lederharten Zustand mit einem scharfen Messer abgeschnitten, die Kontaktflächen werden aufgerauht oder gekerbt und mit wenig Wasser zusammengefügt. Natürlich ist Ton schwer, und der Schwerkraft ist bei der Gestaltung Rechnung zu tragen. Gelegentlich gewinnen zusammengesetzte Gefäße, wenn sie in ihrem Aufbau die Schwerkraft herausfordern, aber Gefäße mit Henkel oder Gebrauchsgefäße mit ho-

Montage eines zusammengesetzten Gefäßes

1 Eine Fruchtschale ist ein gutes Übungsobjekt. Sie wird aus einer gedrehten Schale und einem gedrehten Fuß, beide im lederharten Zustand, gemacht.

2 Die Unterseite der Schale und die oberste Fläche des Fußes werden auf den Kontaktflächen eingeritzt, um eine gute Verbindung zu gewährleisten.

3 Auf der laufenden Töpferscheibe zeigt sich, ob der Fuß richtig sitzt. Es ist nicht so einfach, zwei gedrehte Formen zu einer Einheit zu kombinieren.

hem Schwerpunkt oder einer unstabilen Form sind aus naheliegenden Gründen unpraktisch.

Mit entsprechender Geduld ist es möglich, ein sehr großes Gefäß in einem Stück zu drehen, aber mit dem weichen Ton wird ein solches Objekt auf der Scheibe unstabil, und die Erfolgsrate wird sehr klein sein. Es ist daher viel praktischer, zwei Formen zu machen, die zusammengefügt werden, sobald der Ton genügend hart ist und das Gewicht zu tragen vermag.

Vorausgesetzt, daß zusammengesetzte Gefäße eine einzige Vertikalachse behalten, können sie auf der drehenden Töpferscheibe vervollständigt werden, indem mittels eines Metallwerkzeuges (siehe Kapitel 7) die Verbindungsfugen geglättet werden oder über diese ein Streifen Ton gelegt wird. In der Praxis ist das Vorgehen einfach, wenn auch schwierig zu schildern: man legt einen passenden Streifen oder eine dünne Wurst von Ton sorgfältig und geschlossen über die Verbindungsflächen der zwei gedrehten Teile, und dann kann der Ton mit sehr wenig Wasser mit den Händen zu einer perfekten »Naht« verstrichen werden.

Die zahlreichen ästhetischen Probleme, die bei der zusammengesetzten Technik auftreten, nehmen den Töpfer voll in Anspruch. Wie zwei ungleiche und spezifische Formen zu einer befriedigenden Einheit zu kombinieren sind, stellt eine gute Übung für den an der Töpferei Interessierten dar: in der Tat kann diese Aufgabe aber den Töpfer ein Leben lang beschäftigen. Die Technik mag einfach sein, aber verschiedenartige Formen harmonisch zu kombinieren, ist alles andere als einfach. Gelingt die Arbeit, so strahlt das zusammengesetzte Gefäß ein gewisses »Etwas« aus – man könnte es als Spannung oder Schwingung bezeichnen –, das ein in einem Stück gedrehtes Gefäß nicht hat. Gedrehte Gefäße sollten in sich selber ruhen, wogegen zusammengesetzte Gefäße durch diese Spannung an Ausdruck gewinnen und für den Töpfer eine einzigartige Gelegenheit sind, den künstlerischen Standort zu variieren und sein Tätigkeitsfeld zu erweitern.

Bernard Leachs *traditionell orientalische Form (gegenüber, oben) ist entstanden durch Zusammenfügen von zwei flachen, preßgeformten Teilen, ergänzt durch einen gedrehten Hals und einen modifizierten gedrehten Fuß.*
Das sehr eigenwillige, spatenförmige Objekt (rechts) von Hans Coper *besteht aus zwei gedrehten Zylindern, wovon einer abgeflacht und in den anderen eingefügt ist.*

Teekannen

LINKS:
SHOJI HAMADA
Ein klassisch facettierter Körper, der im bebänderten Henkel eine Resonanz findet, führt zu einer stilvollen Teekanne mit orientalischem Hauch.

RECHTS:
JANE HAMLYN
Diese Kanne weist ein eingedrücktes Dekor auf: gedrehte (roulettierte) Henkel, Deckel und Körper. Sie wurde nach dem Drehen im noch feuchten Zustand in eine aparte ovale Form gepreßt.

LINKS:
WALTER KEELER
Auch eine Teekanne mit fantastischer Form – es gibt zahlreiche historische Beispiele – kann gut funktionieren. Für diese salzglasierte Teekanne wurde ein Extruder (siehe S. 99) für Henkel, Tülle und Deckel (Teil davon) verwendet.

UNTEN:
TAKESHI YASUDA
Weißer Schlicker und eine transparente Glanzglasur bedecken die attraktiven Rundungen einer mit nabelartigen Knöpfen und mit grünen und braunen Farbschlieren (aus Mangan- und Kupferkarbonat) geschmückten Kanne.

LINKS:
ARNOLD ZIMMERMANN
»Teekanne mit blauen Wirbeln« – Henkel, Tülle und Knopf müssen nicht immer konventionellen Formen folgen. Hier sind die robusten, aber witzigen Formen Teil des Designs, ergänzt durch ein kühnes, wachsresistentes Muster.

RECHTS:
MICHAEL CASSON
Diese ansprechende Kanne erinnert mit der zurückgeschnittenen Tülle und den hinzugefügten Füßen an eine Metallkanne, doch sind der Deckel und der Henkel aus gedrehten Tonsträngen gefertigt. Es wurde ein dünner Ball-Clay-Schlicker und eine Salzglasur verwendet.

7

Abdrehen, Endbearbeitung und Oberflächenbehandlung

Ein von der Töpferscheibe abgehobenes Gefäß kann man vollständig trocknen lassen, bevor es ohne weitere Beaufsichtigung im Ofen gebrannt wird. Die Regel ist allerdings eine Bearbeitung während des Trocknens. Es läßt sich im Grundriß verändern – entweder durch Eckig-Machen oder durch Quetschen –, so lange es noch naß ist. Die Hauptbearbeitung des lederhart getrockneten Gefäßes besteht in der Reinigung und dem Verputzen.

Die Bezeichnung lederhart (oder käsehart) erklärt sich von selbst: Gegenstände aus Ton können in diesem Zustand von Hand abgehoben und allgemein gehandhabt werden, ohne dabei die Form zu beschädigen; der Ton läßt sich leicht mit dem Messer zurichten und schneiden. Wenn die Späne statt langstreifig wie beim Apfelschälen nur in kleinen Schnitzeln anfallen, ist der Ton zu hart. Andererseits ist der Ton zu weich, wenn die Gefäßwandung beim leisesten Druck nachgibt. Gewichtige Veränderungen in Form und Oberfläche eines Gefäßes setzen ebenfalls den lederharten Zustand des Tons voraus. Diese umfassen: geschnitzte Verzierung, Riffelung, Perforierung und die Anwendung von flüssigem Schlicker, wie in Kapitel 18 beschrieben.

Das Trocknen des Gefäßes

Der Trocknungsprozeß muß sorgfältig kontrolliert werden; er darf nicht übereilt vor sich gehen. Wird ein Gefäß einer gerichteten Wärmequelle (z. B. einem elektrischen Wärmestrahler mit Ventilator) ausgesetzt, trocknet es auf einer Seite schneller als auf der anderen, so daß sich die Form verzieht, was nicht mehr gutzumachen ist. Die exponierten Teile eines Gefäßes trocknen normalerweise schneller als die Basis. Um Spannungen und zu starkes Austrocknen des Randes einer Schale zu vermeiden, ist es empfehlenswert, diese auf einer flachen Unterlage auf den Kopf zu stellen, vorausgesetzt, daß der Rand genügend verfestigt ist, um das Gewicht der Schale zu tragen. In dieser Stellung wird der Rand nicht weiter getrocknet, dafür wird die Basis der Warmluft ausgesetzt.

Vollständig getrocknete Gefäße lassen sich nicht mehr drehen, denn das nachträgliche Befeuchten eines zu stark getrockneten Gefäßes (kurzes Wässern unter dem Wasserhahn oder Wässern für ein bis zwei Sekunden in einem Kübel voll Wasser) ist ein riskantes Unterfangen. Ideal ist es, wenn das Gefäß im genau richtigen lederharten Zustand verwendet wird, was allerdings für jemanden, der in einem Kurs nur einmal pro Woche arbeitet, ein ernsthaftes Problem darstellt. Die meisten Heimwerker haben luftdichte »Feuchtschränke« zur Verfügung, um die Feuchtigkeit konstant zu halten – aber leider werden nur zu oft die Türen offen gelassen! In den feuchten Herbstmonaten kann es etwa eine Woche dauern, bis ein Gefäß trocken ist (je nach Größe und Dicke), im Sommer dagegen genügen wenige Stunden, um ein Gefäß lederhart zu trocknen.

Wenn man sich nur in wöchentlichen Abständen mit einem Gefäß befassen kann, ist eine einigermaßen luftdichte große Blechbüchse für den Anfänger ein wichtiger Teil seiner Ausrüstung, weil darin ein Feuchtzustand über längere Zeit gehalten werden kann. Ein Haken bei der Blechbüchse liegt allerdings darin, daß der »Inhalt« von außen nicht sichtbar ist und bei fahrlässigem Umgang beschädigt werden kann; Tongefäße sind in jedem Stadium vor dem Brand im Ofen sehr verletzbar, und jegliches Berühren der Oberfläche eines feuchten Gefäßes hinterläßt unerwünschte Spuren. Einen besseren, jedoch auch teureren Schutz gewährt ein starker, transparenter Plastikbehälter, den man zudem sorgfältiger behandeln dürfte.

Was bezweckt das Abdrehen?

Im lederharten Zustand werden die »Extras« wie Tüllen und Henkel an das Muttergefäß angarniert, ferner können gedrehte Teile angesetzt werden; so entstehen dann die zusammengesetzten Gefäße, wie sie im Kapitel 6 beschrieben sind. Und doch denken die meisten Leute beim lederharten Zustand an das »Abdrehen«. Bei diesem Bearbeitungsvorgang wird das lederharte Gefäß wieder auf die Töpferscheibe gestellt, wo der überschüssige Ton abgearbeitet wird. Diese Bearbeitung kann durchaus kreativ sein, indem die ganze Form, innen und außen, mit dem Drehwerkzeug verfeinert wird. Des öfteren, besonders beim Anfänger, bezweckt das Drehen eine Korrektur: er hat so z. B. Gelegenheit, die Form der Basis des Gefäßes zu verbessern, indem er Ton abdreht.

Abdrehen ist ein langsamerer Vorgang als Freidrehen. Des öfteren wird der Anfänger eine halbe Stunde oder mehr mit Abdrehen eines Gefäßes beschäftigt sein, das vorher in zwei oder drei Minuten freigedreht war. Wenn diese Abdreharbeit nur eine Korrektur beabsichtigt, ist der Aufwand unsinnig. In der gleichen Zeit hätte

Riffelung und Umformen

Das beste Werkzeug für das Umformen von freigedrehten, noch nassen Gefäßen ist eine gespaltene Bambusrippe, die federt. Sie ist besser als ein Metallwerkzeug.

Wird der Rand eines auf dem Kopf stehenden Gefäßes auf ein Gipspyramidenmodel gepreßt, nimmt der obere Teil des gedrehten Zylinders eine rechteckige Form an.

der Töpfer eine Anzahl neuer Gefäße freidrehen können; der Kerneffekt und Fortschritt wäre ungleich größer gewesen. Der Anfänger sollte den Fehler vermeiden, seine Gefäße unfertig freizudrehen und sie dann durch Abdrehen im lederharten Zustand ästhetisch aufzumöbeln.

Im Kursunterricht können unverhältnismäßige Abdreharbeiten die Töpferscheiben endlos in Beschlag nehmen, mit dem Resultat, daß jedermanns Geduld strapaziert wird! In der Praxis bedient man sich in der Regel der fußgetriebenen Töpferscheibe für die Abdreharbeiten, während das Freidrehen eher auf der elektrischen Scheibe geschieht. Steht jedoch eine elektrische Scheibe zur Verfügung, ist sie für das Abdrehen ebenso geeignet und dürfte zu einer schnelleren Arbeit beitragen.

Drehen ist keineswegs eine »heilige Kuh«; es ist kein unumgängliches Ritual! Das Gefäß soll ganz einfach, so wie es sich anbietet, nach Form und Gewicht beurteilt werden und soll nur dann überdreht werden, wenn gute Gründe dafür sprechen. Sehr einfache Formen, die auf der Scheibe gut freigedreht worden sind, benötigen kein Überdrehen.

Das Zentrieren des Gefäßes

Wie beim Freidrehen auf der Scheibe ist das Objekt darauf zu zentrieren, zu bearbeiten und abzudrehen. Jeder dieser Schritte hat seine Tücken. Die meisten offenen Gefäße werden Kopf nach unten auf der Scheibe fixiert; der so sorgfältig gefertigte Gefäßrand kommt dadurch direkt auf der Metallscheibe zu liegen, was leicht zu einer Beschädigung führen kann. Ist die Scheibe zu naß, neigt der Rand zum Erweichen und (unter der Last) Nachgeben. Wenn aber die Scheibe vollkommen trocken ist, muß das Gefäß mittels einer langen Tonwurst positioniert werden, was wie ein Wall rund um das Gefäß aussieht. Oder man verwendet drei Tonballen – mit Vorteil etwas härter als beim Freidrehen –, die gegen den Gefäßrand gepreßt werden.

Das Gefäß muß genau im Scheibenzentrum positioniert sein. Dem kann nachgeholfen werden, indem man mit dem Fingernagel auf dem feuchten Scheibenkopf einige konzentrische Kreise macht. Manche Scheibenköpfe aus Metall oder Holz enthalten bereits konzentrische Rillen. Sind sie im Abstand von je 5 mm angelegt, dürfte einer der Kreise demjenigen des Gefäßrandes nahezu entsprechen, so daß sich dieser nun sorgfältig positionieren läßt und die Tonwurst oder die Tonballen entsprechend genau angebracht werden können.

Nicht wenige erfahrene Töpfer halten dieses Hilfsmittel für entbehrlich und verlassen sich ganz auf die natürliche Haftung eines feuchten Randes auf einem feuchten Scheibenkopf. Dem Anfänger sei aber ausdrücklich empfohlen, die Tonstützen zu verwenden und darauf zu achten, daß sich der Gefäßrand bei zu starkem Seitendruck nicht biegt oder verzieht. Es ist zum Verrücktwerden, wenn beim Abdrehen das Gefäß vom Scheibenkopf fliegt und im Abfallkübel landet. Um dies zu vermeiden, muß das Gefäß fest auf der Scheibe fixiert und gestützt werden. Für sehr heikle oder dünne Ränder ist als »Bett« eine den Scheibenkopf vollständig deckende, ziemlich harte Tonscheibe ratsam. Ton ist für die Ränder nachgiebiger als die harte Metallaufsatzscheibe, doch ist darauf zu achten, daß er fest genug ist und nicht permanent am abzudrehenden Gefäß kleben bleibt. Manchmal hilft das Einpudern mit Tonmehl zwischen »Abdrehbett« und Gefäß, ein solches Ankleben zu verhindern.

Das auf dem Kopf stehende Gefäß gestattet die Bearbeitung der Basis, die beim

Positionieren zum Abdrehen 1

Ihr Finger oder ein spitziges Werkzeug zeigen Ihnen an, ob das umgekehrte Gefäß einwandfrei zentriert läuft. Die Tonballen halten das Gefäß fest.

Abdrehen eines Fußrings

1 Erst wenn die Schale rund läuft, können Sie auf der Basis den inneren und äußeren Rand des Gefäßfußes anzeichnen.

2 Verwenden Sie ein scharfes Werkzeug und halten Sie es ohne nachzugeben fest. Der Daumen der linken Hand stützt, und die anderen Finger beschützen das Gefäß.

Freidrehen gar nicht zugänglich ist. Dies ist besonders bei Schalen wichtig. Vertikale Formen wie Vasen, Krüge und Kaffeekannen benötigen jedoch nicht zwingend einen konkaven oder hohlen Fuß. Muß die Basis nur saubergemacht werden, kann dies am aufrecht stehenden Gefäß auf der Scheibe geschehen.

Lederharte, auf der Scheibe abzudrehende Gefäße müssen zentriert werden und rund laufen. Sie können prüfen, ob das Gefäß zentriert ist, indem Sie eine Nadel oder einen spitzigen Abdrehstahl gegen die Oberfläche des drehenden Gefäßes halten, und zwar an seinem weitest ausladenden Teil. Halten Sie die Töpferscheibe an, wenn die Spitze den Ton berührt. Läuft die eingeritzte Markierung um das ganze Gefäß herum, ist das Gefäß tadellos zentriert; zeichnet sie sich aber nur über eine kurze Strecke ab, läuft das Gefäß deutlich unrund und muß vom Zentrum der Markierung *weg*geschoben werden. Fangen Sie mit der Abdreharbeit erst an, wenn das Gefäß vollkommen rund läuft.

Diese polierte Schale aus Irdenware von Duncan Ross *wurde nach dem Freidrehen sorgfältig auf ein glattes Profil abgedreht.*

3 Drehen Sie den Ton von der Außenseite weg. Der lederharte Ton soll sich wie eine Apfelschale ablösen lassen. Gibt es nur Schuppen, ist der Ton zu trocken.

4 Wenn Sie die Innenseite des Fußes bearbeiten, kehren Sie das Drehwerkzeug um. Versuchen Sie, die gleiche Rundung wie auf der Schaleninnenseite zu erzielen.

5 Behalten Sie das Profil der Außenseite sorgfältig im Auge, bevor Sie die Abdreharbeit beendigen. Sie kann den Charakter des Gefäßes verändern.

Nützliche Abdrehwerkzeuge: mit gerundetem Profil für Aushöhlungen und geradkantig für konvexe Formen und ebene Flächen. Ganz links das erwähnte Stahlbandgerät Hans Copers.

Die Abdrehwerkzeuge

Die Abdreharbeit läßt sich mit jedem beliebigen Werkzeug, das Ton durchschneiden kann, ausführen. Es sind denn auch ungezählte Werkzeuge zu diesem Zweck produziert und verkauft worden. Persönliche Vorlieben variieren fast grenzenlos, und es ist beispielsweise möglich, daß ein zerbrochenes oder geschärftes Küchenmesser alle auf dem Markt befindlichen Werkzeuge als Lieblingswerkzeug ausstechen kann. Die Altmeisterin Lucie Rie verwendete stets eine scharfe Nadel und eine Rasierklinge zum Abdrehen, bis ihr Hans Coper ein handgemachtes, selbstschärfendes Werkzeug aus Stahlband schenkte. Die meisten Drehwerkzeuge sind Metallstreifen mit im rechten Winkel abgebogenem Ende, als Klinge geformt und geschärft. Werkzeuge mit einem konvexen Profil eignen sich als einzige zum Aushöhlen von Rundungen, während geradkantige Werkzeuge besser sind für konvexe Formen und gerade Flächen. In einem minimalen Werkzeugsortiment sollte man von jedem Werkzeugtyp ein Stück zur Verfügung haben. Bei schweren Metallwerkzeugen kommt das ganze Gewicht am Gefäß zum Tragen; sie erleichtern wie schwere Schraubenzieher die Arbeit. Drahtschlingen-Abdrehwerkzeuge können dagegen nicht schwer sein, doch muß der Draht sehr stark sein und darf nicht federn.

Die meisten Anfänger lernen beim Abdrehen mit den Werkzeugen, die im Töpferunterricht zur Verfügung stehen, umzugehen. Die unvermeidliche Nässe und Unordentlichkeit am Arbeitsplatz lassen die Werkzeuge schnell rostig und stumpf werden; zudem gehen sie recht oft verloren. Darum ist es empfehlenswert, sein eigenes, mit dem Namen versehenes Werkzeug, und sei es nur ein einziges scharfes Abdrehwerkzeug, in den Unterricht mitzunehmen.

Überprüfung der Stärke

Bevor Sie Ton wegschneiden, müssen Sie die Stärke Ihres Gefäßes prüfen. Wie dick ist die Basis? Bei einer Schale ist dies relativ einfach festzustellen, indem Sie gleichzeitig auf beiden Seiten die Wandstärke abtasten und am Abstand der Fingerspitzen voneinander die Dicke ableiten können. Bei einem geschlossenen Gefäß ist es schon schwieriger. Sie können eine Nadelspitze an der Basis durchstechen und am Widerstand ablesen, wie dick sie ist. Ein Nadelstich wird sich beim anschließenden Abdrehen rasch zufüllen.

Positionieren zum Abdrehen 2

1–2 Eine Alternative zum Festhalten eines lederharten Gefäßes ist eine Scheibe steifen Tons, die auf den Scheibenkopf gelegt wird. Indem man sie mit konzentrischen Kreisen markiert fällt das Zentrieren leichter. Der Ton auf dem Scheibenkopf soll nicht zu fest kleben, da sonst der Gefäßrand beschädigt werden kann.

Wiederholen gleicher Formen

Töpfer, die dieselbe Form in Serien wiederholen, machen mit Vorteil ein Futter aus Gips, in dem die Schalen beim Abdrehen festgehalten werden.

Ist das Gefäß einmal umgekehrt auf der Töpferscheibe, gibt es praktisch keine Möglichkeit mehr (außer durch Pressen), die Dicke des Bodens festzustellen. Das Beklopfen des Bodens gibt eine gewisse Information, wenn sie in diesem Stadium auch reichlich spät kommt. Bei einer dicken Basis ist der Klang dumpf; er verändert sich erst, wenn die Basis hautdünn ausfällt, was aber für jedes Gefäß unangemessen ist. Die meisten Anfänger gehen den empirischen Weg: sie bearbeiten hintereinander die Basen von verschiedenen Gefäßen; sobald sie beim Drehen ein Loch »produzieren«, wird das entsprechende Gefäß weggeworfen. Der Schaden läßt sich zwar mit Ton gleicher Konsistenz beheben, doch ist es allgemein vorzuziehen, die Abdreharbeit gründlich und korrekt zu erlernen, statt Schäden zu reparieren.

Die Abdrehtechnik

Arbeiten Sie stets rechtsseitig vom Gefäß – genau wie beim Freidrehen –, und halten Sie das Werkzeug in der rechten Hand, wobei Sie die Werkzeugschneide, wenn möglich, mit einem Finger der linken Hand stützen. Die restlichen Finger der linken Hand bilden manchmal einen becherförmigen Schutz rund um die Form, um sie aufzufangen, falls sie von der Töpferscheibe wegfliegen sollte.

Der beste Winkel, unter dem das Abdrehwerkzeug anzusetzen ist, muß experimentell herausgefunden werden. Bestimmt ist es ein spitzer Winkel, der wesentlich kleiner ist als ein rechter Winkel von 90°. Das heißt, daß die Schneide Ton vom Gefäß wegschleift und nicht in den Ton einsticht.

Ein unter falschem Winkel angesetztes Werkzeug schlägt rhythmisch und unkontrollierbar gegen den Ton und produziert eine Rippelung (wie sich Wasser an der Meeresküste kräuselt), die man als »Rattermarken« bezeichnet. Nicht veränderlich und unschön, sind diese nur schwer wegzubringen. Sobald sie auftreten, muß der Anfänger seine Arbeit unterbrechen und Abhilfe schaffen. Auch stumpfe Werkzeuge und trockener Ton sind des öfteren die Ursache von Rattermarken. Schärfen Sie das Werkzeug und befeuchten Sie den Ton mit einem nassen Schwamm, verändern Sie die Position und den Winkel der Schneide als erste Maßnahme, um die Rattermarken zum Verschwinden zu bringen und wieder eine glatte Oberfläche herzustellen.

Die Oberfläche nach dem Abdrehen unterscheidet sich zwangsläufig von der mit den Fingern beim Freidrehen erzeugten Oberfläche. Verändert sich das Gefüge und bis zu einem gewissen Grad das Profil des Gefäßes beim Abdrehen, so kann sehr oft das Aussehen darunter leiden. Nun läßt sich das ganze Profil ohne weiteres wieder verändern, um eine solche Unstimmigkeit zu beheben, aber das Resultat befriedigt in der Regel nicht. Die Form verliert auf diese Weise die Lebendigkeit und erinnert an eine mechanische Form, weil das Persönliche des Freidrehens verschwunden ist. Darum sollte man das Abdrehen auf ein Minimum beschränken und lernen, die unterschiedlichen Oberflächenstrukturen mit Gefühl ineinander aufgehen zu lassen.

Sehr oft ist die Basis nach dem Freidrehen auf der Scheibe, mit den unvermeidlichen Spuren der Töpferhände, ansprechender in der Form als eine sauber und wie geschleckt abgedrehte Basis. Ein Abdrehen der Gefäßseite während nur weniger Minuten kann die Proportionen verändern, leider sehr oft nicht zum Vorteil der Gefäßform. Da es recht schwierig ist, die Proportionen eines auf dem Kopf stehenden Objektes abzuschätzen, soll ein Gefäß, das für die Dreharbeit umgekehrt werden muß, vor Arbeitsbeginn sorgfältig studiert und jede Profiländerung zum voraus geplant werden.

Es ist wesentlich bei einem fertigen Gefäß, daß keine scharfen Kanten mit dem Tisch oder einer anderen Unterlage, auf die es zu stehen kommt, in Berührung kommen. Die Glasur auf einer scharfen Kante kann nach dem Brand so scharfkantig sein wie Glasscherben und kann in die Finger schneiden oder zum mindesten Tische zerkratzen. Aus diesem Grund sind »Ecken« abzurunden, damit keine solchen scharfen Kanten entstehen. Ein nur ganz leichtes Abrunden genügt, denn klare, hartkantige Formen dürfen nicht weich erscheinen.

Die Herstellung eines Fußrings

Obschon es grundsätzlich unnötig ist, bei einem aufrecht stehenden Gefäß Ton von unten auszuhöhlen, läßt sich bei einer Schale das Abdrehen so ausführen, daß das äußere Profil dem inneren Profil folgt. Die eigentliche Basis der Schale bleibt konvex wie ein Ei; die Schale steht auf einem Fußring, der nach dem Ausdrehen des Tons im Kern zurückbleibt. Es ist ratsam, auf der umgekehrten Basis die Position des Fußes durch zwei feine Markierungen einzukerben (die auf der drehenden Töpferscheibe zu Ringen werden). Der Ton wird zuerst auf der Außenseite und dann im Kern entfernt, so daß ein gratähnlicher Ring entsteht. Diese Reihenfolge ist wichtig, weil auf diese Weise das Außenprofil genau und zufriedenstellend bestimmt werden kann, ohne daß man sich jedoch endgültig festlegen muß.

Fußringe für Schalen und andere Gefäße bestimmen deren Charakter mit. Sie heben die Hauptform von der Unterlage, auf der sie steht, ab, was das Gefäß stets leichter erscheinen läßt. Der Töpfer sollte auch in dieser Beziehung experimentieren: mit der äußeren und inneren Gestaltung und mit vertikalen, breiten und engen Profilen im Fußring. Er sollte, wenn möglich, orientalische Beispiele studieren, die in punkto Harmonie von Fußring und Gefäß nicht zu übertreffen sind. Schmale und hohe Fußringe sind sehr oft elegant und voller Grazie, aber weite und niedrige Fußringe sind in der Regel praktischer und stabiler.

Eine auf der Scheibe freigedrehte, abgedrehte und eingelegte Schale von Lucie Rie. *Sie wurde in einem Stück freigedreht. Der hohe Fuß wurde durch Drehen ausgehöhlt.*

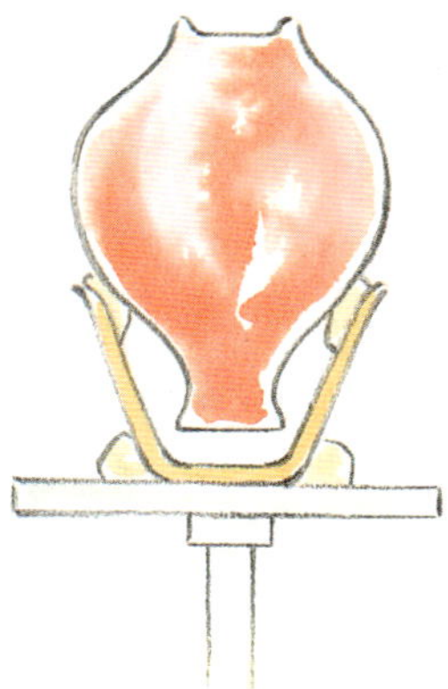

Die Verwendung einer Abdrehstütze (eines Donsels)

Falls es notwendig ist, eine große, schlanke Form zur Fertigung eines Fußrings oder zu einem anderen Zweck umzukehren, stellt sich sofort das Problem der Stabilität auf der Töpferscheibe. Man begegnet ihm gewöhnlich, indem man auf der Scheibe eine Abdrehstütze anbringt, auch (der oder das) Donsel genannt.

Man verwendet dafür Ton, der etwas härter ist als beim Feindrehen. Ein Zentrieren des Tons für das Donsel erübrigt sich, doch muß er ohne Wasser zuzufügen planiert werden. Man bedient sich dazu eines Metallwerkzeuges, das wie ein Stahlroller ausgebildet ist. Mit einer scharfen Metallschneide und den Fingern wird nun im Zentrum eine Ausbuchtung geschaffen, in die das Oberteil des Gefäßes hineinpaßt. Eine perfekte Senkform läßt sich selten fertigen, aber die Stütze soll das Gefäß fest fassen und in der Senkrechten halten. Der für das Donsel verwendete Ton muß nicht unbedingt demjenigen des Gefäßes entsprechen, doch soll er fein und geschmeidig-glatt sein, da ein zu grober Ton Kratzspuren hinterlassen, und ein dunkel gefärbter Ton auf ein Gefäß aus weißem Ton (oder umgekehrt) abfärben kann. Somit ist es empfehlenswert, in etwa gleiche Tonqualitäten für das Gefäß wie für das Donsel zu verwenden.

Manchmal läßt sich ein großes, abzudrehendes und umgekehrtes Gefäß in den Hals eines gebrannten Gefäßes absenken, das seinerseits mit einem Tonring auf dem Scheibenkopf fixiert ist. Diese Halterung gibt eine größere Stabilität als ein Donsel, insbesondere wenn das Gewicht oberlastig ist.

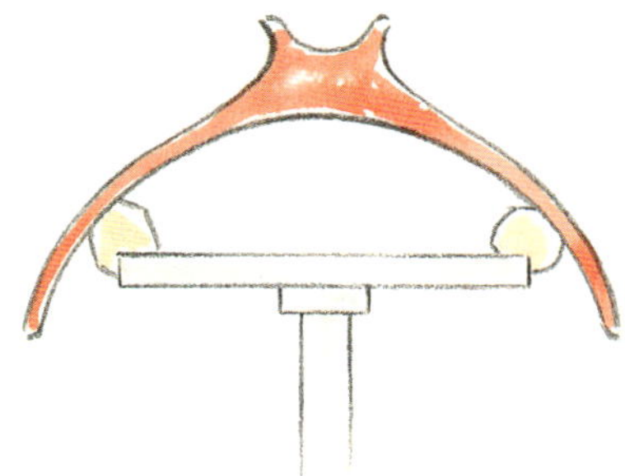

Oben: Schalen und andere Formen, die größer sind als der Scheibenkopf und über diesen hinausragen, sind mit einem Tonring auf der Außenkante der Scheibe zu schützen.

Abdrehen auf einem Futter (Donsel)

1–2 Eine Tonstütze, wie in der Zeichnung zuoberst links, kann eine enghalsige Vase gut abstützen, oder es läßt sich ein gebranntes Gefäß als Donsel verwenden (siehe Zeichnung oben links). Der Zylinder sitzt zum Abdrehen rittlings auf einem Tonkonus (oben).

Prüfen ob die Basis plan ist

Wenn der Stiel des Abdrehwerkzeuges über der Fußpartie schwankt (auf der laufenden Töpferscheibe), ist die Basis uneben. Pressen Sie den Stiel nach unten, bis die Basis plan ist.

Es kommt gelegentlich vor, daß der äußerste Durchmesser einer Schale, von Rand zu Rand, den Durchmesser des Scheibenkopfes übersteigt, so daß beim Umkehren die Schale (sie »hängt« dann über die Töpferscheibe hinaus) leicht Beschädigungen erfährt. In einem solchen Fall verwendet man Ballen von angehärtetem Ton, die sich dem Innenprofil der Schale so gut wie möglich anpassen, um die Schale fest auf der Scheibe festzuhalten, oder man formt einen Tonring zum Polstern des nicht nachgebenden Scheibenrands.

Wie ist ein getrocknetes Gefäß zu handhaben?

Sobald das Gefäß vollständig trocken ist, ist es zerbrechlich und spröde und fühlt sich nicht mehr kalt an. Gefäße im ungebrannten Zustand bezeichnet man als »grün«. Bei sorgfältiger Handhabung kann ein »grünes« Gefäß mit Schmirgelpapier bearbeitet werden. Die Wirkung vom »Schmirgeln« auf exponierten Stellen ist fast immer unerfreulich: attraktive, vom Freidrehen herrührende Zeichnungen oder Zeichen werden schnell weggerieben. Feines Schmirgelpapier kann als Korrektiv nützlich sein zum Glätten von Verbindungsnähten bei Tüllen und Henkeln.

Freigedrehte Gefäße, die dann von unten nach oben abgedreht werden, haben ihren eigenen Charakter. Diese Porzellanvase mit Einlegearbeit stammt von Nicholas Homoky.

Der vernünftigste Einsatz von Schmirgelpapier ist das Glätten von unebenen Böden von nicht abgedrehten Gefäßen. Dazu ist es empfehlenswert, das Schmirgelpapier auf dem Tisch zu befestigen und das Gefäß darauf zu reiben. Auf diese Weise wird eine glatte Oberfläche erzielt, ohne die Standfestigkeit des Gefäßes zu beeinträchtigen. Die Verwendung von losem Schmirgelkorn (oder Quarzsand) oder Schamottepulver auf einer glatten Unterlage, wie z. B. auf einem Schiefertisch, ist die noch bessere Schleifmethode für die Gefäßbasis. Wird das grüne Gefäß sorgfältig mit kreisförmigen Bewegungen auf dem »Schleifkorn« planiert, erhält man eine ebene Basis.

Erfahrene Töpfer haben aus gemachten Fehlern gelernt, wie verletzbar grüne Gefäße sind. Sie werden *nie* eine grüne Teekanne oder eine Teetasse am Henkel fassen oder eine Schale am Rand. Anfängern »passiert« gerade dies immer wieder, und das Gefäß geht dann zu Bruch. In diesem Stadium läßt sich ein angeschlagenes Gefäß nicht mehr reparieren, und der ganze Aufwand der Fertigung ist für die Katze!

Deckel: Kopf-nach-unten-Methode

1–2 Es ist leicht, einem freigedrehten Deckel im Abdrehstadium einen Knopf anzugarnieren. Pressen Sie einen Tonballen auf die aufgerauhte Fläche des Deckels.

Formen Sie den Knopf mit den Fingern auf der Drehscheibe, und geben Sie nur ganz wenig Wasser zu. Nun kann der Abdrehvorgang vollendet werden.

Deckel: Kopf-zuoberst-Methode

Wenn ein Deckel, Kopf-zuoberst, auf der Scheibe freigedreht worden ist, muß er auf eine Tonstütze umgekehrt werden. So werden Unterseite und Kehle abgedreht.

Zusammengesetzte Gefäße

LINKS:
HANS COPER
Diese große Zwiebelvase von Hans Coper wurde aus zwei freigedrehten Teilen gefertigt und am engsten Punkt des Halses zusammengefügt. Der Töpfer kratzte mit dem Abdrehwerkzeug tiefe Rillen und legte so das Gefüge des Tons offen. Die letzte Oberflächengestaltung bestand aus einem Überziehen der Spalten mit einem Manganoxid enthaltenden Schlicker. Oxidierender Einfachbrand bei 1.280°C. Höhe: 46 cm.

OBEN RECHTS:
RUTH DUCKWORTH
Eine Konstruktion aus durchscheinendem Porzellanton. Die separat gebrannte zentrale Finnenform balanciert in einer freigedrehten Tasse. Beide Teile sind unglasiert. Breite: 18 cm.

UNTEN RECHTS:
THOMAS NAETHE
Die Form dieses zusammengesetzten Gefäßes erinnert an einen Kreisel. Sie basiert auf gekonntem Freidrehen und Präzision der Endbearbeitung. Die Trockenglasur ist mit Oxiden gesprenkelt. Durchmesser: 17 cm.

LINKS:
BEATRICE WOOD
Diese heitere zusammengesetzte Fruchtschale ist in zwei Teilen gefertigt, mit ausgeprägten Freidrehlinien und stützenden Henkeln. Beachten Sie den Streifen aus geprägten Stempeln, die an Westenknöpfe erinnern. Als Irdenware im Gasofen reduzierend gebrannt und mit Lüsterglasur dekoriert.

RECHTS:
PAULIEN PLOEGER
Die Verwendung von freigedrehten Teilen zu figürlichen Skulpturen, insbesondere Figurinen, hat eine lange Geschichte. Die Kombination von auf der Scheibe gedrehten Teilen zu einer abstrakten Form ist jüngeren Datums. Sie legt Zeugnis ab vom plastischen Können des Künstlers. Dieses eigenständige Werk setzt stark auf die dekorative Ausschmückung, die auf einer Kombination von Papierabdeckung, Maskierband, ausgeprägten Pinselstrichen und übergreifenden Glasuren basiert. Steinzeug, 1.250°C. Höhe: 30 cm.

Frei aufgebaute Gefäße

Der kreative Geist kann sich frei entfalten, wenn nichts als die Hände und Handwerkszeug gebraucht werden für die Fertigung von Gefäßen. Ohne Töpferscheibe verschwindet die radiale Symmetrie, und es liegt einzig und allein beim Töpfer, eine Form zu schaffen, die interessant und gleichzeitig im Stehen gut ausbalanciert ist, ohne zu kippen. In den Museen finden sich ungezählte frei geformte Gefäße, von den Bechern des Paläolithikums über die ungebrochene Tradition von japanischen Teeschalen bis zu den massiven Plattenstrukturen zeitgenössischer Kunsttöpfer. Es gibt keine andere Begrenzung für die Größe als die Abmessungen des Ofens. Aber Vorsicht – die Arbeit ist nicht so einfach. Der große Shoji Hamada sagte über die von freier Hand gefertigte Keramik bedeutungsvoll: »Gerade die Schlichtheit ist am schwierigsten zu erreichen.«

Gegenüber: Ein mit Metalloxiden bereichertes, von Hand gefertigtes Stück von Ewen Henderson.
Durchmesser: 43 cm.

8

Tonwülste und Aufbautechnik

Man wird demütig, wenn man eine Ausstellung afrikanischer Töpferkunst besucht, wie etwa jene im Burlington House in London, und dort mit kraftvollen und perfekten Gefäßen für den Alltagsgebrauch, frei von Hand aufgebaut, konfrontiert wird.

Als ein technisches Hilfsmittel bringt die Töpferscheibe – Disziplin vorausgesetzt – Geschwindigkeit und Präzision mit sich, aber es kann keine Rede davon sein, daß frei aufgebaute Keramik hinsichtlich Bedeutung und Schönheit nur den zweiten Rang einnimmt. Der angehende Töpfer, dem keine Töpferscheibe zur Verfügung steht, braucht deshalb keineswegs zu befürchten, daß er deshalb nicht töpfern kann. Eine gewisse Schwellenangst wird allenfalls dadurch begründet, daß der Anfänger selbst dann, wenn ihm nur eine bescheidene Technik und einfache Werkzeuge zur Verfügung stehen, sich damit auf ein Arbeitsgebiet begibt, das weltberühmte Gefäße und schönste Beispiele modernen Schaffens hervorgebracht hat.

Leider gibt es im Töpferunterricht vielerorts zu wenig Töpferscheiben, so daß sich die Lehrer gezwungen sehen, bei der Einführung in das Töpfern für Anfänger die aufgebauten Formen vorwegzunehmen. Das setzt aber voraus, daß nicht nur die Technik, sondern auch das *Konzept* auf den Anfänger abgestimmt ist. Hinzu kommt die unvermeidbare Assoziation zwischen der Von-Hand-Bearbeitung von Ton und dem spielerischen Umgang mit Ton im Kindergarten. Als Anfänger in den Handformprozeß eingeführt zu werden, ohne mit der Charakteristik des Tons auf der Töpferscheibe vertraut zu sein, ist kein Vergnügen. Der Ton wird reißen, durchhängen, steif werden und am Werktisch kleben. Er wird stumpf und unsauber erscheinen und kaum Anlaß geben zu einem Erfolgserlebnis. Je schneller Sie also den Ton auf der Scheibe beherrschen lernen, umso besser ist es. Weil, wie erwähnt, meistens zu wenig Scheiben zur Verfügung stehen, sehen sich viele Anfänger gezwungen, mit aufgebauten Gefäßen zu beginnen. Ich hoffe, daß dieses Kapitel für Sie von Nutzen sein wird, nicht zuletzt dank der Beschreibung der zahlreichen verschiedenen Aufbautechniken.

Es gibt verschiedene Möglichkeiten, Keramik frei aufzubauen. Die wichtigsten davon sind die Wulst- und die Plattentechnik. Die *Wulsttechnik* oder das Aufwülsten läßt dem Töpfer die Freiheit, wirklich große Gefäße zu bauen, sofern der Ofen entsprechend groß ist. Die *Plattentechnik* (im nächsten Kapitel) erlaubt dem Töpfer die Fertigung von hartkantigen Formen und Planflächen in unbegrenzter Variation. Einige heutige Töpfer kombinieren diese beiden Methoden.

Aufwülsten, die traditionelle Technik vieler afrikanischer Töpfer, führt gewöhnlich zu Gefäßen mit rundem Querschnitt oder zu solchen mit annähernd radialer Symmetrie, etwa so wie ein Apfel oder Kürbis symmetrisch ist. Beides sind taugliche Varianten; unter den Töpfertechniken ist es die einheitlichste. Für ihre Schönheit ist absolute Präzision ebensowenig Voraussetzung wie für die Schönheit einer Frau bestimmte Körpermaße. Die Technik gehorcht den natürlichen Gesetzmäßigkeiten der Schwerkraft (im Gegensatz zum Freidrehen auf der Scheibe, das der Zentrifugalkraft unterliegt) und hat eine direktere Beziehung zwischen Struktur und Form als andere Methoden. Der Töpfer fertigt eine Anzahl von langen, kreisrunden und festen Tonrollen an. Man bezeichnet sie als »Wülste«, die jedoch in keiner Weise in sich verdreht sind. Legt man sie in Ringen, einen auf den anderen, bilden sie die Gefäßwandung. Die Größe des Rings bestimmt die Form.

Aufgebautes Gefäß von Jennifer Lee. *Höhe: 25,5 cm. »Weil beim Aufbauen zwangsläufig Schichten entstehen, kann eine Linie mit besonders gefärbtem Ton eine Schichtzeichnung hervorrufen, die rund um oder quer über das Gefäß läuft. Weil Jennifer Lee keine Glasuren verwendet, stammen ihre subtilen Farben und verschwommenen Schattierungen nicht wie von einem über das Gefäß geworfenen Schleier, sondern einzig und allein aus der eigenen Substanz – wie das zum Beispiel der Fall ist bei der Oberfläche eines Felsenkliffs.« Sir David Attenborough.*

Die Fertigung der Wülste

Der Ton für aufgewülstete Gefäße wird auf dieselbe Weise aufbereitet wie derjenige für das Freidrehen, obgleich für diese Technik kein sehr plastischer Ton (wie beim Freidrehen) erforderlich ist. Die meisten Töpfer ziehen einen groben, mit zerkleinerter Schamotte oder Sand vermischten Ton wegen des besseren »Bisses« und der Struktur vor. Ein bevorzugter Ton für aufgewülstete Gefäße ist derjenige, der für Ofenstützen und Kapseln (Brennhilfsmittel im Ofen) verwendet wird. Er ist preisgünstig und so grob, daß er fast wie ein Schleifmittel wirkt. Auch Ziegelton (roter Ton) eignet sich gut für aufgewülstete Gefäße; er wird noch besser durch einen Zusatz von zerkleinerter Schamotte (siehe Kapitel 2).

Wegen der ungleichen Schrumpfung von einem Tonkörper zum anderen sollte man beim Aufwülsten die Tone nicht vermischen, obschon erfahrene Töpfer damit eine spezielle Wirkung erzielen können (siehe Kapitel 17). In der Regel verwendet man durchgehend denselben Ton.

Aufgewülstetes Gefäß in Rakutechnik von David Roberts. *Durchmesser: 60 cm.*

Aufbereitung der Wülste

Die Herstellung von Tonwülsten nach der Rollmethode. Der Ton wird auf einer sauberen Werkbank unter den Fingern gerollt. Machen Sie nicht zu lange Wülste!

Nach einer Alternativmethode wird der Ton vertikal zu einer Tonwurst gerollt. Dabei hilft die Schwerkraft mit, diese länger zu machen.

Wenn Sie den Ton zwischen Finger und Daumen pressen, können Sie die Tonwurst verlängern, ohne zu rollen. Dabei entsteht ein Tonstreifen, den viele bevorzugen.

Es ist wichtig, daß Sie sich mit genügend Ton eindecken, um die Arbeit vollenden zu können. Die Aufwülsttechnik ist eine der langsamsten Methoden zum Fertigen von Gefäßen. Im Einmal-pro-Woche-Unterricht dauert die Fertigung von einem einzigen Gefäß gut und gern drei Wochen. Verwahren Sie jeweils Ihr Werkstück und den Ton in einem luftdichten Plastiksack für die nächste Woche, sonst müssen Sie vielleicht feststellen, daß bei der Wiederaufnahme des Unterrichts der Ton im Kasten eine andere Farbe und Charakteristik aufweist.

Es ist beides von Bedeutung: der Durchmesser und die Länge der Tonwurst. Die Wülste sollen nicht kleiner sein als 1 cm im Durchmesser. Ebenso ist es unpraktisch, sie unter den Händen zu einer Länge von mehr als 45 cm auszurollen. Wenn Sie Ihre Hände mit gespreizten Fingern nebeneinanderlegen, so daß sich die Daumen berühren, sehen Sie die maximale Länge der Tonrolle, die Sie zu bewältigen vermögen. Ist sie länger, verdreht sich der Wulst und bricht wahrscheinlich ab, weil ja nur der Ton unter Ihren Fingern sich beim Rollen dreht.

Ein Tonballen von der Größe einer kräftigen Rübe ergibt eine gute Länge der Tonwurst. Der Töpfer macht sieben bis acht solche Rollen, bevor er mit dem Aufwülsten des Gefäßes beginnt. Mehr Rollen zu fertigen ist ein Fehler, besonders wenn sie auf einem Holztisch abgelegt werden. Sobald sie zu steif werden und sich nicht mehr frei biegen lassen, sind sie unbrauchbar und gehören in den Ausschußkübel.

Einige Töpfer drücken mit Vorliebe eine große, senkrecht gehaltene »Tonrübe« zu einer Art von Seil, das sich wegen der Schwerkraft in die Länge zieht, oder sie rollen den Ton senkrecht zwischen den Fingern. Eine einfache Methode ist das Extrudieren des Tons durch eine Profilschablone in einem Extruder (einer Strangpresse – siehe Seite 99). Es gibt heute handbetriebene und überall erhältliche Extruderversionen; die Meinungen gehen allerdings auseinander, ob die gleichmäßigen Wülste, die sie produzieren, eine Hilfe sind für den Töpfer und seine Arbeit beschleunigen, oder ob sie die Arbeit abstumpfen und langweilig machen.

Aufbautechniken

Bei einigen primitiven Völkern umkreisen die Töpfer das Gefäß rückwärtsgehend und ziehen den Wulst wie eine Schlauchleitung zur Tonwandung auf. Wo der Platz beschränkt ist und sicher bei kleineren Gefäßen, ist es eine Hilfe, wenn das Gefäß selber während der Fertigung gedreht werden kann. Das ideale Hilfsmittel dafür ist eine zweiteilige Ränderscheibe aus Gußeisen, die in den meisten Töpfereien zur Verfügung steht. Leider wird manche Scheibe von Anfängern beschädigt, die sie von Werkbank zu Werkbank tragen und nicht darauf achten, daß der Fuß herausfallen und auf dem Fußboden beschädigt werden kann. Ist keine Ränderscheibe greifbar, kann man sich mit dem Scheibenkopf einer fußbedienten Töpferscheibe behelfen oder ganz einfach mit einer auf der Werkbank aufgestellten Zinnbüchse oder einer stabilen Schachtel, auf die das Gefäß gestellt wird. Indem man nun die Büchse gleichmäßig auf dem Tisch dreht, kann auch das Gefäß gedreht werden, ohne daß man es berühren muß.

Die meisten Töpfer machen die Basis eines gewülsteten Gefäßes aus einer Tonscheibe, die mittels eines Tonrollers ausgewalzt wird. Damit der Ton während des Rollvorgangs nicht am Tisch kleben bleibt, bestreut man diesen mit Quarzsand oder Schamottesand; man kann sich auch mit einem Segeltuch oder einer Zeitung be-

Verschiedene Wulsttypen

Von links nach rechts: völlig gleichmäßige Extruderwülste (siehe Seite 99); von Hand gefertigte runde Wülste; streifenförmige Wülste, gemäß nebenstehender Abbildung gefertigt.

1 Dicke, rund ausgerollte Wülste werden mit der Handkante zu Streifen abgeflacht und dienen zum Aufbau großer Gefäße.

2 Der erste derartige Streifen wird als unterste Zone der Wandung auf die Basis aufgesetzt. Durch Anfügung weiterer Streifen wird dann rasch das gesamte Gefäß aufgebaut.

helfen. Bleibt der Ton am Tonroller kleben, ist er zu weich und soll durch festeren Ton ersetzt oder muß getrocknet werden. Soll das Gefäß kreisrund werden, wird auf der Tonscheibe mit dem Zirkel ein Umkreis markiert oder die rotierende Tonscheibe wird auf dem Töpferscheibenkopf rund geschnitten, wobei der überflüssige Ton abgeschnitten wird. Widerstehen Sie der Versuchung, separat einen runden Teller zu fertigen; er wird fast sicher nicht die erforderlichen Abmessungen (Durchmesser, Dicke) aufweisen. Die Dicke der ausgewalzten Tonscheibe soll dem Durchmesser der Tonrollen entsprechen; sie darf nicht weniger als 1 cm betragen.

Eine Tonrolle wird auf die Basis gedrückt, so daß ein vollständiger Ring entsteht. Darauf werden nun weitere Ringe aufgebaut. Es braucht für diese Arbeit keinen Kleber; die Rollen, mit den Fingern aufeinander gepreßt, haften aneinander. Fügen Sie unnötigerweise Wasser oder Schlicker zu, um die Haftung der Wülste zu verbessern, machen Sie nur den Ton und die Hände klebrig und verlieren die Kontrolle. Auch die Idee, mit einer fortlaufenden Tonspirale zu arbeiten, ist unzweckmäßig, denn mit ihr wird der oberste Teil des Gefäßes nie plan, sondern immer schräg werden. Es ist keineswegs nötig, jedesmal vollständige Tonringe anzusetzen, da man mit kurzen Wülsten mit Leichtigkeit Lücken auffüllen kann. Natürlich muß ein wasserdichtes Gefäß eine gleichmäßige Wandung haben, ohne Risse und Hohlstellen. Diese sind vermeidbar, indem man jeden Tonring fest auf den unteren preßt, so daß er einen ovalen Querschnitt annimmt. Nach vier oder fünf Ringen müssen Sie die Wülste innen wie außen fest aneinanderfügen. Sie üben dabei entweder mit den Fingern oder mit einem Werkzeug festen Druck nach unten aus. Bei einer verengten oder geschlossenen Form ist es schwierig oder gar unmöglich, die Wülste auf der Innenseite zu glätten. Man beschränkt sich in einem solchen Fall auf das Glätten der Wülste auf der Außenseite.

Die Fingerabdrücke oder Werkzeugspuren sind wie die Drehlinien ein persönliches Markenzeichen des Töpfers für die Ausgestaltung der Oberfläche. Einige Anfänger lassen die Wülste auf der Außenseite unbearbeitet, so daß das Gefäß wie der unbeholfene Reifenmann von Michelin aussieht. Sie sind im Glauben, auf diese Weise eine traditionelle oder typische Form zu schaffen. Ich habe indessen kein einziges solches Gefäß gesehen, das nicht lächerlich aussieht; es ist zudem zwangsläufig schwächer im Gefüge, weil die Wülste nicht sauber vereinigt sind.

Mancher Neuling, der es (noch) nicht versteht, eine Ausweitung der Gefäßform mittels immer größer werdender Tonringe vorzunehmen, versteift sich auf Gefäße mit gleichbleibendem Durchmesser – wie ein wackeliger Schirmständer oder ein Elefantenfuß! Wieder andere weiten ihre Gefäße übereifrig zu stark aus, so daß die Form unter dem nicht unterstützten Eigengewicht absackt oder gar einstürzt. Auf einer schmalen Basis aufgebaute Gefäße werden oft beim Anfänger weiter und weiter, aber nicht höher, weil jeder angefügte Wulst nach außen strebt, Tendenz zum Absacken zeigt und infolgedessen die Basis zu »vergrößern« scheint. Das führt zu unschönen hyazinthenförmigen Schalen – zu Tausenden jährlich!

Wenn Sie weite aufgewülstete Gefäße fertigen, ist es wichtig, daß Sie auf einen möglichen Einsturz gefaßt sind. Falls die Gefäßwandung leicht anschwillt oder die oberste Partie kraftlos und ohne Leben wirkt, dann müssen Sie die Form rund um den Rand nacharbeiten, die absackenden

Erste Schritte beim Gefäßaufbau

1 Die Basis kann ausgerollt oder mit der Handkante auf die gewünschte Dicke gepreßt werden. Diese muß mit dem Durchmesser der Wülste übereinstimmen.

2 Der erste Wulst, der auf die Basis gesetzt wird, ist mit dem Daumen fest anzudrücken, wobei die Daumenabdrücke nicht ausgeglättet werden müssen.

3 Tonringe von wachsendem Durchmesser ermöglichen die Ausweitung der Form, aber die Wandung muß mit einer Hand gestützt werden.

Teile mit Keilen aus hartem Ton oder porösem Gummi abstützen und sie auf einem Regal trocknen. Je nach Temperatur und relativer Feuchtigkeit wird das Gefäß in einer halben bis zwei Stunden trocknen. Dann kann die Arbeit wieder beginnen.

Sobald der oberste Wulst hart wie Pappe geworden ist, muß er mit Hilfe eines Schwamms mit Wasser rund um den Rand angefeuchtet werden. Vermeiden Sie es, Schlicker zu verwenden, weil sonst alles klebrig wird, und benetzen Sie mit ganz wenig Wasser, da überschüssiges Wasser die Wandung entlang abwärts fließt und die Gefäßbasis beschädigen kann.

Der äußere Umriß eines aufgewülsteten Gefäßes kann auf einfache Weise umgekehrt, d. h. eingeengt werden, indem man fortschreitend kleinere Tonringe aufgarniert. Das Risiko des Einsturzes ist während des Einengvorgangs etwas erhöht, weil die Vereinigung der Wülste teilweise mit Druck nach unten geschieht, und es bei eingeengtem Gefäßhals immer schwieriger wird, mit der Hand überhaupt ins Gefäß zu gelangen, um die nötige Stütze zu gewährleisten. Oft ist die Verwendung von zusammengeknülltem Zeitungspapier als federnde Stütze zweckmäßig; es wird im Ofen selbstverständlich verbrannt werden. Bei kugeligen Formen kann ein Gummiballon eingeführt, aufgeblasen und im Hals des Gefäßes abgenabelt werden. Er unterstützt die Schulter des aufgewülsteten Gefäßes vortrefflich; man kann jederzeit die Luft ablassen oder den Ballon zum Platzen bringen, sobald der Ton trocken ist. Andere Stützen in diesem Fertigungsstadium sind Brennstützen (Brennhilfsmittel) aus Ton, die sich allerdings im Gefäßinnern oft verklemmen. Im gebrannten Gefäß wird die verbleibende Stütze jedoch in ärgerlicher Weise klappern!

Nach dem Zusammenfügen der Wülste ist das Gefäß (in jedem Stadium bis zum vollständigen Austrocknen) bereit für dekorative Elemente.

Die Verwendung von Brennstützen auf der Außenseite des Gefäßes, bei stark ausgebuchteten Formen, ist beim Trocknen problemlos; sie können später entfernt werden. Der Töpfer muß darauf achten, daß er etwas härteren Ton verwendet als den Ton dieser Brennstützen, damit sie nicht ständig am Gefäß kleben bleiben.

Ein rund um das Gefäß gelegter Ring aus fettem Ton (wie ein aufgeblasener Schlauch) oder ein wirklicher Schlauch eines Autoreifens bildet eine brauchbare Stütze beim Ausweiten des Gefäßes. Ist eine wirklich flache, umschlossene Form geplant, lassen sich die Innenwände mit bleibenden Vertikalrippen stützen und verstär-

Kontrollieren der Form

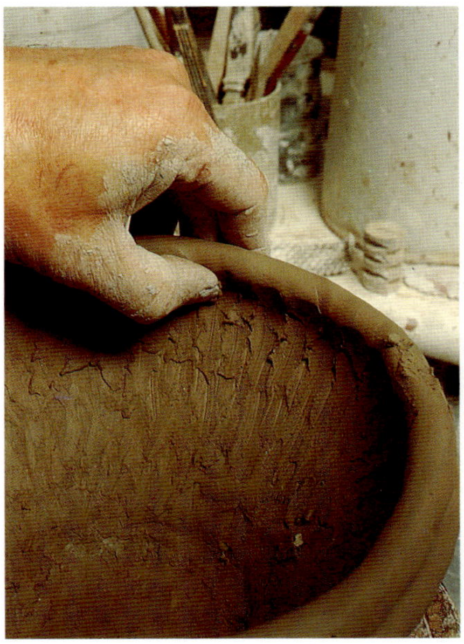

1 Je vier bis fünf Wülste werden unter Glättung der Fugen mit den Fingern oder einem Holzwerkzeug außen und innen gut miteinander verbunden.

2 Aufgewülstete Gefäße sehen im Frühstadium unschön aus. Große Zylinder lassen sich bis zu Höhen aufwülsten, wie es auf der Töpferscheibe nicht mehr möglich ist.

3 Die Oberflächengestaltung ist fast so wichtig wie die Form des gewülsteten Gefäßes. Hier laufen die Fingerabdrücke regelmäßig im gleichen Winkel.

ken, so wie man im Modellflugzeugbau die Membranen der Flügel mittels Balsaholzrippen voneinander trennt. Eine flache, von Hand aufgebaute Form läßt sich auch gut in einer Gipsform stützen; viele gekonnte Gefäße aus jüngster Zeit sind so entstanden. Die Form der unteren Gefäßpartie wird indessen von der Gipsform bestimmt; es empfiehlt sich, jeweils eine spezielle Form für jedes Gefäß zu machen (siehe Kapitel 12). Eine flach-kurvige Form läßt sich auch so erreichen, daß die ersten Tonwülste über einen Fußball gelegt werden, dann, nach leichtem Antrocknen, baut man die Form in umgekehrter Richtung weiter auf. Eine solche Form benötigt aus Stabilitätsgründen einen gewülsteten Fußring.

Die Endbearbeitung der obersten Partie eines gewülsteten Gefäßes erfordert dieselbe Sorgfalt wie beim Oberteil eines frei gedrehten Gefäßes. Es sei besonders hervorgehoben, daß mit einer zusätzlichen Tonrolle (eventuell kleineren Durchmessers), auf den obersten Tonwulst aufgesetzt, eine Extraweite erzielt werden kann. Die ganze übrige Form sollte eine gleichmäßige Wandung aufweisen, wobei die Basis auf keinen Fall weniger dick sein darf. Gewülstete Gefäße dürfen ohnehin etwas schwerer wirken als freigedrehte Gefäße; ein gewülstetes Gefäß, das zu leicht wirkt, ist unbefriedigend. Es ist denn auch einer der Hauptfehler, die Anfängern unterlaufen, daß die Wände fast armselig dünn sind. Der zweite Fehler ist die unbedachte Arbeitsaufnahme, ohne klare Vorstellung von der gewünschten Form zu haben. Dies ist wesentlich, wenn Sie mit der Arbeit beginnen, und es ist auch empfehlenswert, mit Bleistift die Form auf der Werkbank aufzuzeichnen, so daß man sie stets vor Augen hat. Selbst wenn die resultierende Form von der gezeichneten abweicht, ist sie bestimmt besser als eine aufs Geratewohl gefertigte, denn beim Aufwülsten ist eine gute Form nie zufällig. In den Hauptzügen gelten dieselben Kriterien für die Form sowohl bei aufgewülsteten als auch bei freigedrehten Gefäßen (siehe Seite 31). Wechselnde Winkel in Schultern und Flanken des Gefäßes sind anziehend für's Auge und oft Ausdruck von besonderem Charakter. Indessen wirken sehr runde, gleichsam organisch gewachsene Kurven und Formen, die tief auf einer Unterlage sitzen, oft eigentümlich angemessen für aufgewülstete Gefäße, nicht aber bei auf andere Weise gefertigten Gefäßen. Ein aufgewülstetes Gefäß muß keinesfalls kreisrund sein, doch sind solche, die offensichtlich vom kreisförmigen Grundriß abweichen – dreieckige und ovale Formen –, nach meiner Erfahrung oft weniger erfolgreich.

Aufgewülstete Gefäße können so leicht wie Eierschalen oder aber so schwer wie Handgranaten sein! Die guten fordern geradezu zum Betasten und Befühlen auf.
Gegenüber: Ein gekonnt aufgewülstetes Gefäß von Alev Ebbüzziya Siesbye *mit einem subtil ausgedrehten Rand.*
Durchmesser: 21,5 cm.
Oben: Massives Gefäß von Ruth Duckworth – *Kobaltoxid im dunkelbraunen Schlicker »brennt durch« die über die Außenfläche fließende Glasur.*

Oberflächenzeichnung und Struktur bei aufgewülsteten Gefäßen

Sind die Wülste gleichmäßig zusammengefügt, kann man die Oberfläche so belassen wie sie ist oder sie, sobald der Ton härter und trockener wird, mit einem dekorativen Element versehen. Von allen Werkzeugen, die ich je benutzt habe, hat sich ein altes Metallsägeblatt am besten für die Bearbeitung der Oberfläche eines gewülsteten Gefäßes bewährt. Weil es wie ein Plastikkamm flexibel ist, ist es selbst dreidimensionalen Krümmungsänderungen gewachsen. Auch ein glattes Stück Holz zum Klopfen der Oberfläche ist nützlich. Eines ist jedoch sicher: der Anfänger muß selber experimentieren! Die Zeichnung der Oberfläche allein durch die Fingerabdrücke ist nicht immer attraktiv, so wenig wie eine übermäßig bearbeitete Oberfläche. Eingeprägte Verzierungen von Siegeln oder Stempeln sind bei gewülsteten Gefäßen nicht so ansprechend wie reliefartige Dekorelemente, z. B. Grate oder Rippen. Oft geben integrierte Henkelnasen oder eigentliche Henkel dem gewülsteten Gefäß ein besonders ausgeprägtes Aussehen.

Gewülstete Gefäße brauchen wegen ihrer größeren Wandstärke länger zum Austrocknen als freigedrehte Gefäße. Es kann vorkommen, daß die Basis eines gewülsteten Gefäßes reißt, wenn es auf der Unterlage, auf der es steht, klebt. Es muß also auf der Unterlage frei stehen, bevor man es wegstellt.

Ich nehme an, daß in den Werkräumen für den Töpferunterricht mehr mißlungene, nach der Aufwülsttechnik gefertigte Gefäße herumliegen – meistens zerbrochen und ungebrannt –, als in jeder anderen Technik entstandene. Warum? Die Antwort fällt nicht leicht: es hat mit dem Image der Wülsttechnik zu tun, dem langsamen Prozeß der Herstellung eines gewülsteten Gefäßes (Gefäße, die auf der Töpferscheibe gefertigt werden, sie mögen noch so übel sein, scheinen sich irgendwie selber zu rechtfertigen). Das vermiest Anfängern das Aufwülsten (oder sogar die Keramik allgemein). Ein Pluspunkt für diejenigen, die bei der Stange bleiben, ist die Tatsache, daß sich mit der Aufwülsttechnik große, sogar sehr große Gefäße fertigen lassen. Man muß sich allerdings vor der Inangriffnahme eines großen Objekts vergewissern, daß der Ofen für dessen Brand groß genug ist.

Meisterstücke

Aufgewülstete Gefäße

LINKS:
GORDON BALDWIN
Diese massive Schale ist aus feinen Wülsten zu einer Eierschalenform aufgebaut. Baldwins Arbeit hat eine innere Symmetrie, die als Kontrapunkt einen gezackten Rand aufweist. Die Oberfläche wurde vor dem Brennen mit einem breiten Malerpinsel mit weißem Schlicker behandelt, wobei starke Pinselstriche (mit welchen ein Maler etwa seine Leinwände behandelt) ein wesentliches Gestaltungselement abgeben. Baldwin brennt oft zweimal, zuerst bei 1.240°C und dann, nach erneuter Dekoration, bei 1.100°C. Höhe: 34 cm.

OBEN:
GABRIELE KOCH
RECHTS:
MARTIN LEWIS
Gabriele Kochs Schale ist sehr gekonnt gewülstet und poliert, so daß sie eine zinnähnliche Patina zeigt. Die zusätzliche Rauchdekoration stammt vom zweiten Brand mit Sägemehl in einem im Freien stehenden Trommelofen. Dieses makellose Gefäß kontrastiert mit der felsenähnlichen Oberfläche von Martin Lewis' Gefäß, das aus verschiedenen oxidreichen Tonstreifen kleiner werdenden Durchmessers aufgebaut ist. Es ist sorgfältig ausbalanciert und mittels Klauen an der Basis im Gleichgewicht gehalten.

UNTEN:
JENNIFER LEE
Die »Handtöpferin« Jennifer Lee verwendet Streifenwülste und mischt Oxide in den Ton ein, um auf diese Weise verschiedene Färbungen im einmal gebrannten Endprodukt zu erzielen. Die sich klar abzeichnenden Streifen aus dunklerem und hellerem Material sind das Resultat von in einem Winkel zur Achse angesetzten Wulststreifen. Der ebenmäßige Rand und das sehr klare Profil rühren nicht etwa von einem Abdrehvorgang auf der Töpferscheibe her. Das Gefäß wird nach unten geschabt und von Hand poliert und bei reduzierender Flamme bei 1.270°C gebrannt. Manchmal wird ein zweites Mal bei oxidierender Flamme gebrannt. Immer wird das Gefäß nach dem Brand mit Sandpapier oder Schmirgelpapier abgerieben.

TRADE
GLOUCES
GLO

Aufbauen in Plattentechnik

Der Ausdruck »Plattentechnik« ist nicht gerade glücklich. Plattengefäße sind weder flach noch undekoriert, wie der Name annehmen lassen könnte. Einfach gesagt, sind Gefäße in Plattentechnik aus Tonplatten gefertigt, die (ähnlich wie Teig) mit dem Wellholz ausgewalzt werden. Die Technik, wie man sie Anfänger lehrt, wird oft mit Beispielen von langweiligen, flachen, mit Kakteen gefüllten Kästen illustriert oder mit herzförmigen Schüsseln, um zu zeigen, daß sich die »Platten« auch biegen lassen ... Aber schließlich kann jede Technik dazu mißbraucht werden, langweilige und häßliche Produkte herzustellen. Aus Tonplatten gefertigte Gefäße können durchaus aufregend und lebendig sein.

Die Plattentechnik ist keine »natürliche« Technik wie etwa das Aufwülsten und Freidrehen, die zu den natürlichen Entwicklungen zählen, gewissermaßen als Antwort auf den Bedarf an brauchbaren Gefäßen. Tonplatten sind nicht einmal so fest wie Teig, aber wenn man sie im genau richtigen Härtestadium bearbeitet, sind sie für den Töpfer ein sehr geschmeidiges und gut formbares Material. Eine ausgewalzte Tonplatte ist im wesentlichen eine flache Oberfläche und darum – wie eine Platte – ein einladendes Objekt für jegliche Dekoration, sei es durch Einschneiden (Schnitzen), Bossieren oder Bemalen. Gleichzeitig sind Tonplatten biegsam und lassen sich wie Leder zu Skulpturen falten. Während ein auf der Töpferscheibe gedrehtes Gefäß im Kern abstrakt ist, weil es kein Gegenüber in der Natur hat, können Gefäße in Plattentechnik beides gleichzeitig vorstellen: eine keramische Form und eine bildliche Darstellung von etwas Begrifflichem.

Der hohe Genauigkeitsgrad, wie er beim Freidrehen und Abdrehen die Regel ist, läßt sich mit der Plattentechnik nur schwer erreichen. Dem Anfänger wird aber sehr empfohlen, nach einem hochrangigen Endergebnis zu streben und ganz besonders auf einheitlich dicke Tonplatten zu achten. Wenn Sie mit der Holzbearbeitung – dem Ausfugen – vergleichen, so fehlt dem Zusammensetzen der Platten die Zimmermannskunst. Es ist vielmehr ein Zusammenfügen von Ton(-platten), mit Tonschlicker oder Wasser verkittet. Die Fugen müssen tadellos gemacht sein, weil sie im Gegensatz zu aufgewülsteten Gefäßen, bei denen die Oberflächenzeichnung wesentlich ist (und die »Konstruktion« verkleidet), öfters unbearbeitet belassen werden.

Plattengefäß von Shoji Hamada *mit sechseckigem Grundriß. Die flachen Stirnflächen eignen sich gut für Pinseldekoration. Höhe: 20,5 cm.*

Auswalzen der Platten

Ein Block von aufbereitetem Ton läßt sich zu gleichmäßiger Dicke auswalzen, wenn auf beiden Seiten des Tons gleich dicke Holzbretter beigestellt sind.

Schneiden der Platten

1–2 Der zwischen zwei gekerbten Pflöcken gespannte Draht schneidet den Ton wie Käse. Verschiebt man den Draht von Kerbe zu Kerbe, lassen sich Platten gleicher Dicke schneiden. Die oberste Platte wird nicht verwendet (sie kommt zum Recycling-Ton), wogegen alle anderen Platten einzeln abgelegt werden.

Oben: Nur wenn die Seitenflächen gleicher Größe eine nach der anderen aneinandergesetzt werden (zuoberst), entsteht ein quadratisches Gefäß. Bei der anderen Ansatzfolge entsteht ein rechteckiges Gefäß; es läßt sich nur dann quadratisch machen, wenn zwei Seiten um die Dicke der Tonplatten kürzer geschnitten werden.

Unten: Lasagne-Form von Sandy Brown. *Die Platten sind leicht abgerundet, um der Schüssel ein weiches Aussehen zu verleihen. Der flache Rand und die angarnierten Henkel machen aus der Form eine praktische Haushaltsschüssel.*
Abmessungen: 40 x 25,5 cm.

Die Fertigung einer Kastenform

Der Aufbau einer quadratischen oder rechteckigen Form zeigt schon die meisten Probleme auf, die bei der Herstellung eines Plattengefäßes auftreten können. Aufbereiteter Ton wird auf einer nicht klebenden Unterlage ausgewalzt. Das beste Mittel gegen das unerwünschte Kleben ist das Ausstreuen von fein zerkleinerter Schamotte unter dem Ton, so wie man unter den Teig Mehl streut. Die Schamotte kann mehlfein oder grob wie Sand sein; in jedem Fall wird sie an der Oberfläche haften. Ist Schamotte aber unerwünscht, kann man den Ton mit gutem Erfolg auf einer Zeitung auswalzen. Der Ton wird wohl daran kleben, aber er läßt sich leicht ablösen, wenn er trocken ist. Der Vorteil, wenn Sie den Ton auf einer schweren Leinwand auswalzen, ist der, daß sich die Tonblätter, ohne Schaden zu nehmen, leicht bewegen lassen, indem Sie die Leinwand hochheben. Der Ton nimmt dann zwangsläufig die Zeichnung der Leinwand an, was nicht immer erwünscht ist.

Zwei flache Holzbretter gleicher Dicke, beidseits der Tonplatte, führen das den Ton auswalzende Wellholz, so daß die Tonplatte überall gleich dick wird. In einer guten Alternativmethode wird der vorbereitete Ton mit einem Draht durchgeschnitten, wobei der Draht in regelmäßigen Abständen zum Schneiden angesetzt wird. Man verwendet dazu zwei gekerbte Metallpflöcke und doppelt verdrillten Draht. Der Schneidvorgang setzt große Sorgfalt voraus, spart dem Plattenmacher aber viel Zeit. Die Blätter sind einzeln auszulegen, so daß sie zum Trocknen gleichmäßig der Luft ausgesetzt sind. Sie müssen von Zeit zu Zeit gewendet werden, sonst wölben sie sich an den Ecken wie Brotscheiben beim Trocknen auf.

Für ein oben offenes Gefäß sind eine Basis, ein Bodenstück und vier Seitenflächen erforderlich. Sobald die Platten leicht angetrocknet sind, werden sie mit einem sauberen, scharfen und trockenen Messer zugeschnitten. Ein Plastik-Zeichendreieck oder Winkellineal braucht man für die rechtwinkligen Zuschnitte. Es ist wichtig, daß das Messer senkrecht angesetzt wird, weil die Platte sonst angeschrägte Kanten bekommt. Beim Schneiden mit dem Messer wird der Ton leicht gezogen; den Enden ist dabei besondere Beachtung zu schenken, wenn Sie auf einer Holzunterlage schneiden. Eine leichte Verzerrung der Form in den Ecken läßt sich mit den Fingern korrigieren. Noch besser ist es allerdings, wenn man sie gar nicht erst entstehen läßt. Nach einer Alternativmethode, mit der jede Verzerrung in den Ecken ausgeschlossen wird, schneidet man von den Enden der Tonplatten gegen die Mitte zu.

Beim Zusammensetzen kann man die Seitenflächen entweder auf den Boden oder um den Boden herum stellen. Werden die Wände von der Unterlage, auf der das Gefäß steht, hochgezogen, so schrägt man den Boden auf der Unterseite ab; es entsteht so am Fuß des Bodenstücks eine die Form betonende »Schattenlinie«. Nur wenn man die Seitenflächen gleicher Breite eine nach der anderen rundherum ansetzt (siehe Zeichnung), entsteht eine quadratische Form. Werden die Seitenflächen dagegen paarweise gegenübergestellt und dann zusammengefügt, entsteht eine rechteckige Form, selbst wenn die Seitenflächen eine gleiche Breite aufweisen.

Die Technik des Zusammenfügens der Seitenflächen ist ganz ähnlich derjenigen zum Angarnieren von Henkeln. Die Verbindungsflächen müssen mit einem Stift oder Messer – am besten kreuzweise – aufgerauht werden. Mit wenig Wasser oder Schlicker werden danach die Kratzspuren aufgefüllt, bevor die zwei Stücke zusammengefügt werden. Bei der Herstellung einer vertikalwandigen Form ist es ratsam, ein schweres, glattes und vertikales Objekt (z. B. einen Backstein) zur Verfügung zu haben, an das sich die Form anlehnen kann, um einen eventuellen Einsturz zu vermeiden. Wenn Sie Seite um Seite aufbauen, leistet ein Modellierholz gute Dienste für das Verputzen der Außenfugen. Für die Innenfugen ist ein sehr dünner Tonwulst von der Dicke eines Schuhbandes zweckmäßig, der mit dem Finger verstrichen und geglättet wird.

Fertigen einer Kastenform

1 Ein Plastik- oder Metalldreieck gewährleistet die 90°-Winkel, wenn Sie die Plattenseitenflächen für ein Gefäß aus Ton herausschneiden.

2 Fertigen Sie jeweils die zweite Platte von einem Paar von Seitenflächen, indem Sie die erste auf den aufgewalzten Ton legen und rundherum schneiden.

3 Mit einem scharfen Werkzeug werden auf den Verbindungsflächen Schraffierungen eingeritzt. Sie sollen mindestens 3 mm tief sein.

4 Um Zeit zu gewinnen, können Sie die Kanten von zwei Platten gleichzeitig schraffieren. Zwei aufgestellte Platten sind zudem stabiler und biegen weniger durch.

5 Ein Becken mit Wasser, breiter als die Platte lang ist, dient dazu, die Verbindungskante während 2 Sekunden im Wasser einzutauchen.

6 Wasser in den eingeritzten Kerben ist wesentlich für eine dauerhafte Verbindung der Platten.

Fertigen einer Kastenform

7 Sobald die vierte Seitenfläche eingefügt ist, ist die rohe Kastenform fertig. Die Haftung wird besser durch leichtes Hin- und Herbewegen beim Positionieren.

8 Soll die Kastenform regelmäßig sein, müssen die Seitenflächen im rechten Winkel stehen, bevor die Form auf eine Tonplatte gestellt wird, die als Boden dient.

9 Eine kantige Plattenform benötigt für ein gutes Aussehen tadellose Ecken. Das Verputzen der Flächen trägt dazu bei, die Fugen weniger sichtbar zu machen.

10 Vergewissern Sie sich, daß die Holzunterlage mit Sand oder feiner Schamotte bestreut ist, damit das Gefäß nicht kleben bleibt.

11 Runden Sie die Kanten auf der Innenseite ab, indem Sie die Garnierfuge mit einem dünnen Tonwulst von zuoberst bis zum Boden versehen.

12 Damit das fertige Gefäß am Fuß eine Schattenlinie aufweist, um die Form zu betonen, schneidet man auf allen vier Seiten eine nach innen gerichtete Schräge ein.

Auf diese Weise entstehen auf der Innenseite des Gefäßes abgerundete Kanten, die sich besser reinigen lassen, ohne die klare Rechtwinkligkeit auf der Außenseite in irgendeiner Weise zu beeinträchtigen.

Das Gefäß kann auf dieselbe Weise oben mit einer an die Wände gekitteten Platte abgeschlossen werden. Dabei muß beachtet werden, daß ein jeder solcher Deckel den Innenraum luftdicht abschließt. Ohne Luftloch – am besten an der Basis, mindestens 2 mm im Durchmesser – könnte das Ganze im Ofen Schaden nehmen! Jeder solche Abschluß muß auf die Dicke der Wände abgestimmt sein, nur so paßt er perfekt. Ist er als separater Deckel ausgebildet, braucht man auf der Unterseite eine zusätzliche Wand, um zu gewährleisten, daß der Deckel wie auf der »Kehle« eines gedrehten Deckels sitzt. Eine Kastenform mit einem präzis ineinandergreifenden Deckel läßt sich vorerst als abgeschlossene Form fertigen, dann wird der Deckel durch die Wände hindurch unter Berücksichtigung einer »Verzahnung« ausgeschnitten.

Oben: Eine aus Platten aufgebaute Kastenform mit einem integrierten Deckel. Als Kubus ausgebildet, wurde der Deckel mit einem scharfen, leicht nach unten gerichteten Messer ausgeschnitten. Aussparungen gewährleisten einen guten Sitz des Deckels.

Einzelheiten zur Oberfläche

Aus ästhetischen Gründen ist es oft wichtig, nach dem Trocknen des Plattengefäßes harte Kanten zu erhalten. Die Verwendung von Schleifpapier kann sich sehr ungünstig auswirken, weil es die Form weich werden läßt. Selbst wenn Sie feines Schleifpapier auf den Seitenflächen des Gefäßes verwenden, müssen Sie sehr darauf achten, daß Sie die Kanten nicht verwischen. Auf den Wänden läßt sich eine dekorative Oberflächenstruktur erzielen, wenn Sie den Ton auf einer besonderen Unterlage auswalzen. Zum Experimentieren geben alte Leinentischtücher, Kokosmatten, ein grob gescheuerter Werktisch oder ein netzähnlicher Belag interessante Oberflächen ab. Eine solche Oberflächenzeichnung muß sich nicht unbedingt über das ganze Gefäß erstrecken, denn die Planflächen laden geradezu ein zu einer Bemalung oder Ritzzeichnung. Oft wird die Form durch einen Ziergrat aus Ton gleicher Qualität wie die Platten, der um die oberste Partie des Gefäßes garniert wird, optisch verbessert.

Unten: »Two-Part-Vessel« (Zweiteiliges Gefäß), eine aus weichen Platten gefertigte Skulptur von Alison Britton. *Eine kühne Bemalung ziert die Form.*

Die Fertigung anderer Formen

Mit Platten lassen sich genauso Gegenstände mit sechs- und vieleckigem Grundriß, aber auch mit anderen Grundrissen fertigen, als auch ungleichmäßige Körperformen mit zahlreichen Flächen verschiedener Länge. Die Fugen stoßen nicht mehr senkrecht aufeinander. Es ist aber einfacher, die Platten vorerst im rechten Winkel zuzuschneiden und erst beim Zusammenbauen im gewünschten Winkel zusammenzufügen.

Die Plattentechnik ist hervorragend geeignet für keramische Skulpturen, und der Bereich der Möglichkeiten wird fast grenzenlos, wenn Sie die Verwendung von Tonplatten für gekrümmte Formen in Betracht ziehen. Wenn man den Ton im genau richtigen Zeitpunkt verarbeitet, läßt er sich zu dreidimensionalen Rundformen nutzbar machen. Platten, die gekrümmt und gedehnt werden, aber auch Tendenz zum Zerkrümeln und Aufbrechen zeigen, können während des Trocknens gestützt werden, damit sie die Beanspruchung aushalten.

Das Fertigen von Plattengefäßen, seien es nun einfache oder komplexe, ist zeitaufwendig und beansprucht viel Platz. Es braucht auch mehr Ton als Sie erwarten. Wenn Sie Quadrate oder Rechtecke aus dem mit dem Wellholz ausgewalzten Ton ausschneiden, fällt viel überschüssiger Ton an. Er kann wieder aufgearbeitet werden. Die verwendeten Platten müssen aus derselben Quelle stammen und wenn möglich zur gleichen Zeit eingesetzt werden. Der Grund dafür liegt darin, daß Variationen im Ton die Verbindungsnähte beim Brennprozeß öffnen können.

Oben: Aus weichen Platten aufgebaute Gefäße haben einen anderen Charakter als solche aus lederhartem Ton. Experiment: Falten von noch feuchten Platten.

Unten: Hybrid-Gefäße von Cornelia Klein. *Auf der Töpferscheibe gedreht und zu zwei Hälften gefaltet. Eine bananenförmige Tonplatte wird dazwischengarniert.*

Kombinierte Techniken

Die Plattentechnik wird manchmal mit anderen Techniken kombiniert: ein zusammengesetztes Gefäß kann teilweise aus Platten und teilweise aus gedrehten Stükken gefertigt sein. Das Resultat von solchen Kombinationen ist nicht immer glücklich, weil es ein Zusammengehen von verschiedenen Charakteren bedeutet.

Wahrscheinlich ist Ihr eigener Sinn für Ästhetik der beste Gradmesser, und gerade dieser Sinn kommt bei jeder Art von Töpferei zum Tragen. Freigedrehte und selbst aufgewülstete Gefäße rechtfertigen sich bis zu einem gewissen Grad selbst. Nicht so bei Plattengefäßen, wo der Töpfer der Meister ist und Regie führt, und der Ton sich völlig passiv verhält. Wenn Sie über ein gutes Urteilsvermögen und Erfindungsgeist verfügen, dann werden Sie reich belohnt.

Die Technik des Auswalzens und Ausschneidens von Formen aus Ton umfaßt einen weiten Bereich: vom einfachen Pfefferkuchenmann und Spielzeug bis zu schwierigen orientalischen Keramiken (Häuser, Gruppen von Gebäuden und Gutshöfe darstellend) und großartig gegliederten, zusammenpassenden Keramikelementen, die eine Funktion erfüllen oder ganz einfach das Auge und die Hand entzücken. Alle Kulturen, die vergangenen und die gegenwärtigen, weisen in der Töpferkunst Gefäße und Plastiken auf. Der Plattentöpfer, der die Herausforderung nach immer vollendeterer Handhabung von Ton annimmt, muß sich über sein Schaffen klar werden: Soll es Töpferei sein oder Tonmodellierkunst?

Oben: Für diese breit angelegte Skulptur des Schweizer Keramikers Philippe Lambercy *wurden gefaltete Platten verschiedener Stärke verwendet. Die meisterhafte Ausführung will bewußt den Eindruck einer ausgefeilten Endbearbeitung vermeiden. 50 x 75 cm.*

Rechts: Ein Büschel von Porzellannadeln scheint aus einer Steinzeug-Kastenform hervorzuwachsen. Sie stammt von Evelyn Klein. *Diese Tonplastik zeigt, wie sich verschiedene Techniken kombinieren und Tonplatten im noch feuchten Zustand aufreißen und verdrehen lassen.*

Aus Platten aufgebaute Gefäße

Gegenüber:
CARMEN DIONYSE
Die belgische Künstlerin Carmen Dionyse macht rätselhafte figurative Skulpturen aus Tonstücken, von Hand geformt, wegen der Oberflächenbeschaffenheit und dem Grad der Trockenheit des Tons bei der Verarbeitung mit Rissen übersät. Der Kopf ist unglasiert belassen, mit Kupfer in den Rissen. Dort, wo der Torso eine Pinkhalbmattglasur aufweist, wandelt sich beim Brand das Kupfer zur Türkisfarbe. Höhe: 69 cm.

Oben:
TORBJØRN KVASBØ
Diese stehende Plattenform ist ein hervorragendes Beispiel einer ungewöhnlichen Oberflächenstruktur, in der die Vertiefungen durch die Ockerfärbung des Tons betont werden. Der Künstler hat sein Siegel zuoberst eingeprägt. Höhe: 75 cm.

Oben:
ARD DE GRAAF
Eine Form aus weichen Platten mit Perforierung und Kammdekor. Oxidbemalung unter Steinzeugglasur. 32 x 45 cm.

Links:
PAUL SOLDNER
Eine stehende Rakuform aus weichen Platten. Die feine Oberflächenstruktur des Tons ist trotz der Glasur erhalten geblieben. 75 x 68,5 cm.

Links:
ALISON BRITTON
Auf dieser aus Platten aufgebauten Vase ist die kühne Dekoration teilweise mit dem Pinsel aufgetragen und teilweise mit dem Engobemalhorn. Glasiert ist die Vase mit einem transparenten Überzug.

Formen aus der Hand und Arbeit mit papierversetztem Ton

»Nehmen Sie einen Ballen Ton und formen Sie ihn mit den Fingern und dem Daumen zu einem Gefäß ...«

So einfach ist das. Diese Aufforderung (ein »Understatement«) an den Anfänger hat etwas Frustrierendes an sich, denn beim Experimentieren stellt er rasch fest, daß der häßliche Tonklumpen Risse bekommt, auseinanderbröselt oder einfach zur Seite kippt! Im besten Fall kann der Anfänger hoffen, eine kokosnußähnliche Form zustande zu bringen, obschon sie fast sicher vor dem Brand zusammenbrechen wird, insbesondere wenn die Wände so dünn sind wie bei einer richtigen Kokosnußschale ...

Die Kunst, »aus der Hand« oder auch: in Pinchtechnik ein Gefäß zu fertigen – aus einem einzigen Klumpen Ton durch Aushöhlen –, erfordert viel Erfahrung und auch Tradition. Am schönsten zeigt sich dies bei den zeremoniellen Teeschalen in Japan, die trotz dicker Wände zur Perfektion gebracht worden sind. Der Rand, das Profil, die Basis, die Oberflächenstruktur und das »Gefühl«, das die in der Hand liegende Schale auslöst: sie alle tragen bei zur Schönheit des Ganzen. Konzentration und Feingefühl sind Voraussetzung, wenn Sie ein gelungenes Gefäß »aus der Hand« (oder auch »frei aus der Masse«) machen wollen.

In dieser Beziehung fallen recht oft abschätzige Bemerkungen über sogenannt plumpe Formen. Welch' ein Unsinn! (Vergleichen Sie Ihre Arbeit objektiv mit einem Weihnachtspudding oder einer Kartoffel ...) Wie andere von Hand aufgebaute Formen auch können Gefäße nach der Pinch-Methode einzigartig sein. Einige Materialien wie Porzellan bieten sich geradezu für feine Formen an. Indessen ist es nur ratsam, Gefäße in der Pinch-Technik zu fertigen, wenn Sie sich Zeit nehmen und voll darauf konzentrieren können.

Nun ist es allerdings leichter, ein Stück Ton mittels eines Schlagholzes zu einer interessanten Hohlform zu klopfen oder zu schlagen, obschon auf diese Weise nicht gerade ein herausragendes Gefäß entsteht. Wird ein Tonklumpen um das Ende eines Schlagholzes herum befestigt (sagen wir 2,5 x 5 cm), mit Talk eingepudert und auf einer flachen Unterlage geschlagen, läßt sich eine Form mit flachen Seitenflächen fertigen. Der beste Weg, diese Technik zu beschreiben, ist folgender: Stellen Sie sich vor, daß Sie ein apfelförmiges Bonbon in ein Stück Zucker verwandeln, ohne es mit der Hand zu berühren!

Beide Techniken, in denen man ausgezeichnete Gefäße herstellen kann, sind gleichzeitig einfach und komplex. Um ihnen gerecht zu werden, müssen Sie zuerst den falschen Eindruck zerstreuen, daß die Pinch- und Schlagtechnik ein letzter Versuch

Herstellung einer kleinen Schale »aus der Hand«

1–2 Wenn Sie eine dünnwandige Schale in Pinch-Technik aus einem Stück Ton fertigen wollen, muß der Tonballen klein genug sein, daß er gut in die Handfläche paßt.

Arbeiten Sie mit dem Daumen und einem Finger, wenn Sie den Rand »kneifen«. Achtung: wird die Schale in zu kurzer Zeit zu weit, neigt sie zum Durchhängen.

Hauchdünne Scheiben pinchen

Für Arbeiten in der Pinch-Technik ist das Pressen einer Porzellanscheibe mit dem Daumen zweckmäßiger als das Auswalzen mit dem Wellholz.

Eine sehr dünn gequetschte, flache Tonscheibe wird in eine Gipsform oder -schüssel gelegt, die mit Tuch ausgekleidet ist, damit der Ton nicht an der Form klebt.

Die Fertigung eines Fußrings

1 Ein hoher Fußring zu einer flachen Schale wird aus einem aufgerollten Streifen Ton separat gefertigt. Er sieht besser aus, wenn er leicht oval geformt ist.

2 Sobald die Schale oder die gewellte Form genügend angetrocknet ist und gehandhabt werden kann, können Sie den Fuß mit Schlicker angarnieren.

3 Die Verbindungszone wird durch Hinzufügen von wenig Ton mit den Fingern verstrichen. Die Standfestigkeit hängt von der Positionierung des Fußrings ab.

»Pinchen« einer größeren Schale

1 Um ein Gefäß über das hinaus, was die Finger aus einem einzigen Tonballen »pinchen« können, größer zu machen, bereiten Sie Streifen von gleichem Ton vor.

2 Sobald die Streifen auf dieselbe Dicke wie die Wandung des Gefäßes bearbeitet sind, können sie auf den Rand angarniert werden.

3 Die Gefäßwände, die ja noch weich sein müssen, um die Vergrößerung aufzunehmen, beeinflussen die Handhabung: nur zu leicht sackt die Ergänzung ab.

eines verzweifelten Töpfers sei! Sie sollten auch von der Idee abkommen, im Töpferunterricht in den letzten zehn Minuten die beschriebenen Techniken gewissermaßen als »Füllstoff« behandeln zu wollen. Denn: je mehr gedankliche Arbeit und Zeit Sie darauf verwenden, desto eher werden die Gefäße »aus der Hand« gelingen.

Pinch-Techniken

Einige Anfänger sind richtige Naturtalente im »Pinchen«, mit so empfindsamen Fingern für das Bearbeiten von Ton, daß sie genau wissen, wann die Arbeit zu beenden ist, bevor der Rand auszufransen oder Risse zu bekommen beginnt oder auch, wie eine Spaltkante in einer organisch gewachsenen Form anzugliedern ist. Wie beim Aufwülsten muß der Töpfer bei der Pinch-Technik dauernd auf die Schwerkraft achten. Der Anfänger lernt schnell, daß der Ton, wenn er in einer Schalenform genügend ausgehärtet ist, um der Schwerkraft zu widerstehen, bereits zu hart ist, um ihn zwischen den Fingern zu »pinchen«. Eine der Möglichkeiten, der Schwerkraft ein Schnippchen zu schlagen, ist die Arbeit am umgekehrten Gefäß, getragen von einem Gummiball oder Ballon.

Sie können auch stufenweise arbeiten, indem Sie die »fertige« Schale des Gefäßes fast trocken werden lassen, während Sie den Rand mit feuchten Stoffstreifen weich halten.

Der Ton wird häufig mit grobem Schamottesand (siehe Seite 17) vermischt, was insbesondere der aufgewülsteten Keramik eine interessante Oberflächenstruktur verleiht und deren Festigkeit erhöht. Bei der Keramik nach der Pinch-Methode ist der Zusatz von Schamotte weniger geeignet, weil der Ton dann zu schnell trocknet. Der »Pinch-Töpfer« zieht in der Regel feinen, glatten Ton vor. Porzellanton ist der beste Ton; er belohnt den Töpfer bei ganz dünnen Objekten mit Lichtdurchlässigkeit.

Vielfach wird empfohlen, sich Anregungen aus der Natur zu holen und sich zu orientieren an Samen, Blumen oder symmetrischen organischen Formen wie Seeanemonen. Zweifellos bietet die Vielfalt der Natur viele Inspirationen, aber wir müssen uns auch vor zuviel Nachahmung hüten, damit nicht unsere Kreativität verkümmert.

Bei den gewülsteten Gefäßen ist die Standfestigkeit häufig ein Problem. Sie lernen mit wachsender Erfahrung, wie der Ton allseitig zu verteilen bzw. »auszubalancieren« ist, damit die fertige Form aufrecht zu stehen kommt und nicht zum Vornüberfallen neigt. Das heißt nun aber nicht, daß ein Gefäß eintönig-symmetrisch um das Zentrum ausfallen muß.

Hauchdünne Porzellanschale von Mary Rogers, *einer Meisterin in der Fertigung von Keramik nach der Pinch-Methode, mit zartem Dekor. Zwei der von oben bis zur Basis laufenden Rippen, die zur Standfestigkeit des Gefäßes beitragen, sind sichtbar.*

»Pinchen« über einem Ballon

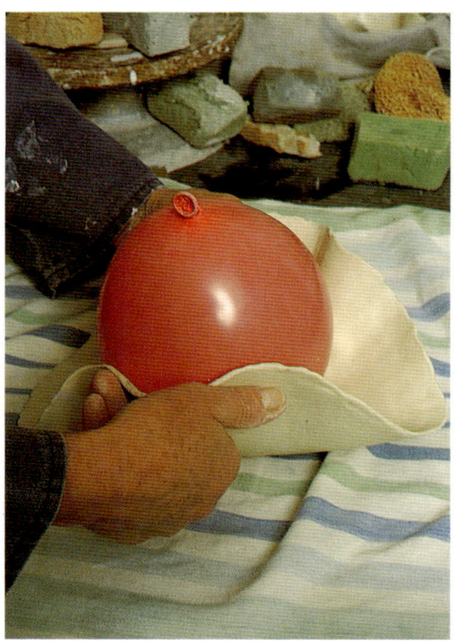

1 Handhaben Sie den Ton nicht wie Blätterteig, sondern legen Sie zuerst den Ballon darauf und kehren Sie diesen dann um.

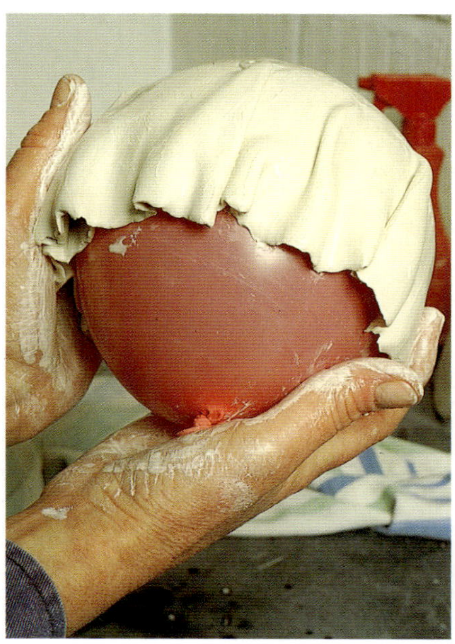

2 Die gut abstützende Rundung des Ballons hält die Form. Die Falten des Tons werden mit wenig Wasser geglättet.

3 Ton schwindet beim Trocknen, und man muß daher von Zeit zu Zeit Luft ablassen. Sobald der Ton trocken ist, läßt man den Ballon platzen.

Mit Papier versetzter Ton

Die wohl revolutionärste Neuentwicklung dieses Jahrhunderts auf dem Gebiet der Keramikskulptur ist der Einsatz von »papierversetztem Ton«, der in den neunziger Jahren weite Verbreitung fand. Dabei handelt es sich um eine Mischung von gewöhnlichem Ton mit Papierfasern, die rasch ihre überraschenden und hilfreichen Eigenschaften erwies.

Schon seit Jahrtausenden hat man natürliche Brennstoffe unter den Ton gemischt, und in primitiven Gesellschaften wurde Kuhdung oder kleingehacktes Reisstroh als Bindemittel unter den Lehm für Backsteine oder auch ganz allgemein als Baumaterial gemengt. Andererseits hat man aus ästhetischen Gründen, um die Oberflächenqualität nach dem Brand zu verbessern, dem Ton auch Materialien wie Kork oder Reiskörner beigefügt. Der jetzige Zusatz von Papier, als dessen Vorreiter in Amerika neben anderen Rosette Gault, in Großbritannien Ian Gregory und in Neuseeland Brian Gartside hervortraten, erfolgte jedoch hauptsächlich wegen dessen förderlicher Eigenschaften für die Bearbeitung, die sich für mehrere altbekannte Probleme zugleich als günstig erwiesen. So wird bei einem Mischungverhältnis von (nach Augenmaß) drei Vierteln knetbaren, plastischen Tons und einem Viertel feuchter Papierfasern (zerkleinerten Zeitungen oder auch Eierkartons oder Reißwolfpapier) die Plastizität erheblich gesteigert, die Schwindrate vermindert sich, und auch die Adhäsion zwischen trockenem und feuchtem Material wird geradezu wunderbar verbessert.

Für das Drehen ergibt sich kein besonderer Vorteil, und die meisten Töpfer, die auf der Scheibe arbeiten, mögen auch die eher schleimige Konsistenz dieser Mischung nicht. Aber für den Plattenaufbau, das Aufwülsten und das figürliche Gestalten werden dadurch alle Arbeitsgänge beschleunigt und viele vorher undurchführbar scheinende Projekte werden sozusagen zum Kinderspiel. So zerspringt diese neue Mischung, wenn man aus ihr komplizierte Formen gestaltet, beim Trocknen nicht wie bisheriger Ton, und man kann diese, weil das Material in sich zusammenhält, auch brennen, während bisher zunächst ein Innengerüst erforderlich war und die Teile dann abgeformt und im Gießverfahren hergestellt werden mußten. Außerdem kann man diesen papierversetzten Ton auch feucht auf schon trockene Massen auftragen, ähnlich wie man mit bestimmten Ölfarben schon trockene Farbe übermalen kann. Es ist natürlich eine erfreuliche Aussicht, wenn man bei zu ehrgeizigen Werken nicht mehr wie bisher fast sicher mit dem Zer-

Zubereitung papierversetzten Tons

1 Stellen Sie einen Eimer mit nassem Papierbrei neben einen mit dickem Tonschlicker. Mischen sie beides mit der Hand oder einem kräftigen Rührlöffel in einem dritten Eimer.

2 Streichen Sie die Mischung auf eine saugfähige Unterlage, etwa eine Gipsplatte, und glätten Sie sie mit einem Richtscheit o.ä. zu einer gleichmäßigen Schicht.

3 Sobald die Mischung durch Trocknen die Konsistenz von plastischem Ton angenommen hat, rollen Sie die Schicht zusammen und kneten sie gut durch.

springen rechnen muß; aber auch erfahrene Keramikkünstler werden es zu schätzen wissen, daß sie in diesen papierversetzten Ton schon gebrannte Scherben, Drahtgeflecht, Glasmurmeln oder zum Beispiel auch einen Schlüssel einarbeiten und das Ganze dann nach dem Trocknen in den Ofen setzen können, ohne daß ihr Werk an diesen Stellen mit Fremdmaterialien zerbricht. Natürlich ist das Einfügen von Schlüsseln nicht unbedingt bedeutend, aber bei Neuerungen kommt es anfänglich schon einmal zu Albernheiten. Ernsthafte Künstler erkennen durchaus die echten Vorteile, die eine neue Methode bieten kann, und hier ist ein weiterer die Gewichtsersparnis. Gibt es aber auch Nachteile? Nun ja, einer davon ist der, daß papierversetzter Ton nach dem Schrühbrand etwas spröder erscheint als gewöhnlicher, und manchen wird es vielleicht auch stören, daß ein Gefäß unerwartet leicht in der Hand liegt.

Wie kommt es zu diesen magisch wirkenden Ergebnissen? Nun, die Zellulosefasern in dem Papierbrei sind, so wie Trinkhalme, hygroskopisch, saugen also Wasser aus dem Ton, aber bleiben dabei flexibel. Am besten sind die kurzen Zellulosefasern in Baumwolle und Leinen, und wenn man es sich leisten kann, empfiehlt sich Büttenpapier für den Papierbrei; aber Zeitungspapier oder Flauschpapier von Haushaltsrollen ist auch recht ordentlich. Abzuraten ist dagegen von Kunstdruckpapier, da dieses schon mit Kaolin getränkt wurde, was aber keineswegs günstig ist, weil es sich wegen der Kunstharzverleimung in Wasser nicht löst. Das Ansetzen des Papierbreis ist arbeitsintensiv; erkundigen Sie sich daher bei Ihrem Tonlieferanten nach Bezugsmöglichkeiten. Die unter den Ton gemischten Papierfasern sind mit bloßem Auge fast nicht zu erkennen, und die durch das Brennen hinterlassenen kleinen Löcher sind so winzig, daß sich für das Glasieren keine Unterschiede gegenüber sonstiger Schrühware ergeben.

Den Schrühbrand sollte man noch langsamer angehen als gewöhnlich, vor allem im frühen Stadium; die Papierfasern verbrennen bei etwa 300 Grad. Der Rauch wird bei einem holz-, öl- oder gasbefeuerten Ofen durch den Feuerzug weggeführt, bei einem Elektroofen quillt er jedoch durch die Gucklöcher, weswegen Sie für gute Durchlüftung sorgen müssen.

Rechts: Diese »Zickzack« genannte, große, aber sehr dünnwandige Werk von Bryan Henderson überstand den Brand nur, weil es aus papierversetztem Ton gefertigt wurde.

Gegenüber oben: Dieser 45 cm hohe »Hund« von Ian Gregory wurde mit einem Innengerüst aus Drahtgeflecht gebrannt.

1 Man kann mit papierversetztem Tonschlicker getränkte Streifen um ein Drahtgestell wickeln, um so eine Skulptur zu formen, und dann weitere Schichten pinseln.

2 Knochenharte Scheiben aus papierversetztem Ton kann man mit feuchtem Schlicker aus dem gleichen Material verbinden, ohne Auseinanderplatzen befürchten zu müssen.

Gefäße aus der Hand

Links:
RICHARD DE VORE
Diese große, aus der Hand gefertigte Vase ist ein für Richard de Vore *charakteristisches Gefäß. Der gefaltete, aneinandergepreßte Ton zeigt die beeindruckenden Möglichkeiten von Hand geformter Gefäße.*
Höhe: 48 cm.

Die Standfestigkeit ist immer ein kritischer Punkt bei aus der Hand aufgebauten Gefäßen, besonders wenn diese in der Pinch-Technik gefertigt wurden. Wenn ein Gefäß den Brand überstehen soll, muß man besonders darauf achten, daß es nicht kippen kann.

Unten:
ELSPETH OWEN
Das wunderschön gerundete Gefäß auf einer winzigen Basis besticht durch perfektes Ausbalancieren rund um das Zentrum, so daß echte Stabilität erzielt wird. Höhe: 20 cm.

OBEN:
CLAUDI CASANOVAS
Dieses »Centanys« genannte Stück mißt mehr als einen Meter in der Breite bei fast gleicher Höhe, wurde aus einer Tonmischung gefertigt und zeigt im Negativabdruck die Umrisse der Maishalme, die im Verlauf des Steinzeugbrandes verbrannten.

LINKS:
JOHAN VAN LOON
Diese Schalenform wurde aus dünnen Streifen gefärbten Tons gefertigt. Die Fugen liegen bloß; die blaue Glasur ist nur innen aufgetragen.
Durchmesser: 32 cm.

UNTEN:
BRYAN NEWMAN
Die Umwandung dieses kleinen gepinchten Gefäßes wurde mit einem Kugelschreiber und anderen kleinen Geräten bearbeitet, um einen löchrigen und zerfransten Eindruck zu bewirken. Durchmesser: 13 cm.

11

Kleine mechanische Hilfen

Bis hierher beschränkten sich die beschriebenen Gefäße und Techniken bei der Fertigung auf die Verwendung von Metallwerkzeugen und eines einzigen mechanischen Hilfsmittels – der Töpferscheibe. So wie diese dem Töpfer hilft, die Schwerkraft zu überwinden und Hohlformen mit einem kreisförmigen Querschnitt zu erzeugen, können andere Hilfsmittel den Töpfer beim Erreichen anderer Ziele unterstützen.

Schneiden von Platten und Ziegeln

Ziegel und Fliesen/Platten werden mechanisch hergestellt. Es ist unwahrscheinlich, daß der Töpfer in seiner Werkstatt Ziegel fertigt, aber er kann durchaus den Wunsch haben, Fliesen/Platten als Wandschmuck herzustellen oder für größere Wanddekorationen.

Fliesen verziehen und werfen sich gerne, was fast immer unerwünscht ist. Der Fehler kann vermieden werden, wenn die Dicke der Fliesen konstant gehalten und deren Größe begrenzt wird. Kleine Fliesen, von der Größe 5 x 5 cm, lassen sich aus der ausgewalzten Tonplatte ausstechen. Beträgt die Tonschicht mindestens 1 cm, ist die Tendenz zum Verwerfen minimal. Solche handgefertigten Fliesen sind sehr geeignet für Schachbretter, wenn sie in kontrastierenden Farben glasiert sind.

Fliesen können so gestaltet sein, daß sie, selbst bei gekrümmten Kanten, perfekt ineinandergreifen.

Runde und sechseckige Fliesen- oder Plättchenformen neigen weniger zum Verziehen als quadratische, sind aber schwieriger zum genauen Ausschneiden. Dafür eignet sich ein spezieller Plättchenschneider, ein verblüffend einfaches Werkzeug. Ein Metallrähmchen wird in den Ton gedrückt, ganz ähnlich wie man Plätzchen oder Fruchttörtchen mit Formen aus dem Teig aussticht. Der einzige Unterschied besteht darin, daß eine Rückplatte mit gespannter Feder das Plättchen ausstößt. Auf diese Weise kann der Töpfer Plättchen mit großer Arbeitsgeschwindigkeit aus der Tonplatte ausstechen.

Das ist der einzige Arbeitsvorgang, der schnell vor sich geht. Der Trocknungsvorgang muß außerordentlich langsam erfolgen, da sich ein nasses Plättchen, sich selbst überlassen, in den Ecken aufbiegt. Der Töpfer muß dafür sorgen, daß die Plättchen in einer nicht zu trockenen Atmosphäre gehalten werden; er muß sie zudem regelmäßig umwenden, wenn sie trockener werden. Sie lassen sich, versetzt angeordnet, stapeln, so daß das Gewicht von den Ecken getragen wird, und sich die Plättchen beim Durchströmen der warmen Luft nicht wellen.

Eine gleichmäßige, flache Oberfläche der Fliesen ist für bestimmte Zwecke wichtig, z. B. bei einem großen, aus farbigen Fliesentafeln bestehenden Wandbild. Viele Töpfer beschaffen sich für einen solchen Zweck fertige Fliesen und bemalen die durchsichtige Glasur, mit der sie angeliefert werden (siehe Kapitel 19). Bodenfliesen müssen ziemlich dick sein – mindestens 2 cm dick –, damit sie der Abnutzung widerstehen.

Gelegentlich sind Unregelmäßigkeiten von handgemachten Fliesen erwünscht. Fliesen für Wandauskleidungen werden oft mit einer Zeichnung versehen oder sogar reliefartig strukturiert. Selbst wenn der visuelle Effekt des Wandbildes vorrangig ist, darf der Töpfer nicht außer acht lassen, daß es leicht zu reinigen sein muß. Tiefe Reliefstrukturen sind Staubfänger, und blanke, glasierte Fliesen sind einfacher naß zu reinigen als rauhe. Außenwandbilder müssen regelmäßige und oft extreme Temperaturschwankungen aushalten – allerdings nicht so extrem wie beim Brand im Ofen. Bildet sich aus Regenwasser Eis, neigen die Fliesen zum Abplatzen. Das ist der Grund, weshalb nicht absorbierende, glasierte Oberflächen für Außenwände empfehlenswert sind. Kleine Plattentafeln lassen sich aushöhlen und bemalen für persönliche Namensschilder; sie sind dankbare Objekte für den Anfänger. Die ursprüngliche Verwendung von Fliesenauskleidungen verfolgte einerseits ein praktisch-funktionelles und andererseits ein dekoratives Ziel. Der Dekor weist oft eine über die einzelne Fliese hinausgehende Zeichnung auf. Die Dekoration von Fliesen wird in den Kapiteln 18 und 19 behandelt.

Die Verwendung eines Plättchenschneiders

1–2 Das Ausstechen von Fliesen ist einfach. Eine perfekt zubereitete Tonplatte darf weder am Werktisch noch am Plättchenschneider kleben, wenn die Fliesen ausgestochen und ausgestoßen werden. Ein wenig Schamottegrieß auf der Tischplatte und die Verwendung von nicht zu weichem Ton ist zu empfehlen.

Schablonierpresse und Drehspindel

Eine Prägepresse, mit der formbares Material in eine vorher bestimmte Form gebracht wird, kann auch bei der Tonwarenherstellung in diesem Sinne Verwendung finden. Preßt man eine obere und eine untere Prägeform (Schablone, Matrize) zusammen, kann man stets gleiche Stücke vielfach ausstanzen, wenn auch eher kräftige als fein gewölbte. Mit einem speziellen Gerät lassen sich bei Hohlformen die Kanten kräuseln; diese Technik war schon den Römern bekannt, die sie für Terrakottalampen verwendeten. Solches Schablonieren ist eine zwar schnelle, aber doch begrenzte Methode. Die Fertigung der Schablone (des Models) erfordert Überlegung und Sorgfalt; mit unterschnittenen Kanten kann man nicht arbeiten, und an der Wiederholung langweiliger Formen verliert man bald die Lust.

Die Kombination des Schablonierprinzips mit der Töpferscheibe hat zur Entwicklung eines Geräts geführt, das zu einem der wichtigsten bei der Tonwarenherstellung geworden ist – der Drehspindel. Durch ihren Einsatz kann man ganze Serien gleicher Gefäße mechanisch auf der Scheibe fertigen. Dabei befestigt man auf dem Scheibenkopf eine Modelform und bringt auf diese Ton auf, der härter ist als für das Freidrehen. Mit Hilfe einer an einem Hebel befestigten Metallschablone verleiht man dann dem Ton das gewünschte Profil. Das Verfahren entspricht also ganz dem, das beim Drechseln von Holzschüsseln oder auch Stuhlbeinen angewandt wird. Kunsttöpfer werden es freilich wegen mangelnder Sensibilität weniger schätzen. Auf gleiche Weise können auch die Innenseiten von Gefäßen bearbeitet werden, wobei der Ton auf Eisenmodel aufgetragen wird.

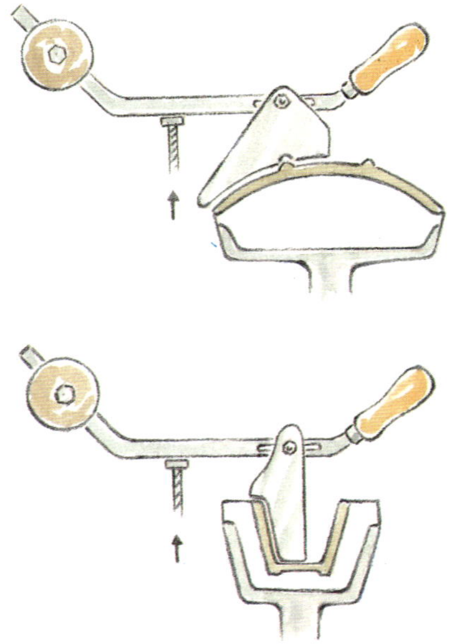

Der Arm mit der Schablone (oben) *läßt sich so justieren, daß das Schablonenprofil genau richtig zu liegen kommt, um den Ton zur Form zu pressen. Die Arretierung* (Pfeile in der Zeichnung) *stoppt den Arm, bevor er zu weit nach unten geht.*

Arbeit mit der Eindrehspindel

1 Das Eindrehen wird vom Kunsttöpfer selten eingesetzt. Standardtöpferscheiben lassen sich mit einfachem technischen Aufwand dafür herrichten.

2 Das Arbeiten mit Modeln hängt von den Gipspreßformen ab, die sauber sein müssen. Sie absorbieren Feuchtigkeit und müssen ersetzt werden, sobald sie abgenutzt sind.

Die Strangpresse (der Extruder)

Immer mehr Verbreitung findet eine an der Wand befestigte, vertikale Strangpresse (ein Extruder). Mittels eines Hebels wird Ton durch ein Mundstück gepreßt, aus dem der Tonstrang austritt wie Zahnpasta aus der Tube. Bedient man sich eines langen Hebels, kann ohne große Mühe eine enorme Kraft aufgewendet werden. Es gibt dafür zahllose Einsatzmöglichkeiten bei der Fertigung jeglicher handgefertigter Töpferware.

Durch das Auswechseln der Einsatzscheiben unten am Zylinder lassen sich verschiedene Querschnitte der extrudierten Tonstränge erzeugen, vom kreisrunden über den quadratischen bis zum sternförmigen. Die Stranglänge ist an und für sich unbegrenzt und hängt nur von der Befestigungshöhe des Extruders über dem Boden und dessen Tonvolumen ab. Extrudierte Stränge von 60–90 cm Länge entsprechen etwa den Wünschen des Töpfers; sie werden heute mehr und mehr als fertige Wülste vom Aufwülsttöpfer verwendet.

Die Qualität der »von der menschlichen Hand unberührten« Extruderstränge kann auch dem Kunsttöpfer zum Vorteil gereichen, weil sich die Extruderstränge leicht biegen und zu dichten, federnden Formen verarbeiten lassen; sie lassen andere Tonformen geradezu schlaff erscheinen. Die einfache mechanische Vorrichtung kann für den Töpfer eine echte Hilfe sein, falls er mit Strangformen arbeiten will, die an Schmiedeeisen erinnern – nur mit weniger physischer Anstrengung und viel schneller!

Wenn Sie in die Mitte der Aussparung der Einsatzscheibe auf einem stabilen dreiseitigen Zentriersporn eine kleine Zusatzscheibe einsetzen, können Sie

statt geschlossenen Strängen Hohlformen erzeugen. Auf diese Weise lassen sich Röhren und recht komplizierte Formen herstellen. Die Hersteller von Hohlziegeln verwenden Extruder und längen sie nach Ziegelgröße ab. In ähnlicher Weise kann auch der Töpfer mit Extrudersträngen experimentieren: er schneidet sie in kurze Teile und verwendet sie als dekorative Wandtafeln oder sogar als flexible Wände, die er, in Teilen gebrannt, zusammensetzt.

Bei Verwendung von feuerfestem Schamotteton im Handextruder kann der Kunsttöpfer sein eigenes »Ofenmobiliar« (Brennhilfsmittel) herstellen (siehe Kapitel 20) und Kosten einsparen. Von besonderem Nutzen ist der Extruder aber im Bereich der Skulptur- und Dekorkeramik. Extruder mit einem Fassungsvermögen von 10 kg Ton sind ziemlich teuer. Arbeitet man jedoch in einem bescheideneren Bereich, genügt auch eine im Fachhandel erhältliche »Handspritze« zum extrudieren von Kittmassen, ausgestattet mit Einsatzscheiben für verschiedene Querschnitte.

Einsatz eines Extruders

Verschiedene Querschnitte sind oben *gezeigt; hohle Tonstränge lassen sich erzeugen, indem man eine Mittelscheibe auf einem Zentriersporn anbringt* (unten links).

Mittels der Hebelwirkung werden in kurzer Zeit lange Tonstränge extrudiert (oben). *Extruderröhren sind an Platten von* Emily Myers *angarniert* (ganz oben).

12

Preß- und Gießformen und deren Herstellung

Die bei weitem verbreitetste Methode zur Herstellung von Keramik bedient sich des Gießverfahrens in Gießformen wie z. B. bei fast aller industriell gefertigten Keramik. Für den Kunsttöpfer und den Anfänger ist es eine interessante und brauchbare Technik, aber sie ist weniger kreativ und persönlich, wenn Sie »Fremdformen« verwenden, und entspricht natürlich eher einer großen Fabrik als einer kleinen Werkstatt. Die Möglichkeit, identische Produkte herstellen zu können, ist wichtig für denjenigen, der das Produkt vermarkten will; in der industriellen Fertigung spielt zwangsläufig das Verhältnis von Arbeitskraft (Personalaufwand) und Ausstoß eine wesentliche Rolle. Eine einzige Arbeitskraft kann mit einer Kanne Gießschlicker tausend Gießformen in kurzer Zeit auffüllen! Andererseits benötigen tausend Formen viel Platz, und in einer kleinen Werkstatt ist der Produktivitätsvergleich zwischen Gießen und Freidrehen kein Kriterium.

Der »Gießtöpfer« fertigt ein Tonobjekt aus einer Gießform – einer Form, die ebensogut von einer Drittperson hätte hergestellt werden können, vielleicht sogar für einen anderen Zweck. In der industriellen Fabrikation wird der Ton als flüssiger Gießschlicker in die Form gefüllt, wogegen der Kunsttöpfer eher mit plastischem Ton zu arbeiten pflegt, den er wie für Plattengefäße auswalzt. In Kapitel 13 wird das Gießen von Gefäßen mit flüssigem Gießschlicker behandelt, wogegen dieses Kapitel das Abformen von Gefäßen in einer bestehenden Form mit plastischem Ton beschreibt, wie auch die Formherstellung selber.

Tonblätter oder -tafeln, die in oder über eine nicht zu tiefe Form gelegt werden, nehmen diese Form an. Vorausgesetzt, daß die Form eine glatte Oberfläche aufweist, kann sie aus irgendeinem festen Material bestehen. Leicht absorbierende Materialien haben den Vorteil, daß sie den Trocknungsprozeß des Tons unterstützen; Gips und unglasierte Töpferware werden am häufigsten dafür verwendet.

Puristen mögen die Auffassung vertreten, daß ein als Abformung der Plastikschale einer Küchenwaage oder eines großen, vom Meer abgeschliffenen Kiesels entstandenes Gefäß nicht gerade zu den Objekten zählen, die kreativem Schaffen entspringen. Aber man kann so geformte Schalen bemalen oder mit einem anderen Dekor versehen, was genauso kreativ sein kann wie das Malen auf einer Leinwand. Wenn die ursprüngliche Form zu einer ansprechenden Abformung führt, braucht man sie nicht in Frage zu stellen.

Preßformen

Drückt man ein Tonblatt in eine konkave Form, um eine Schale zu fertigen, spricht man von einer preßgeformten Schale. Der Ausdruck ist irreführend, weil er mechanische Druckanwendung andeutet; tatsächlich jedoch bezeichnet er nur das Hineinpressen des Tons in die Schale von Hand.

Die Oberfläche der Form kommt in engen Kontakt mit dem sogenannten »Formling« und bestimmt deshalb dessen Oberfläche. Die freiliegende Innenfläche des Formlings wird vom Töpfer in der Regel zu einer glatten Form bearbeitet, die dem Außenprofil folgt. Wurde das Tonblatt sorgfältig zu ebenmäßiger Dicke ausgewalzt, sollte sich eine gute Übereinstimmung ergeben, doch hängt die Qualität der Innenseite vom Geschick des Töpfers ab, wie er mittels eines Werkzeuges, z. B. einer »Gumminiere«, die Oberfläche zu glätten vermag. Fingerabdrücke auf der Innenfläche sind in der Regel unerwünscht, obschon eine Strukturzeichnung durchaus denkbar ist. Ist die Schale nicht als Tisch-

Einsatz einer Preßform

1–2 Die Arbeit mit einer Preßform und einem »Blatt« Ton ist oft die erste Tätigkeit des Anfängers. Sie lehrt Sie, wie weit die Handhabung von Ton gehen darf (was an und für sich nicht sehr kreativ ist). Eine flache Schale kann Träger einer attraktiven Dekoration sein.

3 Gaze, zwischen Preßform und Ton gelegt, macht das Entfernen der Tonform leichter. Ein scharfes Messer egalisiert den Rand, sobald der Ton käsehart ist.

geschirr vorgesehen, kann die Endbearbeitung auch ein zusätzliches Relief beinhalten. Denken Sie an eine Schüssel von Bernard Palissy.

Beim Schneiden des Formlingrands oben auf der Form sind Geschick und Vorsicht gefragt. Der Randwinkel ist wichtig: ist der Rand nun gerade oder schräg, er muß über die ganze Form gleich gehalten werden, weil jeder Wechsel auffällt und unschön ist.

Weicher, lederharter Ton gibt an die Gipsform Feuchtigkeit ab, schrumpft also beim Trocknen, so daß sich der Formling leichter herausholen läßt. Die Dekoration auf der Innenfläche wird oft appliziert, solange der Formling noch in der Form ist, insbesondere wenn man dabei mit Schlicker arbeitet (siehe Kapitel 18). Muß jedoch auf der Außenseite ein Fuß oder eine Standstütze angarniert werden, ist der Formling aus der Form zu entfernen; wie üblich muß dies geschehen, bevor der Ton ausgetrocknet ist.

Buckelformen

Wird ein Tonblatt über eine Konvexform – man bezeichnet sie als Buckel- oder Höckerform – gestülpt, kommt die Innenfläche des Formlings in engen Kontakt mit der Form, während die Außenseite Gegenstand der Bearbeitung ist. Einem solchen Formling läßt sich ohne weiteres ein Fußring oder eine Basis angarnieren; da aber der Formling gegen die Form zu schrumpft, muß er genau beobachtet werden, damit eine eventuelle Rißbildung vermieden werden kann.

Die Dekoration von ausgeformten Gefäßen

Für auf Strukturen und Farben beruhende Gestaltung von Keramik eignen sich ausgeformte Formlinge am besten. Wegen des gleichmäßigen Drucks des Formlings gegen die Form hält der Ton beim Brennen besser zusammen als bei von Hand aufgebauten Stücken; es besteht diesbezüglich auch ein Vorteil gegenüber freigedrehten Objekten. Diese Punkte sind in Kapitel 17 behandelt. Viele Möglichkeiten der Gestaltung finden Anwendung, bevor der Formling ausgehärtet ist oder gebrannt wird. Flüssiger Schlicker und anschließendes Dekorieren mit Schlicker aus dem Malhorn gehört dazu, ferner das Kämmen, entweder über den Schlicker oder direkt auf dem Ton. Eine weitere Technik besteht in der Schuppenerzeugung, in eingelegten oder als Relief herausgearbeiteten Gestaltungselementen, sowohl beim Preß- als auch beim Buckelformen, genau wie es auch beim Handformen von Tonplatten der Fall ist. Alle diese traditionellen Techniken sind in Einzelheiten im Kapitel 18 beschrieben.

Die Herstellung von Preßformen

Es besteht kein Grund, den Anfänger von der Herstellung einer Form aus Gips abzuhalten, wobei er eine fertige Mutterform (z. B. ein Servierbrett aus Polystyrol) oder eine einzelangefertigte Mutterform aus solidem Ton verwenden kann. Beim erstmaligen Einsatz von Gips (feinem gebrannten Gips, nicht grobem Baugips) ist ausdrücklich zu warnen: Gips bekommt dem Ton nicht gut! Stückchen von im Ton eingemischtem Gips führen zu ungezählten Problemen beim Freidrehen oder im Ofen. Der Arbeitsbereich, in dem mit Gips hantiert wird, ist sauber von den Tischen mit Ton abzugrenzen.

Die Formen müssen auf einer absolut flachen und glatten Oberfläche gemacht werden. Ein glatter Tisch mit Kunststoffplatte ist ideal; sie ist mit einem Bogen gewöhnlichen, dünnen, weißen Papiers zu belegen, damit der Tisch nicht mit dem Gips in Berührung kommt. Wird eine Fertigform verwendet, ist ebenfalls darauf zu achten, daß sie eine glatte Auflage aufweist und fest auf dem Tisch aufliegt. Die Mutterform soll ziemlich flach sein; Platten aus plastischem Ton führen nur zu befriedigenden Abgüssen, wenn die Form keine scharfen Kanten aufweist.

Falls Sie die Mutterform selber herstellen, denken Sie daran, daß Gips jede Einzelheit abbildet. Ferner ist darauf zu achten, daß die Mutterform wegen der Trocken- und Brennschrumpfung des Tons 12–15 % größer sein muß als das Gefäß, das Sie sich ausgedacht haben. Der maximale Durchmesser soll 30 cm nicht überschreiten, da sich zu große Gießlinge leicht verwerfen. Schließlich soll die Tiefe der Tonform nicht mehr als 4,5 cm betragen; es ist ein feinkörniger Ton zu verwenden.

Eine kreisrunde Mutterform läßt sich aus festem Ton auf der Töpferscheibe fertigen. Die Oberfläche ist sodann mit einer »Gumminiere« zur perfekten Oberfläche zu glätten. Das Ausformen geschieht am besten auf einer auf der Töpferscheibe aufgesetzten Holzscheibe, damit sich die Form beim Abnehmen von der Töpferscheibe nicht verzieht. Hat die Mutterform einen anderen symmetrischen Grundriß, z. B. den einer Ellipse, müssen Sie den Plan der Form genau auf einen Karton aufzeichnen, wobei zwei Mittellinien die Quadranten aufzeigen. Nun bauen Sie die Form sorgfältig mit

Verwendung einer Buckelform

1–2 Verwenden Sie eine Buckelform, müssen Sie die Kanten sauber rundherum schneiden können. Zu diesem Zweck muß die Form leicht über dem Werktisch liegen.

Deshalb werden die Formen oft mit einem Gipsstiel – wie bei einem Pilz – gestaltet. Beim Schneiden der Kanten ist ein konstant gleicher Winkel einzuhalten (oben).

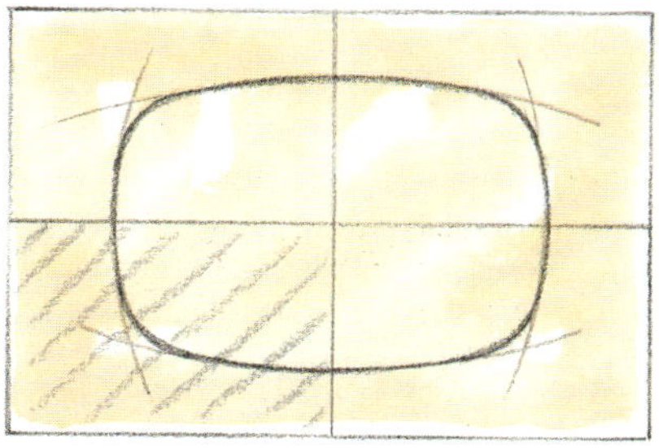

weichen kleinen Tonballen auf. Sie benötigen zwei Schablonen aus Sperrholz oder dünnem Metallblech, eine für die Längs- und eine für die Breitseite.

Planen Sie die Form sorgfältig. Soll sie symmetrisch sein, zeichnen Sie die Basis auf einen Karton mit Vierteilung (oben). *Auf diese Weise erhalten Sie eine genaue Form. Wenn Sie Ihre eigenen Formen gestalten und fertigen, haben Sie Gelegenheit, nicht nur Platten und Schüsseln zu formen, sondern interessante Standformen wie das Gefäß* (rechts) *von* James Tower *(Breite: 50 cm), das aus zwei zusammengefügten Formen besteht. Der Fuß wurde anschließend angarniert.*

Fertigung einer Mutterform

1 Sobald Sie sich für eine Form entschieden und deren Plan auf Karton aufgezeichnet haben (ganz oben), *können Sie die Form mit kleinen Ballen weichen Tons aufbauen.*

2–3 Sperrholzschablonen, die über den weichen Ton gezogen werden gestalten die Form genauer, als es von Auge oder von Hand möglich ist. Normale Rechteckformen erfordern mindestens zwei Profilschablonen, eine für die Längs- und eine für die Breitseite. Wenn Sie diese Arbeit nicht sorgfältig ausführen, bereuen Sie es später.

Dekorative Griffe lassen sich angarnieren, solange der Ton noch lederhart ist. Diese flache Platte von Suzy Atkins *hat eine Salzglasur. Länge: 52 cm.*

Die Schablonen müssen sauber und exakt ausgeschnitten sein, um eine entsprechende Form zu gewährleisten. Ist die Mutterform fast fertig, setzt man die Schablonen als Abstreifer ein.

Der Anspruch an eine hohe Präzision der Form kann sehr weit getrieben werden (bis zum Überdruß!), andererseits werden Sie es bereuen, wenn Sie die Arbeit zu früh aufgeben, bevor die Form wirklich sitzt, denn irgendwelche Beulen oder Löcher, die Sie in der Mutterform nicht ausgebügelt haben, werden in jedem Abguß wieder zum Vorschein kommen.

Sobald die Mutterform fertig ist, wird darum herum ein hoher und dicker Wall im Abstand von ca. 5 cm vom Rand der Form aufgebaut. Er soll ca. 5 cm höher sein als die höchste Partie der Form. Längere gerade Teile des Tonwalls sind entsprechend abzustützen (siehe Abbildung 7).

Gips ist schwer und verursacht eine große Sauerei, wenn der Wall umkippt und er auf den Fußboden ausfließt. Tonbarrieren sind aus diesem Grund verschiebbaren Holzplanken vorzuziehen,und ich empfehle sie, vorausgesetzt, daß sie dick genug sind. Der mindestens 2,5 cm dicke Tonwall soll aus lederhartem, jedoch

Fertigung einer Mutterform

4–5 Eine lederharte Mutterform läßt sich mit einem Abdreheisen bearbeiten, bis die Oberfläche glatt ist. Dann baut man einen Wall aus Ton oder Holz darum.

6 Sie müssen genügend Gips anmachen, damit Sie in einem Gießvorgang die Form machen können. Befolgen Sie die Anweisungen im Text für eine perfekte Mischung.

7 Bevor Sie den schweren, flüssigen Gips über die Mutterform gießen, müssen Sie sich vergewissern, daß die Tonwände lecksicher und stark genug sind.

ganz gewöhnlichem Ton bestehen, da man ihn nach Gebrauch am besten fortwirft oder, wegen möglicher Verunreinigungen mit Gips, mindestens nicht für Tonobjekte weiterverwendet.

Der Gips für eine Form sollte in einer einzigen Menge gemischt werden. Man streut das Gipspulver von Hand in feinem Strahl in eine mit kaltem Wasser halb gefüllte Polyäthylenschale. Sobald der Gipshügel über die Wasseroberfläche emporsteigt, ist die Mischung fast schon dick genug, und wenn die »Gipsinsel« etwa den halben Schalendurchmesser ausmacht, können die beiden Bestandteile Gips und Wasser zu einer geschmeidigen, weißen Creme gemischt werden. Es ist möglich und vernünftig, nur mit einer Hand (der linken oder weniger geübten) zu mischen, denn sobald der Gips deutlich zähflüssig wird, muß er *sofort* über die Mutterform innerhalb der Tonwände gegossen werden. Der Vorgang wird erleichtert, wenn Sie wenigstens eine Hand sauber und nicht voll Gips haben; in diesem Stadium haben Sie oft keine Zeit, sich die Hände zu waschen.

Der ebene Gipssee, etwa 4–5 cm über dem höchsten Teil der Mutterform, bindet

8 Gips wird von selbst eben, so daß der Formling, wenn er umgewendet wird, einen flachen Boden aufweist.

Die »Gipsinsel« vor dem Durchmischen

rasch ab, so daß die umgebende Tonwand entfernt werden kann. Man läßt die sperrige, weiße Form trocknen und dann abkühlen, weil beim Aushärten Wärme frei wird. Wenden Sie die Form um, so daß die Unterseite der Mutterform nach oben zu liegen kommt. Nach ein- bis zweistündigem Trocknen und entsprechendem Schwinden kann die Mutterform herausgehoben werden. Es gibt keine weitere Verwendung für diese Form; sie muß wie der Ton vom umgebenden Wall weggeworfen werden. Die Gießform braucht Zeit zum Durchtrocknen; wenn Sie einen wöchentlichen Kurs besuchen, wird sie beim nächsten Mal einsatzfähig sein, wenn sie an einem trockenen Ort aufbewahrt wurde. Je trockener die Gießform ist, umso größer ist das Absorptionsvermögen und die allgemeine Brauchbarkeit.

Nach getaner Arbeit reinigen Sie die Gipsschale. Achten Sie darauf, daß bei der Reinigung jegliche Reste sorgfältig entfernt werden und denken Sie daran, daß abbindender Gips ein Ausgußbecken total verstopfen kann!

Herstellung von Buckel-Gießformen

Eine runde Buckelform aus Ton läßt sich auf der Töpferscheibe fertigen. Man kann eine flache Schale aufdrehen, deren Außenseite zur Oberfläche der Gießform wird, wenn man die Form umkehrt und einem Schrühbrand unterzieht. Oder man kann eine feste Form aufdrehen, Buckelseite nach oben, wobei die Innenseite beim Hartwerden grob auszuhöhlen ist, um einem Bersten beim Brennen vorzubeugen.

Manche Töpfer ziehen aber die vertraute Gipsform vor. Für die Fertigung einer Buckelform gießt man Gips in eine bestehende Gipshohlform, deren Innenfläche mit Schlicker oder weicher Seife belegt wird, weil sich sonst die beiden Gipsflächen untrennbar miteinander verbinden. Wählt man diese Methode, lohnt es sich, an der Buckelform einen soliden Stiel anzubringen (wie der Stengel von einem Pilz), indem man eine kleine Wand aus Ton innerhalb der Peripherie der trocknenden Gipsform aufbaut und diesen Zylinder dann mit frischem Gips auffüllt. Der Vorteil einer Buckelform mit Stiel liegt darin, daß der überlappende Ton viel leichter rundherum abgeschnitten werden kann, was beim fertigen Gefäß zu einem stärkeren Rand führt.

Regelmäßig gegossene Formen können mit Einlagen in der Tonwand verziert werden. Die dynamischen Diagonalen in der Schale von Antje und Rainer Doss *verleihen dem Gefäß eine Spannung, die nur aufgemalte Streifen nicht hätten. In Kapitel 17 finden sich mehr Beispiele mit ähnlichem Dekor.*

Schlickergießen

Es muß vorausgeschickt werden, daß vielen Töpfern – und nicht nur Anfängern – die Gießarbeit mit Schlicker oder flüssigem Ton zu chemisch, zu industriell, ja zu trivial und zu langweilig vorkommt, als daß sie sich dafür erwärmen könnten. Andererseits muß klar festgehalten werden, daß die Möglichkeiten dieser Technik andere Töpfer zu faszinieren vermögen; ihre Resultate lassen sich mit keiner anderen Technik erzielen.

Die Abgüsse widerspiegeln eindrücklich die Eigenschaften des Tons, andere Formen und Oberflächen exakt abzubilden – so ist es beispielsweise recht einfach, einen Apfel vollkommen identisch mit dem Original abzuformen. Viele Töpfer werden sagen: »Was soll das? Ich will keinen Apfel, sondern ein Gefäß herstellen!« Und doch ist der Schlickergießling-Apfel für viele attraktiv – in seiner Dauerhaftigkeit, seiner Möglichkeit, eine Glasur anzunehmen, seinem Potential für die Fertigung von Skulpturen –, entweder auf lange Sicht: als Technik für die Herstellung von großen und kleinen keramischen Skulpturen, oder auf kurze Sicht: als Experiment ganz einfach mit dem Ton bis an die extremen Grenzen zu gehen. Obschon diese Technik in der Industrie weit verbreitet ist, benötigt das Schlickergießen keine große Ausrüstung und kann leicht und auf einfache Weise in der kleinen Werkstatt ausgeführt werden.

Schlickergießen heißt keineswegs, etwas einfach zu »klonen«; es muß auch nicht seelenlos sein. Jeroen Bechtolds *kombinierte verschiedene Tone und beschnitt den Rand so, daß eine andere Form der Porzellanvase entstand. Maße: 30 x 23 cm.*

Die Aufbereitung von Gießschlicker

Die Schwindung stellt das Hauptproblem beim Schlickergießen dar. Der Schlicker oder Flüssigton, der die Form annimmt, in die er als Flüssigkeit gegossen wird, darf während des Trocknens nicht zu stark schwinden, sonst verzieht er sich oder bricht entzwei. Aus diesem Grund muß man ihn mit einer minimalen Wassermenge verflüssigen. Die zugefügten Verflüssigungsmittel, die das bewerkstelligen, sind Wasserglas oder Soda.

Gießschlicker kann fertig gemischt gekauft werden, was viel Aufwand erspart. Er ist auch als Handwerksmaterial für Heimwerker erhältlich oder läßt sich nach Rezeptur mit pulverförmigen Ingredienzien zusammenmischen. Das auf der nächsten Seite aufgelistete Rezept für einen Gießschlicker führt zu einem weißen, nicht transparenten Porzellantyp, der bei 1.250°C gebrannt wird; Porzellan ist beim Kunsttöpfer immer beliebter. Es gilt die Regel: je schwerer der Gießschlicker pro Liter Wasser ist, je kleiner ist die Schwindung. Dieser Schlicker wiegt 1.800 g pro Liter.

Abformen von Modellen

Läßt sich die Gipsabformung schwer aus der Gießform heben, trifft das natürlich auch für die späteren Abgüsse zu. Unterschnittene Kanten also vermeiden!

Mischen von Gießschlicker

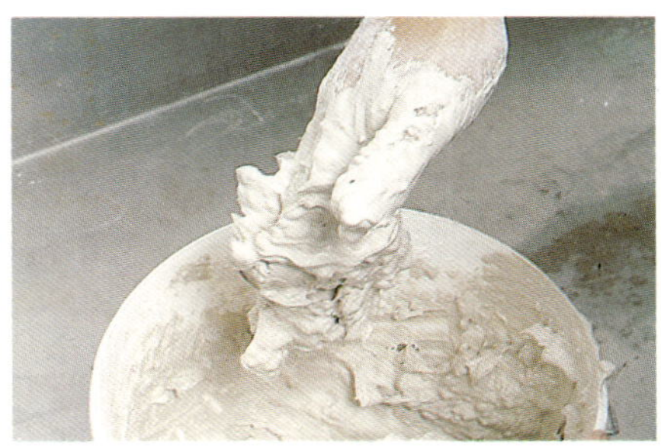

1–3 Natriumsilikat ist eine viskose Flüssigkeit, aber in der richtigen Menge zugesetzt, läßt sie den Gießschlicker besser fließen. Wenn die Bestandteile (Rezept auf Seite 108) gemischt und gesiebt sind, entwickelt die entstandene Mischung eine eigenartige Konsistenz: sie fließt gleichzeitig die Finger entlang und haftet doch an ihnen (oben).

Rezept:

Ball Clay (sehr plastischer Steingutton)		300 g
Kaolin (China Clay)		2.200 g
Feldspat		1.250 g
Quarz		1.250 g
Wasserglas	(Tonverflüssiger)	13 g
Soda	(Tonverflüssiger)	13 g
Wasser		2,2 l

Zuerst mischen Sie die beiden Dispergiermittel (Tonverflüssiger) und lösen die klebrige Mischung in einer halben Tasse warmen Wassers auf. Fügen Sie den größten Teil dieser Lösung zu der abgemessenen Menge Wasser (nach Rezept). Mit dieser Flüssigkeit werden nun die Trockenmaterialien versetzt. Zerquetschen Sie mit Geduld alle Knollen in dieser zähflüssigen Masse und sieben Sie diese durch ein sehr feinmaschiges Phosphorbronzesieb oder durch ein Filtertuch. Obschon die Mischung viel zu zähflüssig scheint, um sie als Flüssigkeit zu bezeichnen, ist es doch überraschend, wie gut sie nach dem Rühren »fließt«. Wie eine moderne Emulsionsfarbe hat sie den Charakter eines thixotropischen Gels.

Nun fügen Sie mehr vom gelösten Dispergiermittel zum Schlicker zu, bis das sirupähnliche Material die Finger entlang abfließt. Es kann sein, daß Sie den Rest des Dispergiermittels gar nicht mehr brauchen. Setzen Sie zuviel vom Dispergiermittel zu, tendiert die Flüssigkeit dazu, sich in ein nicht mehr handhabbares Gelee zu verwandeln. Die Herstellung dieses sehr ungewöhnlichen Materials bedeutet eine interessante Erfahrung für jeden Töpfer. Nach dem Ausreifen während ein bis zwei Tagen kann der Schlicker in Einfach- oder Mehrfachformen eingefüllt werden.

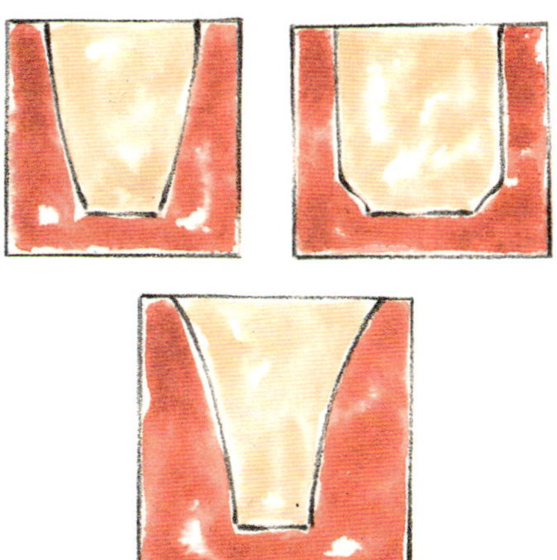

Links: Geeignete Formen für einteilige Gipsmodel. Die roten Flächen bezeichnen die Mutterform.

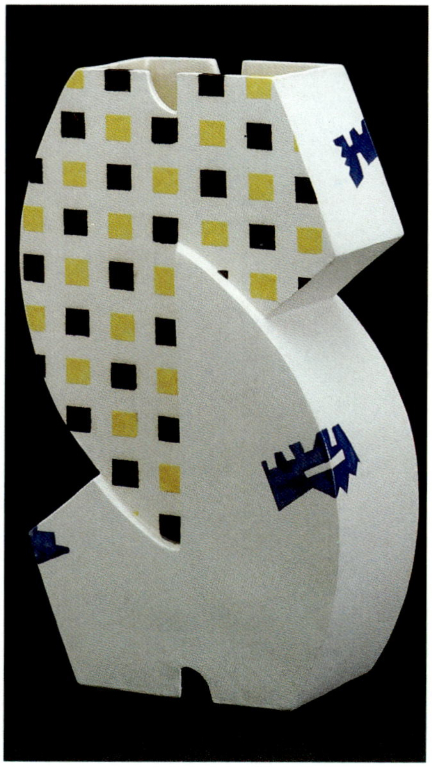

Die Verwendung einer Einfachform (einteiligen Form)

Tongießschlicker bildet beim Trocknen durch Wasserentzug an der Gipsformwand eine feste Tonwand, die sich ohne Beschädigung aus der Form heben lassen muß. Komplizierte Gießlinge wie z. B. Teekannen oder Hände, aber auch einfachere wie z. B. Zylinderhüte oder Porzellanhunde werden aus mehrteiligen Gipsformen ausgeformt. Solche Formen können außerordentlich kompliziert sein und aus zehn oder mehr Formteilen bestehen, mit mehrteiligen Keilformen mit Innen- und Außenmantel für Modelle mit vielen Unterschneidungen.

Solche Gipsformen sprengen den Rahmen dieses Buches. Es gibt aber verschiedene Bücher, in denen dieses Thema ausführlich abgehandelt ist; sie sind im Fachhandel erhältlich. Die folgenden Anleitungen gelten für die Verwendung von Gießschlicker in einteiligen Formen, deren Herstellung in Kapitel 12 beschrieben ist. Gießformen sind im Vergleich zu Preß- und Buckelformen dadurch gekennzeichnet, daß sie tiefer und schlanker sind, so daß sich Ton als Formenmaterial weniger dafür eignet.

Die Gießform muß auf eine absolut flache Unterlage gestellt sein, weil der glatte, homogene und cremige Gießschlicker bis zum obersten Rand aufgefüllt werden muß, ohne jedoch überzulaufen. Der absorbierende Gips entwässert den Schlicker, was zur Folge hat, daß das Schlickerniveau schnell absinkt. Es muß daher Schlicker bis zuoberst nachgegossen werden. Das Nachgießen muß sehr sorgfältig und mit Gefühl geschehen (nicht von zu hoch ins Zentrum gießen!), weil der Gießling sonst auf der Innenseite Narben oder Blasen bekommt.

Die Kernfrage ist natürlich, wie lang es braucht, bis der Gießschlicker eine feste Tonwand gebildet hat (Standzeit). Es sind dabei drei Faktoren zu beachten: der Grad der Absorbierfähigkeit der Gipsform, der Anteil von Wasser im Gießschlicker und die Dicke der gewünschten Tonwand. Nur Sie können diese drei Faktoren beurteilen. Normalerweise kann der restliche Gießschlicker nach zehn bis dreißig Minuten in einen Eimer ausgegossen werden, indem Sie die Form kippen.

Auffüllen bis zum obersten Rand

Da die Gipsform Feuchtigkeit vom Gießschlicker aufnimmt, sinkt das Niveau des eingefüllten Schlickers. Sie müssen es nach wenigen Minuten wieder auffüllen.

Der Ton, der sich als mehr oder weniger dicke Schicht auf der Gipsform niedergeschlagen hat, wird nun sichtbar.

Mit einer scharfen Klinge oder einem Streichmesser werden rund um den Formenrand eventuelle Schlickertropfen entfernt und der Rand geglättet. Erfahrung wird Sie rasch lehren, unter welchem Winkel, der Bewegung der Form genau folgend, das Messerblatt anzusetzen ist, so daß der überschüssige Ton leicht vom Gießling abgehoben werden kann, ohne daß er nach innen fällt und die Oberfläche beschädigt. Im Laufe des Trocknens löst sich der Gießling von der Formwand von selbst und kann in jedem Stadium zwischen lederhart und knochenhart sorgfältig aus der Form gekippt werden. Natürlich – Sie wissen es schon – ist der Gießling wie jedes grüne Gefäß in diesem Zustand zerbrechlich; je dünner die Wand und je flacher und offener die Form, desto größer ist das Risiko, daß der frische Gießling zerbricht. Abgesehen von dieser Zerbrechlichkeit, profitieren Schlickergießlinge davon, daß sie praktisch nicht in die Hand genommen werden müssen. Im Trockenstadium sind die Gießlinge leider anfällig für Verzug und bei punktueller Hitzeeinwirkung für Verformung. Die optimale Dicke des Gießlings hängt von der Form und der vorgesehenen Anwendung ab, aber im allgemeinen liegen gegossene Formen gut in der Hand, wenn sie etwas leichter und feiner sind als freigedrehte oder von Hand aufgebaute Formen.

Gießschlicker läßt sich mehrere Wochen, ja Monate aufbewahren, am zweckmäßigsten in einem dichten Gefäß mit engem Hals, damit er möglichst wenig mit Luft in Berührung kommt. Das Kohlendioxid der Luft trägt dazu bei, daß sich auf der Oberfläche wie bei Emulsionsmalfarben eine Haut bildet. Diese soll vor Gebrauch entfernt und nicht eingerührt werden. Ferner soll der Schlicker vor Gebrauch abgesiebt werden, um eine glatte Konsistenz, die für das Schlickergießen wesentlich ist, zu gewährleisten.

Verzierungen

Genau wie preßgeformte sind schlickergegossene Schalen und Platten ideale Objekte für eine Verzierung (siehe Kapitel 18 und 19). Indessen ist eine Dekortechnik wie z. B. diejenige von Jacqueline Poncelet oder Jane Waller so ausgeprägt ein Teil des schlickergegossenen Gefäßes, daß sie bereits hier erwähnt werden soll.

Durch die Anwendung von gefärbtem Gießschlicker aus einem Malhorn direkt auf die Gipsformwände lassen sich beim Eingießen des Schlickers bestimmte Muster und Strukturen in die Wände des Gießlings einbetten. Da die Linien oder Tupfen auf den Formwänden sehr schnell trocknen, sollte man den Schlicker für den Tonkörper ohne Zeit zu verlieren eingießen. Der Erfolg dieser Methode hängt von der Verfestigung und Farbe des Schlickers ab, der das Dekorelement erzeugt, das auf der Außenseite des Gießlings in Erscheinung tritt. Ist dieser dünnwandig, kann sich der Dekor leicht auch auf der Innenseite abzeichnen.

Gegenüber: S-förmiger Körper von Dieter Balzer. *Wer einmal die Regeln der mehrteiligen Formen kennt, kann praktisch jeden Körper gießen.*

Rechts: Stehende Form von Johan van Loon. *Gießschlicker wird nicht nur beim Gießformen verwendet. Eine Bastmatte oder ein gewobenes Tuch können mit Schlicker getränkt werden. Im Ofen verbrennt dann das Originalgewebe. Das Resultat kann als Rarität, oft auch als Skulptur gelten.*

Verwendung einer mehrteiligen Form

1 Entlüfteter Schlicker wird unter Druck in eine Batterie von 2teiligen Gipsformen eingespritzt. In großen Werkstätten entstehen so in kürzester Zeit Gießlinge.

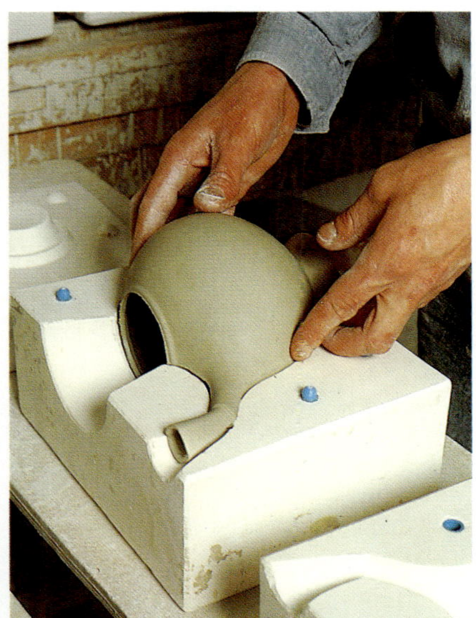

2 Die oberste Partie der Teekanne benötigt einen dritten Formteil. Sobald der Ton lederhart ist, werden die Formteile entfernt, und der Überhang an der Tülle abgeschnitten.

Glasuren in vielen Farben

Das nackte Gefäß gleicht einem nackten Körper. Die Form fasziniert das Auge, vielleicht auch das Überraschende dieser Form. Die Farbe, mehr oder weniger überall dieselbe, ist vorgegeben. Die Glasur läßt sich anschaulich als »Hülle über dem Körper« bezeichnen, denn die Glasur umhüllt das Gefäß. Glasuren sind demnach wie Kleider: die einen wie die anderen sind von praktischem Nutzen, wollen aber auch der Zurschaustellung dienen; sie befriedigen die Wünsche jener, die von Strukturen und Farben angesprochen werden. Die nächsten vier Kapitel sind den an den Grundlagen interessierten Töpfern gewidmet: Was enthalten Glasuren? Wie stellt man sie her? Wie verbessert man sie? – Diejenigen, die einzig mit der praktischen Arbeit vorankommen wollen, können Kapitel 14 überspringen.

Gegenüber: Eine Kombination von Anwendungstechniken und Metalloxiden bereichert eine große preßgeformte Platte von Janice Tchalenko.

14

Woraus besteht eine Glasur?

Ist ein Tongefäß vor- oder schrühgebrannt, so ist es erst halb fertig. Die Glasur, die Art des Glasierens und Dekorierens und der Glattbrand vervollständigen den Herstellungsprozeß. Materialien und Fertigungsprozeß verbinden sich zu einem physikalischen und ästhetischen Ganzen.

Es ist durchaus möglich, aus einem schwerfälligen und klumpigen, schrühgebrannten Gefäß mit einer ausgesuchten Glasur ein ansprechendes Produkt zu machen. Leider kommt es häufiger vor, daß ein gutes, schrühgebranntes Stück durch schlechtes Glasieren langweilig und unansehnlich wird. Welches sind die Gründe dafür? Sicher ungeeignete Glasuren, glückloses Arbeiten, wenig Erfahrung und – Gleichgültigkeit. Töpfer lassen sich auf der ganzen Welt in zwei Gruppen einteilen: in die Gruppe der Gefäßhersteller und in die Gruppe der Dekorateure, je nachdem die Interessen mehr die Form oder mehr die Oberfläche betreffen. Dem ist aber hinzuzufügen, daß es sich die Töpfer, die in erster Linie Gefäße mit Blick auf die Form fertigen, nicht leisten können, die Oberflächenqualität zu ignorieren: Glasuren können entweder eine Hauptrolle oder mindestens eine unterstützende Rolle spielen.

Glasuren haben Glascharakter, schmelzen und verfestigen sich auf der Oberfläche des Gefäßes – der Töpfer sagt in der Fachsprache auf dem Scherben –, so daß sich eine dichte, unporöse Haut bildet, welche die Lebensdauer des Gefäßes verlängert und es hygienischer und leichter zu reinigen macht. Wie andere Gläser sind Glasuren widerstandsfähig gegen äußere Einflüsse und Veränderungen, sei es durch Schmutz oder färbende Verunreinigungen. Glasierte Objekte lassen sich in der Regel ohne Schaden zu nehmen reinigen. Obschon im Erdboden versenkte Gefäße infolge langsamer chemischer Einwirkung eine bleibende Patina annehmen können, weist glasierte Keramik nahezu dieselbe Unwandelbarkeit auf wie Gold. Früheste uns bekannte Erzeugnisse, vor über 3.000 Jahren hergestellte, glasierte Gefäße, sind heute noch intakt.

Glasuren bestehen hauptsächlich aus Siliziumdioxid (SiO_2), das auch im Ton enthalten ist. Sein hoher Schmelzpunkt liegt bei ca. 1.700°C; er kann aber durch Zusatz von Flußmitteln wie Blei, Bor, Natrium und Kalium wesentlich gesenkt werden. Ein Anteil von Tonerde (Al_2O_3), ebenfalls einem Bestandteil von Ton und mit einem noch höheren Schmelzpunkt, verleiht der Mischung Stabilität und Haftvermögen, wenn die geschmolzene Glasur den Scherben überzieht.

Variationen in den Mengenverhältnissen von Tonerde, Siliziumdioxid und Flußmittel und der Einfluß einer Anzahl von anderen Mineralien – Titan, Kalzium, Kupfer, Zink, Zirkon, Nickel und Eisen – sind für die Qualität einer Glasur verantwortlich, als da sind: Farbe, Struktur, farbliche Deckfähigkeit, Glanz, Materialgefühl oder Griffigkeit. Ein weiterer Faktor ist die Applikationsmethode (wie wird die Glasur auf das Gefäß aufgebracht?), ferner die Dicke der Glasurschicht – beide Faktoren sind in Kapitel 15 erörtert – und natürlich die Brenntemperatur.

Die Glasurbestandteile, mit denen sich der angehende Töpfer vertraut zu machen hat, sind vorwiegend farblose, fein gemahlene, in Papiersäcken wie Mehl abgepackte Pulver.

Freigedrehte Steinzeugkeramik von Young Jae Lee, *bereichert durch eine klassische Reduktionsglasur aus dem Orient. Höhen: 48 cm und 35 cm.*

Diese Ingredienzien werden mit Wasser gemischt und als feste Suspension auf das Gefäß aufgetragen, wobei die Flüssigkeit von der porösen Oberfläche des Scherbens aufgenommen wird, und sich die Festpartikel als feines Pulver auf dessen Außenseite ablagern. In diesem sehr zerbrechlichen Zustand wird die bemalte oder sonstwie dekorierte Ware im Ofen nochmals gebrannt; die Glasur kommt zum Schmelzen und verfestigt sich wieder beim Abkühlen.

Für industrielle Zwecke ist es durchaus möglich, Klarglastafeln zu feinem Pulver zu mahlen und dieses, mit Wasser vermischt, auf die Keramik zu spritzen. Es verhält sich dann auf den Gefäßen wie eine Glasur. In der industriellen Massenfertigung, die auf Uniformität ausgerichtet ist, sind häufig Spezialglasuren erforderlich, die der Chemiker aufgrund der bekannten Elemente entwickelt, um Nuancen und Verbesserungen zu erzielen und sie als Molekülformeln in seine Kalkulation einzubringen. Töpfer mit einer natürlichen Beziehung zur Chemie lieben es, mit ihrem Witz und Verstand gegen das Feuer anzutreten, indem sie ihr Wissen um die Herstellung und Veränderung von Glasuren gebrauchen. Viele Anfänger jedoch geraten in Panik, wenn die Rede von chemischen Formeln oder Molekulargewichten ist. Diese Alarmhaltung ist bedauerlich, denn ein Töpfer zu sein, setzt keine Kenntnisse in Chemie voraus – der Töpfer ist viel eher dem guten Koch vergleichbar!

Für den Kunsttöpfer ist die analytische Neigung eher frustrierend als Früchte tragend, da der Töpfer nicht hinter die genaue chemische Zusammensetzung der Rohmaterialien sieht, die er sich von Lieferanten besorgt. Bernard Leach sagt in seinem Buch *A Potter's Book:* »Für einen Kunsthandwerker ist es wichtiger zu wissen, was ihm gut von der Hand geht, als in allen Einzelheiten zu wissen, warum es ihm gut von der Hand geht.« Für die Herstellung von Glasuren sind Kenntnisse über die Anwendung von bekannten Materialien wertvoll. Durch Experimentieren werden Sie lernen, welche Stoffe Sie in welcher Menge hinzufügen müssen, ohne die Vorgänge anhand von chemischen Formeln interpretieren zu müssen.

Glasuren für Irdenware

Wie in Kapitel 1 vorausgeschickt, unterscheiden sich die zwei Hauptkategorien von Töpferware durch die Brenntemperatur. Am unteren Ende der Temperaturskala liegt die Irdenware, deren Glattbrand zwischen 1.000 und 1.100°C vor sich geht. Blei und Borax sind die gebräuchlichsten Flußmittel für Irdenwareglasuren. Da ungefrittete Bleiverbindungen (Bleiweiß, Bleiglätte, Bleiglanz) giftig sind, verwendet der Töpfer in seiner Werkstatt nur Bleifritten. Darunter sind Kombinationen von Blei und Siliziumdioxid zu verstehen, die geschmolzen und abgekühlt zu einem ungiftigen Pulver gemahlen werden.

In vielen Keramikkursen wird die Verwendung von Blei, in welcher Form auch immer, ganz ausgeschlossen, obschon Bleifritten, zu einem hohen Preis allerdings, immer noch im Keramikbedarf erhältlich sind. Statt dessen basiert man in Schulen und Fachhochschulen die Irdenwareglasuren auf Borax und Boraxfritten. Die Herstellung von Fritten – die Kombination von Flußmitteln mit Siliziumdioxid – hat folgende drei Vorteile für den Töpfer: Einmal entfällt das Gesundheitsrisiko beim Arbeiten mit giftigen Stoffen, zum zweiten sind die Fritten unlöslich (als Pulver mit Wasser vermischt, löst sich die Fritte nicht auf und behält ihre chemischen Eigenschaften bei), und zum dritten verhält sich die Fritte berechenbar und schmilzt bei einer genau definierten Temperatur.

In den Anfangsjahren dieses Jahrhunderts und bis vor kurzem in bäuerlichen Gegenden wurde Blei als Bleiglanz (Bleisulfid) für die Herstellung einer einfachen Glasur für Irdenware eingesetzt; diese führt zu einer »weichen« Oberfläche, insbesondere auf weißem Schlicker. Leider wird diese Glasur von Essig, Zitronensaft und sogar Tee angegriffen, dabei wird Blei freigesetzt. Da die Verwendung von Bleiglanz aus Gründen des Gesundheitsrisikos verboten worden ist, bemühten sich Töpfer und Hersteller von Fertigglasuren, ein unbedenkliches Ersatzprodukt zu finden.

Werden Irdenwareglasuren bei höheren als den angegebenen Temperaturen gebrannt, verflüssigen sie sich in hohem Maße, fließen über das Gefäß herab und bilden auf der Unterlage ganze Lachen; sie verflüchtigen sich. Bei niedrigeren Temperaturen dagegen schmelzen sie gar nicht, sondern bleiben am Ort, d. h. auf der Oberfläche, trocken und hart wie altes Schmirgelpapier.

Die Glasurbestandteile sind für den Schmelzpunkt der Glasur bestimmend. Der Charakter der Glasur jedoch widerspiegelt die Temperatur, bei der sie gebrannt wurde. Irdenwareglasuren sind zur Hauptsache

Rechts: Zinnglasierter Pokal vom Meister der Majolika, Alan Caiger-Smith.

Gegenüber: Zink und Titan führen zu der gelungenen Oberfläche des steinartigen Gefäßes von Edouard Chapallaz.

glänzend und die von den Metalloxiden erzeugten Farben sind klar und leuchtend.

Glasuren für Steinzeug

In ihrem Charakter sind die Steinzeugglasuren viel näher beim Ton; ihre Bestandteile sind in der Tat dem Ton sehr ähnlich. Die Flußmittel bei Steinzeugtemperaturen von 1.250°C bis 1.300°C beruhen entweder auf Natrium- oder Kaliumbasis; die Farbe ist selten klar und gleichmäßig. Bei hohen Temperaturen drücken im Brand sehr kleine Mengen von Metalloxiden im Tonkörper durch die Glasur und machen sie getüpfelt und fleckig, während die Farben in der Regel gedämpft und erdig ausfallen. Glücklicherweise enthalten natürliche Rohstoffe wie Feldspat (ein Bestandteil von Granit) bereits das nötige Flußmittel; Kalium findet sich auch in Holzasche.

Wie bei den Irdenwareglasuren werden die Farben hauptsächlich von Oxiden hervorgerufen, die entweder in reiner Form, zu Pulver gemahlen, oder in kombinierter Form als Teil eines natürlichen Stoffes – zum Beispiel das Titan enthaltende Rutil – verwendet werden. Als Teil der Basisglasuren machen Farbstoffe und Trübungsmittel selten mehr als 10 % der Glasurbestandteile aus. Indessen ist ihr Mechanismus von Wirkung und Wechselwirkung sehr komplex. So haben beispielsweise einige Metalloxide selber einen geringen Flußmitteleffekt; durch eine minimale Temperatursenkung beginnt die Glasur zu fließen.

Was der Töpfer über die Glasuren wissen muß

Das Glasurlabor einer Keramikfachschule oder einer großen Töpferwerkstatt enthält ungezählte Behälter – kleine Glasflaschen, die anscheinend identische dunkle Pulver enthalten, und große Gebinde oder Papiersäcke mit noch mehr Pulvern von vorwiegend creme-grauer Farbe. Für den erfahrenen Töpfer bereitet deren Identifikation keinerlei Schwierigkeiten – die Glasurbestandteile unterscheiden sich im Aussehen und im Griff deutlich –, aber für den Anfänger ist die (scheinbare) Gleichförmigkeit und Eintönigkeit vorerst eine Enttäuschung. Es ist manchmal recht schwer, ihn davon zu überzeugen, daß eine blasse, ingwerfarbige Flüssigkeit eine reiche blaue Glasur zu erzeugen vermag. Nur beim Brand offenbaren sich die wahren Farben, die von den Oxiden herrühren.

Was mit Glasurbestandteilen in Kombinationen mit hohen Brenntemperaturen zu erreichen ist, beschäftigt den Töpfer nicht nur ein Leben lang, sondern zieht weitere Kreise, indem sich auch ungewöhnliche Gruppierungen von Kunsthandwerkern, Museumskuratoren, Industriekapitänen und Antiquitätenhändlern damit intensiv auseinandersetzen. Ein Buch für Anfänger sollte sich nicht zu ausführlich darüber auslassen, was genau in einer Glasur enthalten ist. Hingegen kann die folgende Beschreibung der einschlägigen Materialien nach meiner Erfahrung dem Anfänger eine Hilfe sein, seine Wünsche zu konkretisieren. Die behandelten Materialien finden sich in jedem Glasurlabor.

Trübungsmittel

Zinnoxid ist traditionsgemäß der Glasurbestandteil für die Opakweißfärbung. Das Zinn in der Glasur löst sich nicht auf, sondern reflektiert einfach das Licht und maskiert die Farbe des Tons. Zinn wird bei hoher Temperatur weniger verwendet, weil einige der Steinzeugglasurbestandteile wie z. B. Dolomit selber als Trübungsmittel wirksam sind. Weißes Zinnoxid ist ein teures Material.

Zirkon: An Stelle von Zinn wird oft Zirkon für weiße Irdenwareglasuren verwendet. Es ist billiger und hat nach dem Brand ein mehr »fließendes« Aussehen. In Kombination mit Oxiden macht Zirkon die Irdenwareglasuren glänzend und reflektierend.

Zinkoxid, ein leicht kristallines Trübungsmittel, ist teuer; es hat gewissermaßen seine Tücken. Es wird oft der Glasur zugefügt, um die Rißbildung zu verringern, hat aber bisweilen den Nachteil, daß die Glasur zum Schrumpfen neigt.

Dolomit, Kalziummagnesiumkarbonat, ist ein sehr wirksames Trübungsmittel in Steinzeugglasuren, wobei Dolomit noch andere Eigenschaften aufweist (siehe Seite 117).

Titanoxid, bekannt als Trübungsmittel in Anstrichfarben, neigt zum Sprenkeleffekt. Im Zusammenwirken mit anderen Oxiden entstehen dunkle Stellen mit winzigen weißen Einsprengseln. Allein als Trübungsmittel verwendet, weist es eine cremige Farbe auf. Rutil enthält Titan und Eisen; das Eisen bewirkt oft eine dunkle Sprenkelung.

Antimonoxid ist ein gebräuchliches Trübungsmittel in Irdenwareglasuren, obschon es in Kombination mit Glasuren auf Bleibasis zu Gelbfärbung neigt.

Kobaltkarbonat (hellblau) und Kobaltoxid (dunkles Blau) auf einer Schale von Catherine Vanier.

Farbstoffe

Eisenoxid ist der bekannteste Farbstoff in der Keramik. Bekannt als Eisen(II)-oxid, Eisen(III)-oxid, Magnetit, Ocker, Hämatit und Crocus Martis (Eisensulfat) oder ganz einfach als Rost färbt dieses rote, bisterbraune (= rehfarbige), braune oder schwarze Pulver, je nach Stärke, die Glasuren von blasser Strohfarbe bis zur dunkelbraunen oder schwarzen Farbe. In einer Konzentration von ca. 6 % (vom gesamten Glasurvolumen) wird die typische Ingwerfarbe (gelbbraun) erzielt. Im Reduktionsbrand von Steingut (siehe Kapitel 20) bewirkt Eisen, daß sich seladonglasierte Gefäße grün, grau oder schieferblau verfärben.

Kobaltoxid ist der leuchtende blaue Farbstoff, den wir vom Willow-Plate- und Meißner Porzellan her kennen. Es ist ein sehr teures, aber auch sehr starkes Pigment, so daß nur kleine Mengen erforderlich sind. Es wird oft mit anderen Oxiden kombiniert, die seine Heftigkeit reduzieren. Kobaltkarbonat verhält sich ähnlich, ist etwas billiger und weniger stark.

Kupferoxid ist als Pulver wie die meisten Farbstoffe schwarz, gebrannt jedoch wird es zum kräftigen Pfauengrün. Der starke Farbstoff führt, in größeren Mengen zugesetzt, zu einem Grünschwarz bis Schwarz, in kleinen Mengen zugesetzt dagegen zu einem blassen Grün wie bei oxidierten Kupferdächern (Grünspan). Im reduzierenden Brand bei Steinzeug (siehe Seite 178) verändert es sich vollständig zum Kastanienbraun einer Kupferpfanne. Mit Kupferkarbonat erzielt man weniger starke Farben.

Mangandioxid erzeugt bei sparsamer Anwendung allein ein dumpfes Purpur. Zusammen mit anderen Oxiden werden heftige Farben weicher und gedämpfter; in Kombination mit Kobalt entsteht ein Violett. Bei Steinzeugtemperaturen wirkt das Mangandioxid wie ein Flußmittel und schmilzt auf dem Tonkörper ohne Zuhilfenahme einer konventionellen Glasur; es entstehen so undurchlässige Gefäße, die unglasiert belassen werden. Wenn dick aufgetragen, insbesondere mit wenig Kupferkarbonat, erzeugt das Mangandioxid nach dem Brand ein reiches Braungold. Es läßt sich auch zum Färben von Ton anwenden: roter Ton nimmt damit eine Schokoladefarbe an.

Nickeloxid ist in Pulverform grün. Es bewirkt eine Grautönung, die für sich allein häßlich, aber sonst nützlich ist, um heftige Farben bei Hochtemperaturglasuren zu dämpfen. In Kombination mit Chromoxid entsteht ein Grün.

Chromoxid produziert gewöhnlich ein dumpfes Grün, aber in Kombination mit anderen Oxiden wie Zinn und Eisen entstehen Pink- und Gelbtöne. Ich persönlich halte es für ein widerliches und mühsames Oxid, das oft Glasuren wegen Blasenbildung ruiniert hat. Trotzdem: einige Töpfer verwenden es häufig.

Vanadiumoxid ist nützlich bei der Erzeugung von Gelbtönen, insbesondere bei Bleiglasuren. Es ist allerdings heutzutage schwer erhältlich.

Die Dichte der Farbe, die eine Glasur annimmt, hängt von der ihr innewohnenden Stärke ab und von der verwendeten Oxidmenge. 1% Eisen würde kaum bemerkt werden, wogegen 1 % Kobalt eine deutliche Blaufärbung herbeiführen würde. Übersteigen die färbenden Oxide, allein oder in Kombination, 10 % der Fertigglasur, wirken sie unangenehm metallisch, weisen eine ungleichmäßige Oberfläche auf und neigen zu Blasen- und Kraterbildung wie auf der Mondoberfläche. Eine ungleichmäßige Oberfläche ist bei Gefäßen, die gebraucht, gewaschen und getrocknet werden, unerwünscht, obschon andererseits eine unterschiedliche und ungleichmäßige Färbung manchmal gefragt ist. Zu diesem Zweck wird sogar in einzelnen Fällen Siliziumkarbid in kleinen Mengen zugesetzt, um ein Aufbrechen (»Vulkaneffekt«) der anderen Oxide zu bewirken.

Eine gesprenkelte Glasur läßt sich mit Titanoxid oder Zinnoxid zusammen mit anderen farbgebenden Stoffen erzielen. Eine Glasur wird fleckig, wenn die Oxide nicht fein genug gemahlen sind. Die meisten Oxide werden bereits gemahlen angeliefert, sind aber oft durch Feuchtigkeitsaufnahme zu Körnern koaguliert. Diese lassen sich aber leicht mit dem Stößel im Mörser zerstampfen. Will man nur einen Randeffekt einer Sprenkelung erzeugen, wird der Farbstoff so auf den Tonkörper aufgebracht, daß man ihn als Pulver in den plastischen Ton einstäubt. Die Oxide werden bei Steinzeugtemperaturen durch die Glasur als Farbtupfen durchdrücken.

Andere wichtige Materialien

Um das Arsenal der im Glasurlabor zur Verfügung stehenden Materialien zu vervollständigen, finden sich die folgenden, sehr wichtigen Materialien in Gebinden oder Säcken:

Feldspat, wahrscheinlich im größten Sack gelagert, wird bei vielen Hochtemperaturglasuren als Quelle für Tonerde und Silizium, aber auch für Natrium oder Kalium, die als Flußmittel wirksam sind, verwendet.

Feldspat für sich allein erzeugt eine allerdings nicht gerade aufregende, typisch milchige Glasur, bei ca. 1.260°C. Feldspat, von natürlichem Vorkommen (mit entsprechend variabler chemischer Zusammensetzung), ist im Handel z. B. als Kalifeldspat und Natronfeldspat (mit etwas niedrigerem Schmelzpunkt) erhältlich. Aber Vorsicht: Feldspat variiert von einer Quelle zur anderen und leider auch von einer Lieferung zur anderen. Wenn eine zuverlässige Glasur, der ich mein ganzes Vertrauen schenke, plötzlich dumpf und enttäuschend ausfällt, mache ich gewöhnlich Unzulänglichkeiten in der letzten Feldspatlieferung dafür verantwortlich – was leicht zu sagen, aber schwer zu beweisen ist!

Kaolin (China Clay) sollte aus nichts anderem als reiner Tonerde und Siliziumdioxid bestehen; im Handel vertriebene Kaoline weisen aber zusätzliche Spurenelemente auf, die geringe Auswirkungen auf das vorwiegend in Hochtemperaturglasuren eingesetzte Material haben können. Für sich allein kommt Kaolin nicht zum Schmelzen. Es ist selbstverständlich ein Hauptbestandteil von Gießschlickern (siehe Kapitel 13). Leicht an Gewicht und cremig in der Farbe, hat Kaolin eine spezifische »Griffigkeit«, an der es der erfahrene Töpfer blindlings erkennen kann.

Ball Clay weist als Rohprodukt im Vergleich zu Kaolin eine grauere Farbe und mehr Spurenelemente auf. Er ist wichtig in Tonkörpern – er ist sehr plastisch – und Gießschlickern und wird in Glasuren hauptsächlich für bei Hochtemperatur gebrannte Töpferware verwendet.

Bentonit ist ein sehr plastischer Ton und wird in Glasuren als Suspendiermittel eingesetzt – es verhindert, in zugefügten kleinen Mengen von 1 bis 2 %, das Absinken von schwereren Partikeln in Glasuren auf den Grund. Zu viel Bentonit macht die Glasur gelartig und unbearbeitbar. Bentonit wird in Porzellan als Ersatz für Ball Clay verwendet, um Porzellan weißer zu machen.

Cornish Stone oder *China Stone* (ein Feldspatpegmatit aus Cornwall) ist eine Alternativquelle für Natrium und Kalium als Flußmittel für Steinzeugglasuren. Zu diesem Zweck wird es anstelle von Feldspat verwendet; zur besseren Identifikation ist es traditionsgemäß im Rohzustand blau gefärbt, genauer ist es ein blasses Entenei-Blau. Cornish Stone ist ein zerkleinertes, verschiedene Spurenelemente enthaltendes Eruptivgestein und läßt sich nicht in einer einfachen chemischen Formel ausdrücken.

Dolomit enthält Kalzium und Magnesium; beide bewirken einen matten Glanz in der Steinzeugglasur. Dolomit hat auch Trübungsmittelcharakter, ist für sich allein leicht kristallin, hat ein ausgeprägtes Aussehen von Hafermehl und läßt sich auf attraktive Weise mit färbenden Oxiden kombinieren.

Schlämmkreide (Kalkstein) ist ein wesentlicher Bestandteil der Steinzeugglasuren. Sie gehört zu den Feuerfestmaterialien mit sehr hohem Schmelzpunkt, wirkt aber in Kombination mit Feldspat als Flußmittel.

Flint und *Quarz* sind in der chemischen Zusammensetzung Silizium-Varianten, aus verschiedenen Vorkommen gewonnen. Beide werden Glasuren zugesetzt, die ein Versteifungsmittel oder einen Härter benötigen. Da sie für sich allein nicht schmelzen, werden sie häufig als Streusand oder Trennmittel in der Ofenladung verwendet (siehe Kapitel 20).

Nephelinsyenit hat einen hohen Natrium- und Kaliumgehalt, ist ein wirksames Flußmittel für Niedrigtemperatur- oder »weiche« Steinzeugglasuren. Es läßt sich als »feldspatähnlich mit zusätzlichen Eigenschaften« beschreiben und führt zu einer meiner bevorzugten Glasuren.

Talk (Französischer Talk) enthält wie Dolomit viel Magnesium und trägt zur matten Oberfläche von Steinzeugglasuren bei. Spurenelemente wie Eisen und Titan verleihen einer Talk enthaltenden Glasur nach dem Brand ein cremefarbenes Aussehen.

Es ist wahrscheinlich, daß ein letztes Gebinde ganz einfach mit »Asche« etikettiert ist. Es enthält die Rückstände von einem offenen Feuer. Diese »Pottasche« ist reich an Kalium und hat eine komplexe chemische Zusammensetzung. Es hat viele Möchtegern-Analytiker bewogen, eine wissenschaftliche Basis für deren spezielle Qualitäten herauszufinden. Ein vergebliches Bemühen. Aschen sind Flußmittel, die in punkto Farben, Struktur und Oberflächenbeschaffenheit eine enorme Vielfalt aufweisen; man kann sogar von der »Persönlichkeit« einer Asche reden, die dem einen Töpfer teuer und dem anderen ein Ärgernis ist. Das Arbeiten mit Ascheglasuren ist viel mehr dem Kochen verwandt als dem Umgang mit Chemie. Das Sammeln und Aufbereiten von Aschen wird in Rezepturen im Kapitel 16 behandelt.

Bei diesem täuschend einfachen Stück kommt es auf das Verständnis für die Wirkung der chemischen Bestandteile an. Claude Champy *verwendet eine helle Glasur mit folgenden Stoffen (in Klammer deren Anteile): Kalifeldspat (60), Flint (60), Kreide (40), Titandioxid (15), Zinkoxid (5). Diese helle Glasur reagiert und überlappt mit einer schwarzen Glasur, bestehend aus Natronfeldspat (120), Kreide (30), Kaolin (15), Kobaltoxid (3), Chromoxid (3) und rotem Eisenoxid (10). Der Brand erfolgte bei 1.280°C.*

Eintauchen und Übergießen

Es gibt verschiedene Möglichkeiten, eine Glasur aufzutragen. Bei für Lebensmittel bestimmten Gefäßen ist auf eine gleichmäßige, glatte Glasurschicht zu achten, was nicht mit dem Malerpinsel erreicht werden kann. Das Aufspritzen der Glasur mit der Druckluft-Spritzpistole ist für industrielle Zwecke die geeignete und wirtschaftlichste Methode. Für den Kunsttöpfer dagegen ist sie nicht befriedigend. Ein sorgfältig dosiertes Besprühen des auf der Scheibe umlaufenden Gefäßes erzeugt eine gleichmäßige Oberfläche. In einer kleinen Werkstatt jedoch sind die Verluste von Glasur beträchtlich: das, was beim Besprühen danebengeht, kann nicht wiedergewonnen werden. Zudem ist die von Hand gehaltene Spritzpistole wenig geeignet, um konkave und verschlungene Oberflächen wirksam zu besprühen, so daß der Töpfer am besten beraten ist, wenn er die Finger davon läßt. Eintauchen in die Glasur ist die beste und sicherste Methode, um eine gleichmäßige Glasurschicht zu gewährleisten. Der Töpfer, der die Glasur von Hand aufträgt, muß sich die Technik des Eintauchens und Übergießens aneignen.

Gefäß von David Leach. *Die Tenmoku-Glasur läßt eine hellere Farbe durchschimmern, was die Form dort betont, wo die Facetten aufeinanderstoßen. Höhe: 23 cm.*

Arbeit mit der Spritzpistole

Versuchen Sie nicht, die Glasur aufzuspritzen, ohne daß eine spezielle Spritzkabine zur Verfügung steht (siehe Bild), in der man das Gefäß auf einer Scheibe von Hand dreht.

Sieben einer Glasur

Holzlatten halten das Sieb über dem Plastikbecken, während die Glasur abgesiebt wird. Vergewissern Sie sich, daß das Becken die ganze Glasurmenge aufnehmen kann.

Das Sieben einer Glasur

Der Anfänger begegnet der Glasur wahrscheinlich zum ersten Mal als Flüssigkeit von cremiger Konsistenz, die entweder nach Rezept aus verschiedenen, im vorhergehenden Kapitel behandelten Bestandteilen oder aus einer Trockenpackung (Fertiggemisch) zusammengemischt wurde. Man sollte sie in einem Behälter mit Deckel aufbewahren. Der erste Schritt in der Vorbereitung besteht aus dem Sieben der Glasur, da deren Bestandteile verschiedene spezifische Gewichte aufweisen und dazu neigen, sich zu entmischen, was oft in Schichten vor sich geht. Die wichtigsten Bestandteile, z. B. die Bleifritten in Irdenwareglasuren, befinden sich immer am Boden des Behälters, so daß jedes kleinste Korn der Glasur durch das Sieb in einen anderen Behälter gebürstet werden muß, um wieder eine perfekte Glasurmischung zu bekommen. Man benötigt ein feinmaschiges Phosphorbronzesieb oder Filtertuch von federnder, tadellos sauberer Beschaffenheit, das in einen Holz- oder Plastikrahmen gespannt ist, ferner einen Reibpinsel, mit dem die klebenden Partikel der Glasur durch das Sieb gedrückt werden.

Die rauhe Oberfläche des Phosphorbronzesiebs beansprucht die Gummihandschuhe bis zur Unbrauchbarkeit. Aus diesem Grund gehören Reibpinsel und Sieb stets zusammen wie Mörser und Stößel. Beide müssen tadellos sauber gehalten werden, denn kleinste Spuren von starken Farbstoffen wie Kobaltoxid, die im Sieb oder Pinsel zurückgeblieben sind, wirken sich unweigerlich in der nächsten, durchgesiebten Glasur aus.

Das Glasieren eines Gefäßes erscheint einfach und unkompliziert, wenn es vom erfahrenen Töpfer gemacht wird. Für einen Anfänger jedoch ist es eher eine mühsame Erfahrung. Es geht ihm leichter von der Hand, wenn er vor sich auf dem Werktisch viel Platz hat, und eine größere Anzahl von Glasuren in den richtigen Behältern abrufbereit ist. Ein handliches Plastikbecken eignet sich gut zum Auffangen der gesiebten Glasur. Ein Rahmen mit einem Filtertuch von 20,5 cm im Durchmesser paßt in der Regel gut auf das Becken. Es ist ratsam, einen Krug und ein emailliertes oder Plastik-Becken von der Größe eines Abwaschbeckens zur Hand zu haben.

Das Glasieren eines zylindrischen Gefäßes

Sind sowohl Innen- wie Außenseite eines Zylinders zu glasieren, beginnt man gewöhnlich mit dem Glasieren der Innenseite. Der Krug wird aus dem Becken mit der Glasur aufgefüllt. Die meisten Anfänger

Nicht alle Gefäße erfordern eine Rundumglasur. Dieser Mostkrug von John Leach *ist innen und über seine Lippe hinaus glasiert, d. h. dort, wo er mit der Flüssigkeit in Berührung kommt. Ein traditionelles, bei Steinzeugtemperatur gebranntes Gefäß mit unglasierter Außenseite, die jedoch nicht porös ist und sauber gehalten werden kann.*

wollen den Krug so füllen, daß sie ihn in die Glasur eintauchen. Das hat den Nachteil, daß die Glasur verunreinigt wird, falls die Krugaußenfläche nicht einwandfrei sauber ist.

Die Glasur wird in einem Zug in den Zylinder gegossen, bis er ganz voll ist. Unmittelbar danach wird die Glasur wieder ins Becken ausgegossen.

Mit einer schnellen Drehbewegung aus dem Handgelenk, wenn das Ausgießen aus dem Zylinder beendet ist, lassen sich jegliche Tropfen, die sonst am Rand zurückbleiben, abschütteln. Sollte Glasur über die Außenseite des Gefäßes herunterlaufen, wischen Sie diese mit einem trockenen Schwamm ab, damit eine Doppelschicht Glasur vermieden wird. Ein Biskuitgefäß absorbiert die von der Glasur herrührende Feuchtigkeit in wenigen Sekunden; es bleibt die trockene Glasur auf der Oberfläche zurück.

Die Außenseite eines zylindrischen Gefäßes läßt sich auf einfache Weise glasieren, indem dieses umgekehrt, an der Basis mit den Fingerspitzen gehalten, bis zu den Fingerspitzen in das Glasurbecken getaucht wird. Dort belassen Sie es für etwa eine Sekunde, bevor Sie es wieder herausnehmen.

Glasieren der Innenseite eines zylindrischen Gefäßes

1–2 Wenn Sie einen Krug in die Glasur eintauchen, muß er tadellos sauber sein, um jegliche Verunreinigung der Glasur auszuschließen. Füllen Sie den Zylinder bis über die Hälfte mit Glasur auf und gießen Sie diese dann unverzüglich wieder aus. Drehen Sie dabei das Gefäß so, daß die Glasur überall gleichmäßig hinfließt.

Die im Innern enthaltene Luft verhindert (wie bei einer Taucherglocke) ein nochmaliges Glasieren der Innenseite. Das Dümmste, was Ihnen in diesem Stadium passieren kann, ist zu wenig Glasur im Becken, so daß Sie das Gefäß nicht vollständig in die Glasur tauchen können. Das Gefäß darf den Boden des Glasurbeckens nicht berühren, weil sonst der glasierte Rand beschädigt wird. Es ist aus diesem Grund ratsam, vor dem Glasieren die Glasurtiefe und Gefäßhöhe miteinander zu vergleichen. Wiederum läßt sich mit einer raschen Drehbewegung aus dem Handgelenk überschüssige Glasur abschütteln. Wenn Sie das Gefäß aufrecht in der Hand drehen, wird sich die Flüssigkeit auf dem Rand gleichmäßig verteilen, statt daß sie in Tropfenbahnen herunterfließt.

So viel Detailaufmerksamkeit mag Ihnen übertrieben vorkommen, doch werden Sie schnell lernen, daß ungleichmäßig aufgetragene Glasur nach dem Brand schwerfällig macht, was kaum mehr zu korrigieren ist. Ein begrenztes, weiches Ausglätten der glasierten Oberfläche mit den Fingerspitzen vor dem Brand kann verbessernd wirken, indem sich auf diese Weise rauhe Kanten und Risse glätten lassen. Machen Sie das aber unsorgfältig, schiefern ganze Stücke der Glasur ab, was nur schwer auszubessern ist.

Fingerabdrücke auf der Außenseite des Gefäßes, dort wo die Finger das Gefäß gehalten haben, sind schwer zu vermeiden, wenn die Glasur bis zur Basis gehen soll. Bei Irdenwaregefäßen, deren Basis glasiert sein muß, ist es empfehlenswert, die Glasur so aufzutragen wie es im Abschnitt »Glasieren von offenen Formen« beschrieben ist. Ein zylindrisches Steinzeuggefäß, das nach dem Brand nicht mehr porös ist, braucht keine glasierte Basis; mit entsprechender Geschicklichkeit muß der Töpfer das Gefäß fest mit den Fingerspitzen halten, ca. 5 mm von der Basis weg. Fingerabdrücke auf einem glasierten Gefäß gehören nicht zu den häßlichen Unzulänglichkeiten, sie passen aber nicht zu allen Gefäßen.

Ist die glasierte Fläche einmal trocken, kann sie ohne Schaden zu nehmen mit aller Sorgfalt gehandhabt werden. Ein Zylinder läßt sich auf der Außenseite vollständig glasieren, wenn er zuerst aufrecht bis auf halbe Höhe und dann, Basis oben, glasiert wird, bis sich die Glasurlinien treffen. Ist die Berührungszone einwandfrei ausgefallen, ist sie kaum erkennbar, überlappen aber die Glasurzonen, verändert sich die Glasurqualität. Werden auf diese Weise zwei verschiedene Glasuren verwendet, so kommt der Überlappungszone ein dekorativer Effekt zu, wie dies im Kapitel 19 beschrieben ist.

Oben: Eine hohe, durch Eintauchen glasierte Vase von Young Jae Lee. *Herunterfließende Glasur muß über der Basis sauber abgewischt werden, da sonst das Gefäß beim Brand festklebt.*

Glasieren der Außenseite eines zylindrischen Gefäßes

1–2 Zum Eintauchen des Zylinders können Sie beide Hände gebrauchen, doch nehmen Sie dabei in Kauf, daß der Finger, der den Rand berührt, einen Abdruck hinterläßt.

Sobald die Glasur trocken ist, muß das ausgebessert werden. Dies geschieht mit einem Tropfen Glasur, wie auf dem Bild ganz oben gezeigt ist.

Mehrfachtauchen

Das Mehrfachtauchen des Gefäßes unter einem bestimmten Winkel erzeugt zwar nie eine gleichmäßige Glasurschicht, kann aber einen dekorativen Effekt haben.

Das Glasieren von offenen Formen

Das Glasieren einer offenen Form, z. B. einer weiten Schale, erfordert mehr Geschicklichkeit als das Glasieren eines Zylinders. Da der Umkreis des Randes groß ist im Vergleich zum restlichen Gefäß, muß die Glasur beim Eingießen und wieder beim Ausgießen einen langen Weg zurücklegen, soll die ganze Oberfläche bedeckt sein. Die Hand soll das Gefäß so halten, daß es der Töpfer beim Ausgießen der Glasur fast um eine ganze Umdrehung umlaufen lassen kann. Wenn Sie beim Ausgießen der überschüssigen Glasur zu stark zögern, ergibt sich eine zu dicke Glasurschicht und die Bildung einer Glasurlache am Boden, wenn die Glasur schmilzt.

Anfänger neigen dazu, diesen Vorgang allzu schnell hinter sich zu bringen und die Glasur übereilt auszugießen. Das hat zur Folge, daß ganze Partien unglasiert zurückbleiben. In einem solchen Fall hilft nur noch Nachgießen von Glasur direkt aus dem Krug, wobei sich ein sichtbares Überlappen wahrscheinlich nicht vermeiden läßt. Die andere Alternative besteht im Abwaschen der Glasur mit Wasser und erneutem Glasieren, sobald das Gefäß trocken ist, was natürlich viel Zeit beansprucht.

Ist das Innere der Schale trocken, wird sie auf den Fingerspitzen umgedreht und wie ein Pilz gehalten, dessen Stiel des Töpfers Arm bildet. Lange Fingernägel beschädigen die innenseitige Glasur, Fingerspitzen jedoch nicht. In dieser Stellung gießt man die Glasur aus einem in der anderen Hand gehaltenen Krug über die Außenseite der Schale. Einige Töpfer ziehen es vor, die Außenseite zuerst zu glasieren, weil auf diese Weise eher eine gleichmäßige Glasurschicht gewährleistet ist, sowohl auf der Außen- als auch auf der Innenseite. Gehen Sie dabei in umgekehrter Reihenfolge vor und achten Sie auf eine sorgfältige Handhabung der Schalenaußenseite, wenn Sie die Innenseite glasieren.

Beim Gießen der Glasur über die Außenseite einer wirklich großen Schale ruht diese, umgekehrt, am besten auf zwei Holzlatten oder starken, langen Metallstricknadeln, die über den Rand eines Plastikbeckens gelegt sind. Das Ausgießen der Glasur geschieht so, daß der Glasurkrug stetig rund um die Schale geführt und die nackte Außenfläche, ohne zu überlappen, mit Glasur bedeckt wird. Ist die Außenseite trocken genug, daß man die Schale am Fußring halten kann, taucht man den Rand kurz in die Glasur und deckt so die Spuren der Holzlatten zu.

Wegen möglicher Spritzer ist eine wasserdichte Bekleidung ratsam. Eine nützliche und zeitsparende Hilfe bildet die Ränderscheibe, auf der das Plastikbecken, die Holzlatten und die umgekehrte Schale alle rotieren können, was dem Töpfer ermöglicht, während des Gießens der Glasur aus dem Krug stillzustehen.

Kleine Schalen und andere Objekte von offener Form lassen sich in einer raschen Bewegung glasieren, indem sie unter einem Winkel und am Fuß gehalten kurz in die Glasur eingetaucht werden. Eine so glasierte Schale soll einen sauberen, gleichmäßigen Überzug haben mit einem makellosen Rand.

Die vielen Formen, die zwischen der Schalen- und der Zylinderform liegen, verlangen eine individuelle Glasiertechnik. Oft ist es empfehlenswert, Größe und Form des Glasurbeckens dem Gefäß anzupassen, insbesondere wenn die Glasur mengenmäßig begrenzt ist. Wenn Sie ein Gefäß in einem ungeeigneten Becken voll Glasur rollglasieren, ist zu bedenken, daß eine edle, aber schlecht aufgetragene Glasur einen weit unschöneren Eindruck macht als eine gewöhnliche Glasur, die jedoch tadellos sitzt.

Oben: Ein einziges Eintauchen in ein tiefes Becken glasiert beide Seiten eines Tellers. Gegenüber: Eine Glasur kann wie ein Make-up wirken, das die Linien eines Gesichts verbergen oder betonen kann. Sie wirkt dunkler in den Vertiefungen dieser Schale von Tove Anderberg.

Glasieren einer kleinen Schale

1 Mit einer Folge von eingeübten, kreisenden Bewegungen gelingt es bald auch dem Anfänger, die Innenseite einer Schale flink zu glasieren.

2 Wenn Sie die Schale um eine ganze Umdrehung drehen, läßt sich der Rand während des Ausgießens der Glasur bedecken.

Glasieren einer großen Schale

3 Der Fuß des Gefäßes wird mit dem Daumen und der Rand mit der Fingerspitze gehalten, um die Außenseite durch Eintauchen zu glasieren.

4 Wird diese Methode angewendet, muß der Rand retuschiert werden. Können Sie jedoch das Gefäß ganz am Fußring halten, fällt jegliche Retusche weg.

Das Äußere einer großen Schale wird so glasiert, daß man die Glasur über die auf zwei Holzlatten umgekehrte Schale gießt. Der Rand wird später korrigiert.

Krüge und Teekannen

Es ist eine Freude, Gefäße mit Henkeln zu glasieren! Zuerst wird der Henkel in die Glasur eingetaucht bis zur Verbindungsnaht zum Gefäßkörper. Für dessen Glasierung wird der Krug, sobald die Henkelglasur trocken ist, am Henkel gehalten und in die Glasur eingetaucht, wobei die Innen- und Außenseite in einem Arbeitsgang glasiert werden können, ohne die Oberfläche mit irgendwelchen Fingerabdrücken zu beeinträchtigen.

Andererseits sind Teekannen wegen der Tüllen um einiges mühsamer zu glasieren. Die Gießqualität der Kanne kann getestet werden, wenn zum ersten Mal Glasur durch die Tülle fließt. Der Töpfer *muß* daran denken, die Sieblöcher an der Basis der Tülle nach dem Ausgießen der Glasur frei zu machen, da sie sonst von der Glasur verstopft werden – und aus einer solchen Kanne wird man nie Tee ausschenken können. Soll der Deckel der Teekanne, der beidseitig in die Glasur eingetaucht wird, beim Brennen auf dem Krug sitzen, muß die Glasur sorgfältig

Rechts: Eine seladonglasierte kannellierte Teekanne von Geoffrey Whiting *mit unglasiertem Henkel.*

Glasieren einer Teekanne

1 Traditionsgemäß läßt man die Auflage und die Aufsatzfläche des Deckels unglasiert: entweder durch Abwischen der Glasur oder durch Wachsabdeckung (oben).

2 Die ins Innere der Teekanne gegossene Glasur wird bis hinauf zur Auflagekante rundherum gerollt, wobei der Daumen die Tüllenöffnung zuhält.

3 Die Glasur wird durch die Tülle selber entleert. Sind die Sieblöcher mit Glasur verklebt, müssen sie mit einem Draht wieder freigemacht werden.

mit einem Schwamm von der Auflage und der Kehle abgewischt werden. Ohne diese Maßnahme würde der Deckel festsitzen, und die Teekanne wäre unbrauchbar. Durch einen Wachsanstrich auf der Auflage des Deckels vor dem Glasieren können diese Teile auf andere Weise glasurfrei gehalten werden (siehe Kapitel 19).

Ein Schwamm eignet sich gut zum Abwischen von Glasur auf Teilen, wo Glasur unerwünscht ist. Man soll den Schwamm nie dazu verwenden, um ungleichmäßige Glasurzonen ausglätten zu wollen, da er die Glasur vom Gefäß mitreißt. Muß eine solche Stelle (z. B. der Rand einer Schale) retuschiert werden, bedient man sich eines Malerpinsels, mit dem wie mit einem Tropfenzähler sehr behutsam Glasur aufgetragen wird. Geschieht das nicht mit der nötigen Sorgfalt, reißt man mehr Glasur weg, als man zu ersetzen wünscht.

Gleichmäßigkeit im Auftragen

Eine glatte und gleichmäßige Glasurschicht ist wesentlich für Irdenware, soll sie nicht porös bleiben. Ist das Gefäß einmal vollständig glasiert, soll es auf eine Stelze oder ein Dreibein gestellt werden (siehe Seite 176). Die drei Punkte des Dreibeins hinterlassen auf der Basis des Gefäßes nur winzige Spuren, welche die Undurchlässigkeit nach dem Glattbrand nicht tangieren. Einmal auf dem Dreibein in sicherer Stellung, soll das Gefäß bei der anschließenden Verzierung so wenig wie möglich in die Hand genommen werden; im Gegenteil, es soll so schnell wie möglich dem Brennofen zugeführt werden.

Steinzeugglasuren variieren je nach Auftragstärke ausgeprägter in der Farbe als das bei Irdenware der Fall ist; doppelte Glasurschichten erscheinen als hellere Flecken. Andererseits ist ein streifiger, ungleichmäßiger Glasurauftrag nicht immer ein Fehler, denn der Steinzeugtöpfer strebt selten eine perfekte Uniformität der Farbe an. Beim Steinzeug ist die Handmethode angezeigter, darum ist es für den Anfänger einfacher, das Tauchen und Übergießen mit Steinzeugglasuren zu erlernen. Ihre Bestandteile haften besser auf der trockenen Oberfläche des Gefäßes, so daß diese auf dem Weg zum Ofen widerstandsfähiger gegen Beschädigungen sind.

Glasieren eines Deckels

1–2 Ein Wachsring wird auf einer Ränderscheibe aufgepinselt. Auf diese Weise wird die Glasur beim Eintauchen des Deckels vom Rand sauber abgehalten.

Wenn Ihnen das Abdecken mit Wachs zu umständlich ist, können Sie das Glasieren der Teekannen zurückstellen, bis Sie Wachs für andere Dekorationsanwendungen schmelzen.

Das Arbeiten mit dem Malerpinsel

Bei einem Steinzeuggefäß, das wahrscheinlich nicht im Lebensmittelbereich eingesetzt wird, z. B. einem Lampenfuß, ist die Gleichmäßigkeit der Glasurschicht weniger wichtig: die Glasur kann mit einem Malerpinsel aufgetragen werden. Ein schmaler, ca. 4 cm breiter Pinsel eignet sich gut dafür. Je dicker die Glasur aufgepinselt wird, desto weniger sichtbar sind die Pinselstriche, ganz nach der Absicht des Töpfers.

Das Bemalen mit dem Pinsel eignet sich besonders für die Technik des Einfachbrands (siehe Seite 137). Zur Verbesserung der Glasurhaftung wird eine kleine Menge Gummi arabicum (ein Dessertlöffel auf zwei Liter Glasur) zur Mischung zugesetzt. Sie müssen mit einer gewissen Ungleichmäßigkeit der Oberfläche nach dem Brand rechnen (deshalb ist diese Technik für Irdenware nicht geeignet), was bei der Wahl der Methode zu berücksichtigen ist.

Töpfer, die sich in dieser Technik spezialisieren, wie z. B. Lucie Rie, müssen darum besorgt sein, daß sich das Gefäß beim Aufmalen der Glasur auf einer Töpferscheibe oder einer Ränderscheibe dreht, und daß die Glasurschicht ziemlich dick ist. Denken Sie daran, daß die Gefäßoberfläche absorbierend ist wie Löschpapier! Deshalb ist es ratsam, mit verschieden dicken Glasurschichten auf einem Testgefäß zu experimentieren. Nur so lernen Sie schnell, wie viel Glasur Sie auftragen müssen; die Menge variiert von Glasur zu Glasur.

Das Herstellen einer Glasur

Es ist leider recht verbreitet, im Unterricht langweilige Fertigglasuren zu verwenden, so daß Sie sich nicht unbedingt populär machen, wenn Sie Ihre eigenen Glasuren mitbringen. Der Grund ist darin zu suchen, daß Glasuren, die bei niedrigeren Temperaturen garbrennen als den Temperaturen des zur Verfügung stehenden Ofens, den Ofen selber und andere Einsetzware beschädigen können.

Der erste Schritt muß deshalb sein, die Ofentemperatur zu eruieren und sicherzustellen, daß die speziell gefertigte Glasur passend ist.

Viele Fertigglasuren sind im Fachhandel erhältlich, in dessen Katalogen die Glasuren in punkto Farbe und Oberflächenbeschaffenheit abgebildet sind. Sie sind in der Angabe des Schmelzpunktes durchaus zuverlässig, aber es befriedigt trotzdem nicht, Glasuren »von der Stange« zu verwenden. Glasuren lassen

Gelber Glasurfarbstoff – ein Uranersatzstoff – wurde auf diese flache Schale von Lucie Rie *gepinselt.*

sich ja auf einfache Weise aus wenigen Materialien herstellen, so daß sich ein Versuch lohnt. Die Resultate sind vielleicht nicht immer perfekt, dafür haben sie etwas Persönliches, wie die Gefäße auch. Typische und gebräuchliche Rezepte werden im nächsten Kapitel behandelt. Nach dem Auswiegen der Bestandteile werden sie gemischt und mit Wasser versetzt. Glasurstoffe werden fein gemahlen angeliefert, wobei einige unter ihnen zu Klumpenbildung in den Säcken neigen. Sie sparen Zeit und Energie, wenn Sie die Knollen im Mörser mit dem Stößel oder zwischen den Fingern zerdrücken, bevor Sie sie abwiegen.

Ich muß gestehen, daß ich mehr als einmal eine Glasur – 3 kg Trockenmaterial ist eine vernünftige Minimalmenge – in Angriff genommen habe, um auf halbem Weg festzustellen, daß ich von einem Bestandteil nicht genügend zur Verfügung hatte. Wenn Sie von einem Material etwas zu wenig einwiegen, kann das Resultat vielleicht interessant ausfallen, wahrscheinlicher ist es jedoch, daß Sie von dieser »Spezialglasur« enttäuscht sein werden. Ich rate Ihnen deshalb, alle Materialien in Säcken, Tüten oder Behältern vorab bereitzustellen. Hat es von einem Material zu wenig, wiegen Sie es zuerst ein, und reduzieren Sie die anderen Mengen proportional (oder warten Sie ab, bis Sie das fehlende Material wieder beschafft haben).

Es kommt nicht darauf an, in welcher Reihenfolge Sie die verschiedenen Trockenmaterialien beimischen; wichtig ist nur, daß Ihre Berechnung und die Einwaage (auf einer sauberen Waage!) stimmen. Bei Rezepten mit Prozentangaben ist es gegeben, mit metrischen Einheiten zu arbeiten, obschon auch die Rechnung in Unzen (100 Unzen Glasur) machbar ist.

Verbleibende Knollen lassen sich mit lauwarmem Wasser aufweichen, so daß sich die Mischung ohne weiteres durch ein Sieb in ein anderes Becken absieben läßt. Es ist darauf zu achten, daß alle Ingredienzien restlos das Sieb passieren, denn jegliche Rückstände in den Borsten der Schrubbürste zum Beispiel verfälschen die Glasur. Zwei oder drei Absiebungen von einem Becken ins andere dauern etwa eine halbe Stunde je nach Ingredienzien. Mehr Wasser beschleunigt den Vorgang, macht es aber die Glasur zu dünn und wässerig, muß es später, wenn sich die Bestandteile abgesetzt haben, ausgegossen werden; eine allzu dünne Glasur läßt sich nicht auftragen und nicht einmal testen.

Auftragen mit dem Pinsel

1–2 Es können alle Arten von Pinseln zum Aufmalen der Glasur auf ein Gefäß benutzt werden. Wird Feuchtigkeit zu stark aufgesaugt, setzten Sie der Mischung Gummi arabicum zu, damit die Glasur nicht abblättert. Das Bemalen mit dem Pinsel ist nur für Gefäße geeignet, bei denen eine ungleichmäßige Glasurschicht erwünscht ist.

Es ist unmöglich, die perfekte Konsistenz einer Glasur zu definieren, da sie von der Porosität der Gefäßoberfläche und der optimalen Glasurdicke abhängt. Steinzeugglasuren, besonders diejenigen, die Asche enthalten, werden gewöhnlich dicker als Irdenwareglasuren aufgetragen. Will man die Konsistenz umschreiben, so ist beispielsweise der Ausdruck »wie eine dünne Creme« nichtssagend, denn eine Creme kann genau so wie eine Glasur variieren. Wenn man dagegen sagen kann, sie sei »so dünn wie Milch«, ist sie zu dünn für den Gebrauch, und es muß etwas Wasser entfernt werden.

Hat man einmal die richtige Konsistenz erreicht, ist darauf zu achten, daß man die Mischung regelmäßig umrührt oder ein Suspensionsmittel zusetzt, will man einer Entmischung vorbeugen. Einige Töpfer setzen anstelle von Kaolin oder Ball Clay Bentonit zu (bis zu 2 % des Trockengewichts), das die gute Eigenschaft hat, alle Glasurbestandteile in Suspension zu halten.

Das Prüfen von Glasuren (Tests)

Eine neue Glasur muß man immer zuerst testen. Die meisten Kunsttöpfer benutzen von ihnen bevorzugte Scherben, auf denen sie die Tests ansetzen: vom Eierbecher bis zum flachen, ausgezackten Plättchen. Ein gewölbtes Stück von einem aufgedrehten Zylinder eignet sich gut dafür, weil es das Verhalten einer konkaven und konvexen Oberfläche in Bezug auf die aufgetragene Glasur aufzeigt. Desgleichen ist ersichtlich, wie die Glasur die Farbe ändert oder wie sie an den Kanten und Ecken bricht.

Kluge Töpfer testen die Glasur auf verschiedenen Tonkörpern, wenn mehr als ein Ton verwendet wird, da sich die Verbindung Glasur/Tonkörper in jedem Fall verschieden auswirkt. Schließlich ist es ein »Muß«, den Glasurtest zu etikettieren, indem Sie eine Nummer oder einen Namen mit einem Metalloxid aufmalen, das auch nach dem Brand lesbar bleibt. Ein Glasurtest ist nur dann von Nutzen, wenn Sie wissen, um was es sich handelt. Dasselbe trifft natürlich auch für flüssige Glasuren zu. Aufbewahrte Glasuren ohne Bezeichnung sind in jedem Töpferatelier eine Pein und eine Qual. Es kommt einem ungelegen, wenn Sie, mitten im Glasieren, nach einem Schreibinstrument suchen müssen. Am besten hängen Sie dieses (es soll unauslöschbar schreiben!) an einer Schnur an einem festen Gegenstand, z. B. am Wasserhahn, auf. Das Numerieren der Glasurbehälter genügt zur Identifikation, wenn Sie aber das Rezept auf ein Etikett schreiben, erweisen sie anderen einen Dienst, um neue Bedarfsmengen vorzubereiten. Wasserdichtes Klebeband über dem Etikett hält das Rezept auch für später lesbar. Befestigen Sie das Etikett *nicht* auf dem Deckel des Vorratsbehälters – aus naheliegenden Gründen.

Das Aufbewahren von Glasuren

Ich halte die weithalsigen Bonbongläser, die für wenig Geld im Warenhaus beschafft werden können, für die bei weitem geeignetsten Vorratsgefäße für Glasuren. Sie fassen ohne weiteres 3 kg Trockenglasur, mit Wasser gemischt. Der große Vorteil dieser Gläser liegt darin, daß Sie mit der Hand hineinlangen und, wenn nötig, klebende Glasurknollen herausholen können, die nach längerem Stehen der Gläser auf den Boden sinken.

Glasuren in Gläsern oder mit Deckeln verschließbaren Behältern sind unbegrenzt haltbar; das trifft auch auf Plastikbecken und -krüge zu. Siebtücher aus Phosphorbronze dagegen, die teuer zu ersetzen sind, werden oft ruiniert, wenn sie zur Reinigung ins Wasser gelegt werden. Die Holzrahmen quellen dabei auf und reißen das Siebtuch auf der Seite auf. Obschon das feinmaschige Sieb selber stark ist, kann es von darin liegengebliebenen Werkzeugen durchlöchert werden; es braucht nur ein einziges kleines Loch, um das Siebtuch unbrauchbar zu machen. Dieses wichtige Werkzeug in der Aufbereitung der Glasuren sollte man nie im Schüttstein oder flach auf einem Gestell lassen, sondern senkrecht an einem Nagel an der Wand aufhängen.

Mischen der Glasur

1 Setzen Sie den eingewogenen Ingredienzien in einem Plastikbecken warmes Wasser zu. Dann mischen Sie sorgfältig und zerquetschen Knollen mit einer Hand.

2 Wenn Sie eine Plastikschrubbürste mit weißen Borsten verwenden, können Sie nach dem Sieben leicht feststellen, ob Glasurteilchen in der Bürste zurückgeblieben sind.

Das Verzieren von Gefäßen 1

Links:
VAUGHN SMITH
Ein holzschnittartiges Design in kontrastierenden Farben läßt sich am besten mit einer Schablone oder nach der Papier-Ausspar-Technik ausführen. Die überlappenden schwarzen Katzen erinnern an kühne Pinselstriche. Auf dem gedrehten Deckel sind aus flachen Platten ausgeschnittene Katzen rundherum angarniert. Sie sind mit leuchtenden Unterglasurfarben bemalt.
Höhe: 73,5 cm.

Gegenüber, oben links:
ROBIN WELCH
Die trocken gefärbte Oberfläche der großen freigedrehten Vase von Robin Welch ist das Resultat von bei hohen Temperaturen stabilen Pigmenten, während das Gold in den ausgesparten Rechtecken später appliziert und das Gefäß bei 800°C nachgebrannt wurde.

Gegenüber, unten links:
JAC HANSEN
Herrliche und gut geplante Dekoration unter Verwendung von Sgraffito, Einlegearbeit und Pigmenten unter einer Galenaglasur (Bleiglanz) prägt diese außerordentliche Tierplastik.

RECHTS:
GILLES LE CORRE
Große freigedrehte Platte, mit farbigen Glasuren dekoriert, mit dem Pinsel und Malhorn gemalt, Reduktionsbrand bei Steinzeugtemperaturen. Durchmesser: 48 cm.

16

Rezepte, Fehler, Hilfsmaßnahmen

Das Sammeln von Holz- oder Pflanzenasche zur Herstellung einer Glasur hat den leisen Nebengeschmack von Alchemie – vor allem deshalb, weil die die Aschen in Einzelheiten beschreibenden Buchautoren es für unter ihrer Würde halten, dem Anfänger zu sagen, was er mit der gesammelten Asche tun und wie er sie zu einem der milden grauen Pulver aufbereiten muß, die zu einer Glasur zusammengemischt werden. Aschen sind anorganische Reste, die bei der Verbrennung pflanzlicher Substanzen anfallen. Unter ihnen sind die Holzaschen besonders wichtig.

An Kalium reiche Holzasche ist ein Fluß- oder Glasurschmelzmittel. Sie wird gewöhnlich mit Ton – Tonerde oder Kieselerde – zu einer Steinzeugglasur aufbereitet. Die Anfänger und Amateurtöpfer erliegen aus verschiedenen Gründen der Faszination der Ascheglasur: einmal besteht sie nur aus einigen wenigen Bestandteilen, dann erzeugt sie eine große Vielfalt von Farben, Oberflächenstrukturen und Qualitäten, die von den Spurenelementen der Holzasche herrühren, und schließlich läßt sie den Asche sammelnden und aufbereitenden Töpfer teilhaben am kreativen Erschaffen von etwas Besonderem. Da verschiedene Sorten von Aschen und verschiedene Lieferungen in ihrer Zusammensetzung enorm variieren, zeigt die Keramikindustrie, die auf Uniformität und unbegrenzte Wiederholung einer ganz bestimmten Farbe aus ist, kein Interesse an Ascheglasuren. Nicht so der Kunsttöpfer: er experimentiert allein in seiner Werkstatt und braucht keine technische Hilfe, um ein Sortiment von Ascheglasuren zu entwickeln und zu »erfinden«.

Experimentieren mit Ascheglasuren

Vergleichende Experimente mit Aschen aus verschiedenen Quellen müssen sich nach einem Standardrezept, wie dem auf Seite 136 angegebenen, ausrichten, damit eine »Kontrolle« möglich ist, die Vergleiche erst sinnvoll erscheinen lassen. Die Variable ist die Asche selbst, weil jeder Baum in seinem Holz andere Spurenelemente aufweist, wie das bei Gräsern oder Pflanzen auch der Fall ist. Die lokalen Bodensubstanzen, welche in erster Linie den Baum mit Nährstoffen versorgen, variieren ebenfalls stark, so daß eine Voraussage der Aschenzusammensetzung nicht möglich ist. Wir wissen nur, daß Ascheglasuren sowohl bei oxidierendem als auch bei reduzierendem Steinzeugbrand Farben erzeugen von cremig-weiß über grün und grau bis zu leuchtend orange. (Beim oxidierenden Brand wird zusätzliche Verbrennungsluft zugeführt, während beim reduzierenden Brand die Luftzufuhr gedrosselt wird.)

Wenn Sie feine trockene Holzasche von Hand über einen befeuchteten Biskuitkrug streuen (gegenüber), *erzeugen Sie diese gefällige Steinzeugglasur* (oben). *Die Innenseite wird gesondert glasiert.*

Alle Holzaschen enthalten ein Flußmittel; die Spurenelemente sind verantwortlich für die Färbung. Leider beeinträchtigen Aschen von anderen Materialien (z. B. Kohle) das Resultat, deshalb muß man sich vergewissern, daß die Asche nur aus pflanzlichen Substanzen und keinen anderen besteht. Offene Feuer brennen oft mit verschiedenen Hölzern, was die resultierende Glasur nicht unbedingt verdirbt, aber eine Wiederholung der gleichen Glasur unmöglich macht.

Jeder, der über einen Ofen oder offenen Kamin verfügt, ist in der günstigen Lage, über reine und kontrollierte Asche zu verfügen, er muß sie nur auf einer Folie unter dem Feuerrost auffangen. Aber auch der Bewohner einer zentralbeheizten Bleibe kann sich Asche beschaffen. Offene Feuer, in denen Holzabfälle oder im Herbst Blätter verbrannt werden, hinterlassen eine perfekte Asche, vorausgesetzt, daß sie vor einem Regen, der wertvolle Chemikalien auswaschen kann, gesammelt wird und keine Erde enthält.

Da sehr viel Holz benötigt wird, um genügend Asche für eine kleine Menge Glasur zu produzieren (0,45 kg Asche ist die Mindestmenge), neigen begeisterte Anfänger dazu, mit der Asche auch Wurzeln, Sand und Kies zusammenzumischen. Sie vergessen dabei, daß die Verunreinigungen das Ganze unbrauchbar machen. Am besten verzichten Sie auf fragwürdige Asche und sammeln nur die feine, weiße oder ockerfarbige Asche, solange sie noch warm ist, in einer Blechbüchse ein. Dies gewährleistet, daß keine Stoffe ausgelaugt oder vom Wind weggeblasen worden sind, bevor Sie die Asche einsammeln.

Beim Eintauchen der Asche in einen mit Wasser gefüllten Plastikkübel trennt sich die leichte, unerwünschte Holzkohle von der dichten Asche. Sie soll mit der sie umgebenden grauen Schlacke abgeschöpft werden. In diesem Stadium ist der Asche mit Vorsicht zu begegnen, denn es hat sich mit dem zugesetzten Wasser eine ziemlich starke alkalische Lösung (Ätzkali) gebildet. Arbeiten Sie mit bloßer Hand in der Lösung z. B. mit der Schrubbürste, so beginnen sich beide, Hände und Bürste, langsam aufzulösen! Viele Töpfer kennen dieses seifige Gefühl auf den Fingern, nachdem sie während ungefähr einer Minute Holzkohlestückchen von Hand aus der Lösung gefischt haben.

Ich kenne einen portugiesischen Töpfer, der unglasierte Irdenware in der traditionellen Form der Amphore herstellt, in der Wasser aufbewahrt und durch die Verdunstungskälte kühl gehalten wird. Er heizt seinen Ofen mit festen Brennstoffen, hauptsächlich mit Holz, aber in der Zeit der Mandelernte verfeuert er Mandelschalen. Während des ganzen Brands füllt er alle zwei bis drei Minuten schaufelweise Schalen auf dem Feuerrost nach; dabei bildet sich ein schwarzer öliger Rauch, der den Kamin verläßt. Der mit dem Lastwagen angelieferte Berg von Mandelschalen wird zusehends kleiner. Die sich unter dem Rost häufende weiße Asche wirft er weg, weil er keine glasierte Ware fertigt. Er gab mir jedoch einmal von dieser Asche mit für Glasurversuche.

Wenn der Kaligehalt der Asche hoch ist, kann das Alkali spektakuläre Wirkungen zeitigen. Die Mandelschalenasche von meinem Freund in Portugal fraß rasch alle grüne Farbe meiner Metallschale auf, in der ich sie in Wasser tränkte. Aber damit war es nicht getan. Zur Gewichtsreduktion für eine Sendung per Luftpost nach England trocknete ich das Material und preßte es zu einer Art Backsteinform. Ich wickelte es sorgfältig in Plastiktüten und Zeitungen und schließlich in einen Binsenkorb.

In den wenigen Stunden, in denen das Paket auf einem Holzgestell der Gepäckausgabe lag, fraß sich das aggressive Material durch die ganze Verpackung und richtete eine mächtige Schweinerei an ...

Die Zähmung der widerspenstigen Asche wurde nachgerade zur Herausforderung: immer noch winkte die vermeintliche Belohnung in Form von einzigartigen Farben oder Oberflächenstrukturen. Mitnichten: als die Asche endlich gemäß dem Standardrezept (Seite 136) gemischt war, ergab sie eine der ekligsten, schmutzigsten und öligsten Glasuren, die ich je gesehen habe – unangenehm im Griff und stark rissig! Die Lektion, die daraus zu lernen ist: je höher der Kaligehalt einer Asche, umso stärker ist das Flußmittel der Glasur, und umso »glasiger« ist das Endprodukt.

Die Töpfer reduzieren den Kaligehalt in der Asche nach dem Sieben auf eine sehr unwissenschaftliche Weise: sie dekantieren die Lösung von Kaliumhydroxid über dem abgesetzten Festmaterial! Man bezeichnet diesen Vorgang als »Auswaschen«; man könnte sagen, es brauche dazu die Intuition eines guten Kochs. Je mehr Wasser in dem die Asche enthaltenden Kübel zugesetzt und nach dem Absetzen der Asche abgegossen wird, umso weniger Kalium bleibt zurück, d. h. umso niedriger ist die Alkalität. Die daraus resultierende Glasur wird »härter« (was heißt, daß sie eine höhere Temperatur zum Ausreifen benötigt) und wird wahrscheinlich mit jedem Verlust an Kalium immer glanzloser. Das kann zu einer aufregenden Glasur führen – oder auch nicht. Das ist denn auch der Grund, weshalb die Ascheglasur des einen Töpfers nie gleich ist wie die des anderen.

Kaliumhydroxid wegzugießen, mag zunächst verschwenderisch erscheinen, doch ist anzumerken, daß Feldspat, der Hauptbestandteil der meisten Glasuren, ebenfalls als Flußmittel wirkt. Der Töpfer ist in diesem Fall nur an den möglichen Farben interessiert, welche die Chemie des Baumes hervorzaubert. Niemand weiß genau, wieviel Kaliumhydroxid von der Asche zu dekantieren ist, um die besten Resultate zu erhalten. Aber als Regel kann gelten: Bei einem mit trockener Asche halb gefüllten Plastikkübel, der mit Wasser ganz aufgefüllt wird, gießt man die Hälfte der Flüssigkeit ab, sobald sich die Asche abgesetzt hat. Dann wird der Kübel wieder mit Wasser aufgefüllt, und man wiederholt den Vorgang mit Vorteil drei- oder viermal. Denken Sie daran, daß die Flüssigkeit, die Sie weggießen, stark alkalisch ist, Kleider angreift und Hautätzungen verursacht. Die Entsorgung muß deshalb mit Vorsicht erfolgen, indem man viel Wasser zum Verdünnen zusetzt.

Die Asche muß wieder in ein Trockenpulver zurückverwandelt werden, bevor sie mit den anderen Trockensubstanzen wie Feldspat, Ball Clay oder Kaolin eingewogen wird. Zu diesem Zweck muß nach dem letzten Waschvorgang alle Flüssigkeit weggegossen werden; zurück bleibt das Sediment. Das Trocknen benötigt recht viel Zeit, und die Aufbereitung einer Asche kann sich über Wochen erstrecken. Asche wird nur in sechs der folgenden Rezepturen zugesetzt, und doch sei dem Anfänger empfohlen, den Werdegang einer Asche, das Sammeln und Aufbereiten, auf sich zu nehmen. Die Resultate können alle Erwartungen übertreffen; sie sind immer sehr persönlich und eigenständig.

Nach dieser detaillierten Beschreibung eines einzigen Glasurbestandteils könnte der Leser die Befürchtung hegen, alle anderen Glasursubstanzen würden nun auch so ausführlich behandelt. Das wäre jedoch nicht sinnvoll, denn der Kunsttöpfer (und auch der Anfänger) ist vom Lieferanten dieser Substanzen abhängig. Wir wissen jedenfalls, daß sie in hohem Maße variieren, obschon der Lieferant auf Verlangen eine Analyse abgeben kann.

»Waschen« von Holzasche

1–2 Das Herstellen von Ascheglasuren ist vergleichbar mit einer Lotterie: es kann etwas Großartiges entstehen! Tragen Sie Gummihandschuhe zum Schutz Ihrer Hände vor dem Ätzkali, wenn Sie die Asche »waschen«. Verwenden Sie ein altes Küchensieb zum Herausholen von Holzkohlestückchen, Nägeln und Heftklammern.

Einführende Rezepturen

Die Bestandteile der hier folgenden Rezepturen sind, zumeist fertig, im Handel erhältlich und nicht giftig, obwohl Metalloxide immer mit Vorsicht zu behandeln sind und sich stets die Benutzung von Schutzmaske und Handschuhen empfiehlt. Am meisten Vorsicht verlangt unter den aufgeführten Ingredienzien das bei der Aufbereitung von Holzasche, siehe oben, anfallende Ätzkali.

Die hier aufgeführten rund zwanzig Rezepturen sind sämtlich erprobt, und die meisten davon gute alte Bekannte. Aber da sich Materialien und Öfen unterscheiden, müssen Ihre Ergebnisse nicht unbedingt identisch mit den meinigen sein. Die angegebenen Zahlen, die sich auch nicht immer auf 100 addieren, sind als Teile zu verstehen und müssen gegebenenfalls auf Gesamtmengen oder Maßeinheiten umgerechnet werden. Sinnvoll ist das Ansetzen einer Glasur mit einem Gesamt-Trockengewicht der Materialien von 2,5 kg, was mit Wasser vermischt etwa einen halbvollen mittelgroßen Eimer ergibt. Wo Zusätze (z.B. Oxide) zur Grundrezeptur genannt sind, sind diese in Prozenten der jeweiligen Gesamtmenge angegeben.

Viele Keramikfachbücher enthalten eigene Kapitel zu Glasuren, und obendrein gibt es eigene Bücher nur über Glasuren. Es kann zunächst verwirrend scheinen, vor so vielen Möglichkeiten zu stehen, aber solche Bücher sind als zusätzliche Information nützlich und sollten vor allem für Spezialglasuren wie Lüster oder Kristallglasuren herangezogen werden.

Ob Sie nun regelmäßig oder nur gelegentlich Gefäße fertigen, rate ich Ihnen, ein Glasurnotizbuch zu führen, in dem Sie über Ihre Experimente Buch führen. Die Aufzeichnungen sollten umfassen: Ingredienzien und ihre Quellen, empfohlene Temperaturen, Daten und Kommentare. Notieren Sie auch Rezepturen anderer Töpfer. Selbst wenn Sie keine Zeit haben, diese zu testen, schreiben Sie sie ein, vielleicht greifen Sie irgendwann darauf zurück.

Irdenwareglasuren

Irdenware mit glänzenden farbigen Glasuren erfreut sich gegenwärtig immer größerer Beliebtheit, und zwar nicht nur als Gebrauchsgeschirr, sondern auch bei kreativen Keramikkünstlern. Anfänger haben ein Faible für glänzend grüne, orange- oder türkisfarbene Glasuren, die ihnen im Handel angeboten werden, aber diese Einheitsfarben sind doch eher fade, und die lebendigsten Effekte lassen sich besser erzielen durch farbige Schlicker über dem Tonkörper oder durch Unter- und Aufglasurfarben, die man aufpinselt oder aufsprüht. Zur Geltung kommen diese Farben durch eine Glasur, die durchsichtig oder auch undurchsichtig sein kann oder auch in der Mitte zwischen beidem liegt. Am beliebtesten ist immer noch die allgegenwärtige Majolika-Glasur mit Zinnoxid als Trübungsmittel. Sie ist weiß und eine vorzügliche Trägerschicht, um die Schönheit mit dem Pinsel aufgetragener Farben zur Geltung zu bringen. Diese Gruppe von Rezepturen beginnt daher mit einer Majolika-Glasur.

Daphne-Carnegy-Majolika 1.120°C

61	Bleibisilikat	4,5	Zirkon-Boraxfritte
15	Cornishstone	4,5	Standard-Boraxfritte
7	Kaolin	2	Zinkoxid
7	Zinnoxid	2	Bentonit
6	Zirkonium-Silikat		

Diese Variante einer Glasur von Alan Caiger-Smith hat für die Brenntemperatur einen Spielraum zwischen 1.040° und 1.140° und wird bei höherer Temperatur immer durchscheinender. Auf gelblichbraunen Tonen wirkt sie kremigweiß, auf rötlichen tendiert sie nach Grau. Sie bildet einen ausgezeichneten Farbhintergrund: Aufgemalte Farben heben sich klar und kräftig und im Kontrast zur Glasur selbst ab. Da sie obendrein wenig rißanfällig ist, ist sie sehr zu empfehlen.

Honigglasur 1.000°C

80	Bleibisilikat (Bleifritte)	20	Masseton

Eine klare bis honigfarbige Glasur. Die Farbe hängt vom Ton des Körpers ab; er soll derselbe sein wie für die Irdenware. Wegen der niedrigen Brenntemperaturen eignet sich diese Glasur für selbstgebaute Öfen mit unsicherer Maximaltemperatur (siehe Kapitel 20).

Bleifreie Glasur 1.140°C

56	Feldspat	10	Bariumkarbonat
33	Quarz	1,5	Kalziumnitrat
25	Colemanit (Kalziumhexaborat)		
12	Kalziniertes Zinkoxid		

Viele ländliche Töpfereien bevorzugen heute bleifreie Glasuren. Diese hier reift bei Temperaturen deutlich über der üblichen für Irdenware.

Oben: Detail einer lebensgroßen, aus Scheiben aufgebauten und dann veränderten Irdenware-Skulptur von Philip Eglin. Er trägt Oxide und Färbstoffe in plastischem, lederhartem, knochenhartem und schrühgebranntem Stadium auf und zum Schluß eine bei 1.060° gebrannte Klarglasur.

Unten: Für diesen 25 cm hohen Krug von Daphne Carnegy wurde die nebenstehende Glasur verwendet. Zur Abhebung der Früchtedarstellung vom Hintergrund diente eine Wachsabdeckung, und die Farben wurden auf die ungebrannte Glasur aufgemalt.

Transparente Weißglasur 1.060°C

56 Bleibisilikat	7 Kaolin
30 Feldspat	5 Kreide

Dies ist eine bewährte Transparenzglasur, gut auf Schlicker. Beim Zusatz von 10 % Zinnoxid ist es eine undurchsichtige weiße Majolika-Glasur.

Unempfindliche Klarglasur 1.050°C

75 Bleisesquioxid	18 Kaolin
	6 Quarz

Diese Glasur wurde von Mary Wondrausch für Irdenware mit Schlickerornamenten entwickelt. Sie beschreibt sie als unempfindlich und »gutartig«, da sie nicht reißt oder herabläuft. Ein Zusatz von 1 % Eisenoxid macht sie goldfarbig, 2–3 % Eisenoxid führt zu Bernsteinfarbe. Man soll sie bei 1.050°C während einer Stunde tempern.

Johannes-Peters-Glasur 1.220°C

72 Nephelin-Syenit	6 Weißer Steinzeugton
9 Kalziumborat	7 Talkum

Diese Glasur reift bei niedrigerer Temperatur als der für übliches Steinzeug angesetzten, und bei 1.220° verglast der Tonkörper kaum. Daher kommt sie nur für hochbrennende Tone in Frage und ist am ehesten als »weiche Steinzeugglasur« zu bezeichnen. Schlicker unterschiedlicher Stärke und Farbe kommen durch diese feine Klarglasur vorzüglich zur Geltung. Johannes Peters setzt abwechselnd kremfarbenen und weißen Schlicker auf rotem Ton ein und malt dann in Kobalt Dekorationen auf.

Unten: Für sein Gebrauchsgeschirr trägt Johannes Peters weißen und kremfarbigen Schlicker auf roten Ton auf. Dazu kommt dann die nebenstehend beschriebene Glasur mit einem leichten Krakelee-Effekt.

Steinzeugglasuren

1 BNO 1.250°C oxidierend

50 Cornishstone (Pegmatit)	10 Quarz
35 Kaolin	5 Kreide
20 Dolomit	

Mattglasuren erwecken oft den Eindruck, als seien sie zu wenig gebrannt. Diese Glasur hier gehört nicht dazu. Dolomit verleiht ihr den hafermehligen Charakter und schwächt und modifiziert die normalerweise starken Oxidfarbstoffe. Es ist von Vorteil, wenn die Glasur dick aufgetragen wird (sie wird weißer). Ein Zusatz von 8 % Eisenoxid erzeugt ein schönes Braun (siehe Farbmuster 1 a), nicht zu glänzend und gut geeignet für Tischgeschirr. Ein Zusatz von nur 5 % Eisenoxid plus 2,5 % Zinnoxid führt zu einem wachsigen Englischrot.

2 Red Reserve 1.280°C

26 Ball Clay	16 Kreide
26 Quarz	12 Rotes Eisenoxid
21 Feldspat	

Eine strahlende Purpurrotglasur. Wenn Titandioxid dünn aufgemalt wird, gibt es einen goldfarbenen Schimmer.

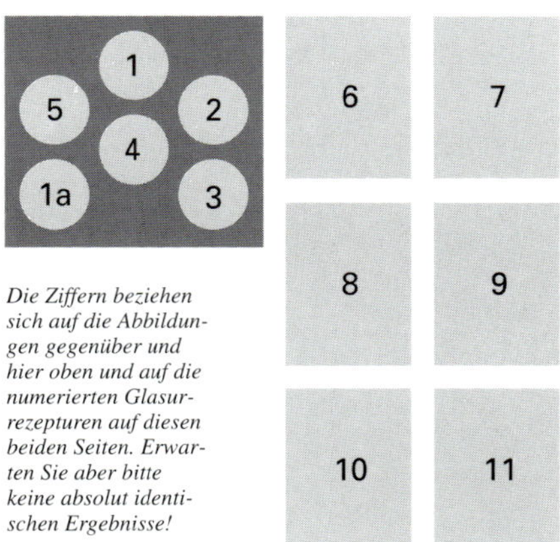

Die Ziffern beziehen sich auf die Abbildungen gegenüber und hier oben und auf die numerierten Glasurrezepturen auf diesen beiden Seiten. Erwarten Sie aber bitte keine absolut identischen Ergebnisse!

4 Abreys Craquelé 1.250°C oxidierend

40	Feldspat	5	Titandioxid
30	Kreide	0,25	Kobaltoxid
25	Steinzeugmasseton	0,25	Nickeloxid
25	Ball Clay		

Gerald Abrey, einem Metallurgisten, verdankt diese Glasur ihren Namen. Sie war während Jahren meine bevorzugte Glasur für Geschirr. Sie ist blaß graublau gesprenkelt. »Craquelé« (= Krakelierung) weist auf ein körniges Aussehen hin, das vom Titandioxid herrührt. Erhöht man das Kobaltoxid auf 5 % und läßt das Nickeloxid weg, gibt es ein leuchtendes Blau. Werden beide Oxide weggelassen, bleibt die Oberflächenbeschaffenheit, aber die Farbe verblaßt zunehmend.

5 Klare Feldspatglasur 1.250°C

58	Feldspat	6	Ball Clay
17	Kreide	5	Zinkoxid
14	Flint		

Diese Glasur ist eher durchscheinend als durchsichtig, mit dem typischen »Milch-und-Wasser-Effekt« der Feldspatglasur. Wird sie dick aufgetragen, entstehen feine glitzernde Bläschen in der Glasur. Sie läßt sich gut mit Kupferoxid (1 %) zu einem Graugrün kombinieren – einer Seladonglasur ohne Reduktionsbrand.

6 Hamada-Tenmoku 1.250°C

40	Quarz	11	Kreide
21	Feldspat	8	Asche
15	Eisenoxid	5	Kaolin

Der massive Zusatz von Eisenoxid bewirkt eine dunkelbraun glänzende Glasur, die sehr gefällig wirkt auf Geschirr und Krügen. Reduzierender Brand ergibt die besten Resultate.

7 Lucie-Rie-Weiß 1.250°C oxidierend

58	Feldspat	10	Zinnoxid
14	Kaolin	8	Kreide
10	Zinkoxid	8	Quarz

Diese berühmte, glänzend weiße Glasur auf den Geschirren von Lucie Rie wird oft mit Mangan- und Kupferkarbonat auf den Rändern braun gefärbt. Man kann es mit weniger Zinnoxid (5 oder sogar 2 %) versuchen, aber es ist aufwendig zu machen und neigt, wenn auf Biskuitware angewendet, zum Aufrollen, wahrscheinlich wegen des hohen Zinkgehalts. Lucie Ries Gefäße werden nur einmal gebrannt (siehe Seite 137), was das angedeutete Problem vermeidet.

8 Gills Weiß 1.250°C oxidierend

50	Feldspat	10	Kreide
20	Zinkoxid	10	Zinnoxid

Dieses einfache Rezept steht für eine sehr schöne, glänzende weiße Glasur. Ein wenig Quarz (2 %) ist möglicherweise nötig, um der Rißbildung entgegenzuwirken, da nicht alle Tonkörper problemlos reagieren. Es ist eine ausgezeichnete und weniger glänzende Glasur für nur einmal gebrannte Ware. Wie alle Zinnoxid-Glasuren ist sie aufwendig zu machen.

9 Bryans Gold 1.250°C

54	Kaolin	13	Feldspat
27	Kreide	6	Gelbocker

Diese von Bryan Newman angewendete Glasur, leicht modifiziert, gibt wegen des hohen Gehalts an Kaolin eine sehr trockene Oberfläche. Der Gelbocker (eine schwache Form von Eisenoxid) erzeugt einen interessanten Sprenkeleffekt. Eine dünne Glasur führt zu einem Braun, eine dicke zu einer Cremefarbe.

3 Ruths Grün 1.250°C–1.280°C

40	Feldspat	20	Kreide
38	Kaolin	4	Kupferoxid

Eine ausgezeichnete Glasur für Tafelware. Das Grün wird stärker bei erhöhtem Kupferoxidzusatz, bis es ein Metallschwarz annimmt.

10 Dunkelgrün 1.280°C oxidierend

48	Feldspat	10	Quarz
22	Kaolin	3	Kupferoxid
20	Kreide		

Diese gefällige dunkelgrüne Glasur mit einer sehr glatten Oberfläche hat kleine schwarze Einsprengsel vom Kupferoxid. Setzt man anstelle von Kupferoxid 1 % Kobalt- und 1 % Zinnoxid zu, erhält man ein ebenso reiches Dunkelblau.

11 Bryanston 1.280°C reduzierend

50	Feldspat	9	Ball Clay
18	Quarz	8	Kreide
10	Kaolin	5	Talk

Das Rezept für diese Glasur wurde mir vom australischen Töpfer Steve Sheridan überlassen, der an der Bryanston-Schule in Dorset, England, Töpferei lehrt. Er verwendet sie im reduzierenden Brand. Mit einem Zusatz von 2 % Eisenoxid entsteht ein prachtvolles rauchiges Grün. Oxidierend und ohne Eisenoxid entsteht ein gutes, stabiles Weiß. Steve Sheridan betont die Haarrisse, indem er seine Gefäße mit Sepiatinte einreibt.

Ascheglasuren

Standardascheglasur	1.250°C
40 Asche	20 Ball Clay
40 Feldspat	

Glänzende Ascheglasur (mit Haarrissen)	1.250°C
50 Asche	50 Feldspat

Trockene Ascheglasur	1.250°C
50 Asche	50 Kaolin

Asche für sich allein wirkt als Glasur: sie läuft gewöhnlich herunter und eignet sich am besten zum Glasieren der Innenseite und auf der obersten Partie der Außenseite eines Gefäßes, so daß das Gefäß nach dem Brand nicht auf der Unterlage kleben bleibt. Bei einer reich mit Kalium ausgestatteten Holzasche kann der Glanz vermindert werden, je nachdem man mehr oder weniger Kaolin zusetzt.

Das Problem mit Ascheglasuren liegt darin, daß Sie sie nie genau wiederholen können, sobald die Quelle der verwendeten Asche erschöpft ist. Es lohnt sich aber grundsätzlich, sich an die Standardglasur zu halten, wobei Sie anstelle von Ball Clay mit Kaolin, Kreide und Talk und natürlich mit Oxidzusätzen experimentieren können. Kleinste Oxidzusätze wirken sich sichtbar aus; so produziert zum Beispiel 1 % Zinnoxid feine weiße Linien in der Glasur. Ascheglasuren eignen sich eher für reduzierenden Brand: sie sehen gewöhnlich besser aus. Wie in Kapitel 20 erklärt wird, ist es die veränderte Farbe des Scherbens unter der Glasur, die dem Gefäß ein reicheres Aussehen verleiht – tiefer im Ton und mehr rauchfarbig.

Die Trockenascheglasur (siehe Rezept oben) eignet sich nicht für Tafelgeschirr, kann aber für Skulpturen verwendet werden, obschon es unmöglich ist, eine gleichmäßige Farbe zu erreichen. Je dicker die Glasurschicht, desto blasser wird sie in der Farbe. Herrliche Farben lassen sich mit wenigen Prozenten Eisenoxid (braun), Kobaltoxid oder Kobalt- und Nickeloxid (graublau) hervorbringen.

Porzellanglasuren

Lassen Sie sich durch diese Bezeichnung nicht verwirren. Porzellan benötigt keine Spezialglasur, sondern einzig eine gewöhnliche Glasur, die bei der entsprechenden Temperatur von 1.250°C bis 1.300°C ausreift. Aus diesem Grund lassen sich alle Steinzeugglasuren und auch die Ascheglasuren vom vorhergehenden Abschnitt ebenfalls auf Porzellan einsetzen, obschon viele unter ihnen weniger erfolgreich sind als auf dem gröberen Steinzeugton. Die folgenden beiden Glasuren haben sich auf Porzellan besonders bewährt – ich liebe sie beide.

Gilberts Weiß	1.250°C
40 Feldspat	15–20 Holzasche, gut gewaschen
38 Kaolin	0,1 Kupferoxid (fakultativ)
20 Kreide	

Eine außerordentlich schöne Wachs- oder Trockenglasur; diese zeigt sich als sehr weiß auf den scharfen Rändern vom Porzellan. Das Kupferoxid erzeugt ein helles Türkis, falls die Asche nicht eine starke Eigenfärbung produziert. Gut gewaschene Asche ist eher arm an Kalium, was die Glasur matt macht. Das Rezept kam ursprünglich von Gilbert Harding-Green und stellt eine modifizierte Variante von Ruths Grün-Glasur dar.

Takeshi-Klarglasur	1.250°C
20 Feldspat	15 Kaolin
20 Kreide	15 Quarz
15 Nephelin-Syenit	10 Talk
	2 Knochenasche

Diese transparente Glasur von Takeshi Yasuda ist meine bevorzugte Glasur für Porzellan. Es ist eine strahlende Glasur, die herrlich krakeliert. Ein kleiner Zusatz von Eisenoxid führt zu einer grünlichen Farbe (im Reduzierbrand) oder zu einem Braun.

Oben links: Eine Ascheglasur nach dem Standardrezept, mit Pappelasche.
Rechts: Eine Platte mit Salzglasur von Jane Hamlyn. Der helle Sprenkeleffekt auf dem breiten Rand ist typisch für Salzglasuren.

Salzglasuren

Unter Salzglasur versteht man das Verfahren, ein Gefäß (anstatt durch Schmelzen einer auf den Tonkörper aufgetragenen Schicht) dadurch mit einem verglasten Überzug zu versehen, daß dieser auf dem Höhepunkt des Brandes im Ofen aufgedampft wird. Bei der geschätzten Bizen-Ware mit ihren Zufallsmustern geschah das durch aus Holzkohle frei werdendes Kalium, stärker verbreitet ist jedoch die Verwendung von Kochsalz (Natriumchlorid) oder Soda (Natriumbikarbonat), das sich beim Verdampfen als Glasur niederschlägt und zu gesprenkelten, tröpfchenartigen Effekten führt.

Salzglasierte Töpferei ist buchstäblich an beiden Enden der Keramikprodukte gebräuchlich: einmal bei den Skulpturkeramikern, die die Spannweite und die Oberflächenqualität der Salzglasur bewundern, und zum zweiten bei den Herstellern von Tonabflußröhren, für die die Salzglasur eine billige und einfache Möglichkeit darstellt, wasserdichte Kanalisationsröhren als Massenware zu produzieren. Wird gewöhnliches Kochsalz (Natriumchlorid) portionenweise in die Brennkammer eines Ofens geschaufelt, bildet sich vom Natrium auf der Keramikware und auf den Ofenwänden eine Glasurhaut, während sich das Chlor als giftiges Gas verflüchtigt. Unnötig zu sagen, daß solche Glasuren einen im Freien mit Brennstoff arbeitenden Ofen

Teekanne von Ruthanne Tudball. Die Natriumglasur ist durch die Verbindung mit dem Silizium im Tonkörper im wesentlichen durchsichtig, nimmt aber Farbe aus jedem beliebigen Schlicker auf, der auf das ungebrannte Gefäß aufgetragen wurde. Hier schlagen die Orange– und Pinktöne an den Stellen durch, wo der Glasurauftrag zu dünn ist, um eine dicke Schicht zu bilden. Diese auf der Scheibe gedrehte und dann veränderte Teekanne mit ihren weichen Foremn ist ideal geeignet für diese Art der Glasur.

voraussetzen, der mit einem guten Kamin ausgerüstet ist. Die resultierende Glasur, die sich bei Steinzeugtemperaturen bildet, ist gesprenkelt, zwischen grau und braun, mit einem Lüsterglanz. Man kann sie auf Ingwerbierkrügen und auf den berühmten Bartmannkrügen finden. Eine ähnliche Glasur mit Pinktönung entsteht bei Verwendung von Sodaasche (Natriumbikarbonat) anstelle von Kochsalz.

Der Einsatz gefärbter Schlicker, vor allem unter Verwendung von Kobalt, erweitert die Farbpalette, und in jüngster Zeit ist salzglasierte Ware auch bei führenden Töpfern sehr populär geworden.

Andererseits macht man sich inzwischen dank des gesteigerten Umweltbewußtseins auch mehr Gedanken über die schädlichen Auswirkungen der Chlorsalze auf die Umwelt und nicht zuletzt den Töpfer selbst und setzt daher stärker auf das umweltfreundlichere Soda. Als Natriumbikarbonat oder auch -karbonat bietet es eher eine noch breitere Farbpalette, und daher ist es nicht weiter verwunderlich, daß es an Popularität gewinnt. Es wird wie das Salz beim Erreichen von Steinzeugtemperaturen in den Ofen eingeführt, gewöhnlich durch Einsprühen einer Lösung. Nähere Hinweise finden sich auf Seite 178.

Leider stehen diese Aufdampftechniken demjenigen, der in einem Elektroofen brennt, nicht zur Verfügung; denn die Dämpfe würden die Heizelemente ruinieren, und außerdem ist aus Gesundheitsrücksichten ein Rauchgaskanal unbedingt erforderlich.

Das Einbrandverfahren

Glasuren mit vertrauten Qualitäten auf einem bestimmten Ton können sich auf einem anderen gänzlich anders verhalten. Die Kombination einer durchscheinenden Bernsteinglasur auf Irdenware mit einem roten Ton erzeugt ein gefälliges, reiches Braun; die Wirkung von Tonschlickern unter den Glasuren wird in Kapitel 18 beschrieben. Eine Glasiermethode, die die Qualität der Glasur entscheidend verändert, ist die Methode der Rohglasierung oder des Einbrands. Nach diesem Verfahren wird die Glasur direkt auf das trockene, grüne Gefäß aufgetragen und nur einmal gebrannt bis zur Garbrandtemperatur der Glasur. Die Glasur verbindet sich – wie nicht anders zu erwarten ist – sehr eng mit dem Tonkörper; die Oberfläche ist häufig weniger glänzend, als wenn dieselbe Glasur auf einem Biskuitgefäß aufgetragen wird.

Lucie Rie und Hans Coper wenden das Einbrandverfahren in ihrem gesamten Werk an. Es ist eigentlich erstaunlich, daß es nicht stärker verbreitet ist, zumal es doch Brennstoff einspart. Sparsamem Brennen auf der einen Seite steht allerdings ein erhöhtes Risiko von Fehlschlägen auf der anderen Seite gegenüber, besonders im Stadium der Glasurapplikation. Ist die Ware dann gebrannt, ist sie einzigartig, wie aus einem Guß. Wenn Sie einen entsprechenden Ofen haben, ist ein Versuch bestimmt lohnend. Jemand, der im Keramikunterricht einen Glattbrandofen einsetzt, wird jedoch die Einbrandware nicht akzeptieren; die Gefahr des Zerspringens, bei dem die anderen Arbeiten beschädigt werden könnten, ist zu groß.

Fehler und Hilfsmaßnahmen

Im Gegensatz zum Medizinstudenten, der erst die Anatomie des Menschen studieren muß, bevor er an die Behandlung von Krankheiten denken darf, lernen die Töpfer ihre Materialien kennen, indem sie versuchen, Fehler zu »kurieren«.

Die Rißbildung

Der kurze unmusikalische Ton, wenn die Glasur auf einem frisch aus dem Ofen kommenden Gefäß zerspringt, ist für den Töpfer alles andere als Musik: es bedeutet, daß auf der Glasur feine Haarrisse aufgetreten sind, die sich wie ein Netz von Linien über das ganze Gefäß ausbreiten, sich mit der Zeit mit Schmutz auffüllen und so immer mehr auffallen. Obschon in der östlichen Keramik teilweise erwünscht, wo Oxide in die Risse eingerieben werden, sind die Haarrisse beim Tafelgeschirr generell unerwünscht. Ein abrupter Temperaturwechsel – z. B. wenn ein zu früh aus dem Ofen genommenes Gefäß kalter Luft ausgesetzt wird – fördert Haarrisse, kann aber auch Servierplatten unhygienisch verunstalten, die zum Warmhalten der Speisen in den Backofen geschoben werden.

Der Grund für dieses weit verbreitete Problem liegt darin, daß Glasur und Tonkörper gegenseitig nicht ausgewogen sind. Irdenwareglasuren sind gewöhnlich nach dem Brennen in einem gewissen Druckzustand, ausgelöst von der größeren Schrumpfung des Körpers beim Abkühlen. Ist kein Druck (Kompression) vorhanden, so entstehen Risse, die sich ausbreiten.

Um die Rißbildung zu verhüten, muß man entweder den Ton oder die Glasur anpassen. Merkwürdigerweise erhöht ein Zusatz von Kieselsäure in Form von Flint oder Quarz zum Ton die Schrumpfung im Körper, reduziert andererseits die Schrumpfung der Glasur, wenn der Zusatz zur Glasur erfolgt. In beiden Fällen wird die Glasur in den erwünschten Zustand der Kompression gebracht. Für den Amateurtöpfer ist es in der Regel einfacher, die Glasur an den vorhandenen Ton anzupassen. Leider verändert aber der Zusatz von Kieselsäure die Glasurqualität, weshalb dieser in kleinen Dosierungsschritten, beginnend mit 1 %, vorgenommen werden soll. Wie weit man gehen muß, bis der Rißfehler behoben ist, kann nur der Test beantworten.

Bei Irdenwareglasuren kann ein Zusatz von Borax eine Glasur korrigieren, die zu Rißbildung neigt. Borax, selber ein Flußmittel, kann sogar Glasuren zugesetzt werden, in denen Blei das Hauptflußmittel ist.

Eine wirklich gute Vorsichtsmaßnahme gegen Risse in Irdenware ist der Biskuitbrand des Tonkörpers auf über 1.100°C. Er bewirkt, daß sich der Körper bei niedrigen Temperaturen, bei denen er hernach glasiert wird, mehr zusammenzieht und damit der Glasur zum erwünschten Zustand der Kompression verhilft.

Die Verbindung zwischen Glasur und Körper ist bei Steinzeugtemperaturen sehr eng; je näher verwandt sie keramisch-chemisch sind, umso geringer ist das Risiko der Rißbildung. Selbst bei guter Abstimmung der Glasur auf den Tonkörper können jedoch Risse auftreten, wenn die Glasur ungleichmäßig oder unvernünftig aufgetragen worden ist. Öffnet man den Ofen nach einem Glasurbrand zu früh, streicht die kalte Luft schockartig über die Glasur, bevor sie den Tonkörper erreicht, es bilden sich Risse, die man hätte vermeiden können. Leider ist die Versuchung, den Ofen zu öffnen, während er noch warm ist, groß; man kann ihr nur schwer widerstehen.

Glasurhaarrisse werden manchmal mit »Krakelierung« bezeichnet, insbesondere von Auktionatoren und Händlern, die hoffen, diese Bezeichnung könne über Fehler hinwegtäuschen. Haarrisse oder Risse gehören zum Habitus von Rakuware, welche im Kapitel 21 beschrieben ist.

Abblättern, Absplittern oder Abschälen ist eine besondere Form der Rißbildung. Die unter übermäßiger Kompression stehende Glasur bricht vom Körper weg, insbesondere an den Kanten. Dies ist ein schwerwiegender Fehler der Töpferware, weil Stückchen von der Glasur – oder vom Glas – abbrechen und sich mit den Speisen vermischen können. Obschon das Abblättern praktisch vom Reißen der Glasur optisch nicht zu unterscheiden ist, kann man das letztere spüren: das Liniennetzwerk ist beim Berühren leicht erhöht, weil solche Stellen hart gegeneinander pressen. Die häufigste Ursache ist zuviel Kieselsäure im Körper oder in der Glasur. Am besten wirft man eine derartige Glasur weg und bereitet eine neue mit weniger Flint oder Quarz auf.

Das Schrumpfen oder Zusammenziehen

Dies ist ein lästiger Fehler mit unheilvoller Auswirkung auf die fertige Töpferware. Die Glasur zieht sich von gewissen Stellen des Gefäßes zurück und läßt eine rohe Narbe zurück. Es gibt dafür zwei Ursachen, die beide zu beheben sind. Das Vorhandensein von Öl- und Fettflecken oder Staub auf dem Biskuitgefäß allein bewirkt dieses fatale Zusammenziehen, dabei genügt schon das normale Hautfett auf den Fingern bei einem des öfteren in die Hand genommenen Gefäß. Aber auch ein für längere Zeit auf dem Gestell liegen gebliebenes und dabei Staub anziehendes Biskuitgefäß zeitigt dasselbe Resultat. Wenn der Töpfer den Verdacht hegt, daß die unglasierte Ware entweder fettig oder staubig ist, lohnt sich ein zweiter Biskuitbrand zum Reinigen der Oberfläche, selbst wenn man damit eine zusätzliche Wartezeit in Kauf nehmen müß.

Das Schrumpfen der Glasur ist vermeidbar.

Ein Zusammenziehen der Glasur stellt man auch fest, wenn die auf das Gefäß aufgetragene Glasur zu schnell austrocknet und die Oberfläche sprengt – wie der Schlamm in einer ausgetrockneten Pfütze. Solche Risse lassen sich sorgfältig mit den Fingerspitzen glätten, indem man gleichzeitig Glasurpulver in die Risse einreibt.

Es ist sehr zu empfehlen, die Gefäße auf oberflächliche Risse in der getrockneten Glasur zu prüfen, bevor Sie sie in den Ofen einsetzen. Geht ein frisch glasiertes Gefäß mit irgendwelchen Rissen in der Glasuroberfläche in den Ofen, kann die Oberflächenspannung der schmelzenden Glasur ein Zurückrollen der Glasur bewirken (besonders bei einer dick aufgetragenen Glasur), was häßlich aussieht. Das kann aber auch geschehen, wenn Sie ein frisch glasiertes Gefäß in den Ofen einsetzen, bevor die Glasur ganz trocken ist. Dann bilden sich beim Aufheizen meistens auch Risse, die zum Zusammenziehen der Glasur führen; die Feuchtigkeit verdunstet dabei als Dampf. Auch ein Glasieren der noch warmen Biskuitware führt vor dem Brand oft zu Rißbildung auf der glasierten Oberfläche. Dasselbe trifft zu, wenn Sie eine zweite Glasurschicht aufbringen.

Matte Glasuren neigen mehr dazu sich zusammenzuziehen, als glänzende Glasuren, die leichter fließen. Glasuren, die Zink oder Zinn oder eine Kombination von beiden enthalten, leiden oft an diesem Übel. Es läßt sich durch proportionales Reduzieren dieser Stoffe in den folgenden Glasurmengen beheben. Schließlich kann sich eine Glasur, die problemlos über einen Ton fließt, über ein Band von Schlicker zurückrollen, besonders wenn es sich um einen dunklen Schlicker handelt.

Die Blasenbildung

Unschöne Blasen bilden sich manchmal bei der Verwendung von zu viel Chrom, in Kombination mit anderen färbenden Oxiden. Sie können aber auch bei bleihaltigen Irdenwareglasuren in reduzierender Ofenatmosphäre entstehen (siehe Kapitel 20). Dort, wo der Verursacher bereits in der Glasur enthalten ist, gibt es nur eines: frisch anfangen mit einer neuen Glasur. Manchmal allerdings kann die Ursache auch im Überbrennen liegen; in einem solchen Fall liegt die Schadenbehebung auf der Hand.

Blasenbildung tritt ebenfalls bei zwei sich nicht vertragenden Glasuren auf, die sich überlappen. Es bleibt dann eine kleine Gasblase unter der obersten Glasurschicht, selbst bei abgekühltem Gefäß. Der Spieß läßt sich jedoch auch umkehren, indem man aus der Not eine Tugend macht: Blasen als Dekorationselement, auf Oberflächen von Nicht-Tafelgeschirr; sie werden abgeschliffen, so daß ein spitzenähnliches Muster entsteht.

Die Bildung von »Nadelstichen«

Dieser verbreitete Fehler geht auf ein eruptives Verhalten während des Brennens im Ofen zurück, entweder im Glasurmantel oder im Körper selber. Kleine Eruptionen von Gasen aus dem Innern der Glasur hinterlassen unschöne Krater. Die Nachbehandlung kann im Durchtränken der Glasur, für wenige Minuten und bei hoher Ofentemperatur, mit geschmolzener Glasur bestehen, so daß sich eine gleichmäßige Glasurschicht über die Narben legt. Bei einer matten Glasur indessen versagt diese Lösung, weil eine solche Glasur auf der Gefäßoberfläche nie sehr flüssig ist.

Kommen die Eruptionen aus dem Körper, bilden sie auf der Oberfläche kleine Pockennarben, was auf Steinzeug von rustikalem Aussehen durchaus attraktiv sein kann. Einige Töpfer helfen nach und setzen dem Ton des Körpers 1 % Siliziumkarbid zu.

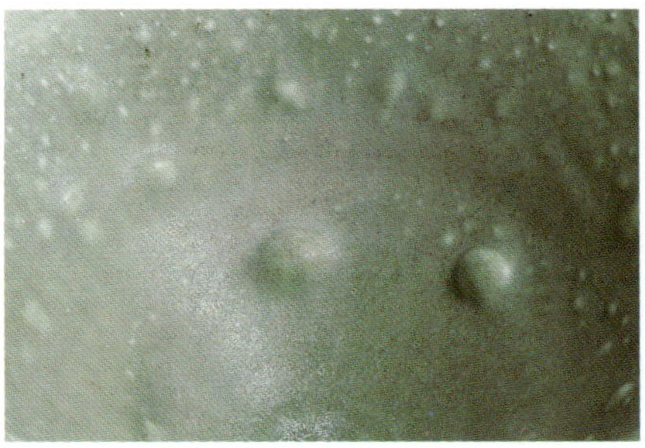

Ganz oben: Nadelstichporen auf Tafelgeschirr sind ein Ärgernis. Sie können aber andererseits attraktiv sein wie auf dem Steinzeuggefäß von Lucie Rie.

Oben: Blähungen sind immer häßlich.

Das Blähen

Das Aufblähen des Scherbens durch Gase, das zu großen Blasen führt, ist kein eigentlicher Glasurfehler. Er wird offenbar beim Glasurbrand, hervorgerufen von der höheren als der für Scherben empfohlenen Temperatur, in Form von sogenannten Überfeuerungsblasen. Eine andere Ursache sind Verunreinigungen im Ton durch Fremdkörper. Ein geblähtes Gefäß läßt sich nicht korrigieren.

Bildung von Brenn- und Kühlrissen

Wenn beim Glasurbrand solche Risse entstehen oder das Gefäß auseinanderbricht, dann bin ich versucht, vom letzten Glasurfehler zu sprechen. Ein wichtiger Grund ist ein überschnelles Abkühlen nach dem Brand, ferner die Tatsache, daß auf einer Ofenplatte stehende Gefäße ohne Fußring in der obersten Partie schneller abkühlen als am Boden.

Eine Spielart dieser Rißbildung hat mich bei Porzellan viel Mühe und Enttäuschung gekostet. Ist der Scherben sehr dünn aufgedreht, kann die Glasur eine Druckspannung erreichen, die für den Scherben zu groß ist; es bilden sich dabei nicht nur Risse, sondern das Gefäß bricht entzwei. Wie lassen sich solche extremen Schäden verhüten? Man setzt der Glasur Flint zu und nimmt der Glasur damit etwas von dem Druck, oder man hält die Ofentemperatur auf dem Punkt der Glasbildung und »tempert« die Glasur für kurze Zeit (siehe Kapitel 20), dann läßt man langsamer auskühlen.

Das Unter- und Überbrennen

Beide Fehler sind eher auf die Ofen- und Brenntechnik zurückzuführen als auf die Glasierung. Es gehört zum unnötigen Kraftverschleiß, wenn man eine sorgfältig aufbereitete Glasur nicht auf der optimalen Temperatur brennt. Eine Abweichung um 10°C kann dafür verantwortlich sein, ob ein Gefäß Feld-Wald-und-Wiesencharakter hat oder eben heraussticht.

Die Charakteristik von untergebrannter Ware ist unmißverständlich: die Oberfläche ist stumpf und langweilig wie eine unreife Birne. Ist es nicht möglich, die Ofentemperatur zu variieren (zum Beispiel dann, wenn viele Schüler denselben Ofen teilen müssen), sollte man von einer Glasur, die nicht voll ausgeschmolzen wird, absehen.

Übergebrannter Ware sieht man die sirupähnlich hinuntergelaufene Glasur an. Wahrscheinlich läuft die Glasur entlang der Innenseite des Gefäßes in eine Lache ab oder auf der Außenseite so, daß das Gefäß auf der Ofenplatte kleben bleibt. Die Schwerkraft beeinflußt die Qualität der Glasur: manchmal hält sich eine bestimmte Glasur vorzüglich auf einer flachen Platte, läuft jedoch kläglich dünn die senkrechten Flächen eines Gefäßes herunter. Aus diesem Grund ist bei der Wahl der Glasur immer die Gefäßform miteinzukalkulieren.

Experimentieren mit Glasuren und Scherben ist recht und gut für jemanden, der viel Zeit dafür aufwenden kann. Für den Töpfer, der seine Zeit nutzen muß, und der viel Arbeit in ein einzelnes Gefäß steckt und Enttäuschungen mit dessen Glasur erlebt hat, gibt es einen Hoffnungsschimmer: er kann eine zweite Glasurschicht auftragen und das Gefäß nachbrennen. Das Resultat einer Kombination von zwei verschiedenen Glasuren, zu verschiedenen Zeiten gebrannt, ist kaum als Mischung der beiden erkennbar. Sie kann indessen durchaus besser sein als die Originaloberfläche. Um die Haftung der zweiten Glasur zu verbessern, wärmen Sie das Gefäß mit Vorteil leicht auf und setzen Sie ein Klebmittel zur Glasur zu, z. B. Gummi arabicum oder selbst Zucker, die beide keinen negativen Einfluß auf die Glasur haben. Es ist nicht ganz einfach, die zweite Glasurschicht gleichmäßig über die Erstglasur zu legen; das Übergießen des Gefäßes eignet sich weniger dafür. Darum wird empfohlen, die zweite Schicht mit einem Zerstäuber aufzubringen.

Links: Blasenbildung – eine Glasur überlagert die andere. Abgeschliffene Blasen erzeugen ein Muster wie auf dieser anmutigen Porzellanschale von Suzanne Bergne.

Verzierung durch Gestaltung

Natürlich ist alles schon einmal vor Tausenden von Jahren gemacht und gut gemacht worden, so daß Herz und Hand zaudern beim Gedanken an eine Verzierung eines Gefäßes. Jede Kultur, die ich vor mir Revue passieren lasse, hat ihre eigenen Meister im Dekorieren – denken Sie an die minoischen Vasen, an die persische Keramik, an die Mimbres-Indianer in Nordamerika ... Beim Töpfern verbinden sich oft Form und Dekor, so daß es schwierig festzustellen ist, wo die Gefäßform endet und der Dekor beginnt. Der Henkel oder die Tülle eines funktionalen Gefäßes können Teil eines kühnen oder schwierigen Konzepts sein. Aber es kann auch der Dekor, besonders wenn es sich um eine Gestaltung durch Bemalung handelt, allein der tiefere Grund für die Fertigung eines Gefäßes sein.

Gegenüber: In einer Platte von Katherine Pleydell Bouverie *wurde weißer und brauner Schlicker auf beide Arten, konventionell und unkonventionell, aufgetragen, das östliche und das westliche Erbe miteinander verbindend. Durchmesser: 30,5 cm.*

17

Mehrfarbige Tone

»Wir«, schrieb Bernard Leach, »haben die ganze Welt vom Reiz der Schönheit zu überzeugen. Es ist nicht einfach, einen kühlen Kopf zu bewahren im Wirbel der Zeit.«

Er fährt fort zu erzählen, wie das Kriterium der Schönheit ihn geleitet habe und wie die zwei Pole der englischen Tradition und der japanischen Kultur ihm ein Leben lang zur Herausforderung wurden, sie zusammenzubringen. Niemand hat schöner und mit größerer Leidenschaft über Keramikgefäße geschrieben als Leach. Aber seither ist die verwirrende Vielfalt von Möglichkeiten, mit denen der Anfänger konfrontiert wird, noch größer geworden. Die Grenzen der Töpferei und ihrer Anwendung sind weiter und einige Techniken zugänglicher geworden.

Denjenigen, die kreativ blockiert sind (aus welchem Grund auch immer), sei in Erinnerung gerufen, daß Ton etwas Verbindlich-Gutartiges an sich hat und fast zu allem taugt. Ton kann aufzeichnen: eine in den Ton gepreßte Hand ist der Beweis dafür. Er kann gewissenhaft abbilden, entweder als identischer Abguß einer Form oder als Abdruck eines Autoreifens. Er kann die keramische Version von interessanten Objekten sein – von der Zitrone bis zur Limonadendose.

Die Inspiration sollte vor dem Gefäß kommen. Haben Sie in Gedanken stets präsent, was Sie zu erreichen wünschen, und planen Sie auch jede Verzierung, wenn Sie Ihr Gefäß planen. Die nächsten zwei Kapitel behandeln die Verzierung eines Gefäßes während oder nach dessen Fertigung. In diesem Kapitel werden Dekorationsmöglichkeiten mit dem Ton selber beschrieben.

Farbe und Gefüge sind die Variablen, die Ton anbieten kann. Bei der Verwendung von Tonen, die zu verschieden sind voneinander, besteht die Gefahr, daß sie sich beim Brennen wegen der verschiedenen thermischen Expansion aufspalten. Experimente lehren aber, daß gegensätzliche Charaktere durchaus ein gutes Gespann abgeben können. Ein einzelner Ton läßt sich mit verschiedenen Oxiden färben, mit feiner oder grober Schamotte schamottieren und sogar mit Materialien wie Kork versetzen, der im Ofen ausbrennt und »Pockennarben« zurückläßt, die durchaus dekorativ sein können.

Ewen Henderson hat eine Technik entwickelt, flache Tonflicken so zusammenzusetzen – entweder als Sandwich oder Seite an Seite, in einer Variation der traditionellen Aufbautechnik –, daß die Kontraste deutlich sichtbar werden. Auch bei einer strukturellen Riffelung ist die Verwendung von verschiedenen Tonen die zentrale Dekoration in Claudi Casanovas' Keramikskulptur. Obschon sein Werk großformatig ist, läßt sich die gleiche Technik auch bei kleineren Objekten von Töpfern anwenden.

Das Variieren der Farbe

Das Mischen von Tonen verschiedener Farbe hat eine lange Tradition. Das bestbekannte Produkt ist die englische Achatware (marmorierte Ware) aus dem 17. Jahrhundert. Sie übernimmt den Effekt des »durchwachsenen Specks« und setzt dunklen und hellen Ton zueinander, wobei die Farben absichtlich voneinander getrennt bleiben, indem der Knetprozeß aufgehalten wird. (In den deutschsprachigen Ländern nennt man diese alte Technik »Fladerung«.) Ist der Ton einmal in Scheiben geschnitten, kann er zu Tafeln gerollt werden für preß- oder höckergeformte Schüsseln. Die Oberfläche wird dann sauber geschabt, um die einzelnen Farbabgrenzungen hervorzuheben, die vom Tonroller mehr oder weniger verwischt wurden.

Neriage-Technik

Ein »Sandwich« von dunklem und hellem Ton wird in Streifen und dann in kleine Blöcke geschnitten. Diese lassen sich wieder zu Mustern arrangieren.

Millefiori-Techniken

»Millefiori« ist eine Technik des Glasmachers. Hier wird ein dunkler Körper um einen hellen Kern gerollt und in Scheiben geschnitten.

Ein Muster wird auf ein anderes gelegt – eine Spirale von schwarzen und weißen, streifigen Scheibchen hebt sich von den blasseren »Nachbarn« ab.

Links: Eine einfache Form – hier eine halbkugelförmige Schale von Jane Waller *– ist eine kluge Wahl, wenn ein starkes Muster aus dem Tonscherben selbst entwickelt ist. Die Technik wird unten im Bild gezeigt. Die gefärbten Kugeln nehmen nach dem Pressen eine Sechseckform an. Das Gefäß spricht nach dem Brand durch das harmonische Farbenspiel an. Durchmesser: 20,5 cm.*

Gegenüber: Eine handgeformte Platte von Ewen Henderson, *zusammengesetzt aus großen, dünnen, eingefärbten Tonflicken und -sandwiches, mit einer einzigen Glasur abgedeckt. Durchmesser: 25,5 cm.*

Kombination gefärbter Tone

1 Wie bei der Herstellung von Pralinen stellen die handgerollten und mit Oxiden gefärbten Tonkugeln eine Arbeit dar, die von Liebe zur Sache geprägt ist.

2 Eine Gipsform wird mit einem befeuchteten Tuch ausgeschlagen, bevor die Tonkugeln eine neben der anderen, farblich verschieden, ausgelegt werden.

3 Mit einem Stößel werden die Kugeln zusammengepreßt. Der Stößel ist mit einem trockenen oder in Öl getränkten Tuch umwickelt, sonst bleiben die Kugeln daran kleben.

Eine alternative Töpferei stellt das in Frankreich als Neriage-Technik bezeichnete Verfahren von integrierten Tonmustern dar. Dabei werden weniger aufs Geratewohl zusammengesetzte, dafür mehr kontrollierte Muster durch Laminieren von dunklen und hellen Tonen in einem Mehrfachsandwich erzeugt. Dieses wird dann vertikal in Streifen von gleicher Breite geschnitten. Legt man die Streifen nebeneinander, lassen sich breite Tonplatten herstellen. Eine über den Ton gezogene Ziehklinge kann ein schuppenartiges Muster hervorbringen (wie auf Seite 156 für Schlicker beschrieben). Es gilt auch hier: sobald die Platte gerollt ist, wird sie geschabt, um das Muster sauber hervorzuheben.

Den Variationen in den Arrangements von kombinierten, verschiedenfarbigen Tonen sind keine Grenzen gesetzt. Sie werden durch eine klare Glasur abgeschlossen. Die Verbindungslinien und -flächen zwischen Dunkel und Hell lassen sich effektvoll und gezielt mit einem Schwamm verwischen oder so ausführen, daß sie nach dem Brand unter einer Opakglasur durchscheinen. Ein gutes Beispiel für diese Methode sind die berühmten spiralförmig aufgedrehten Gefäße von Lucie Rie. Aus einem Klumpen Ton, in den dunkle und helle Bestandteile zusammengepreßt, aber nicht geknetet sind, dreht sie ganz einfach (!) ihr Gefäß auf, so daß sich ein breiter werdendes Band von dunklem Ton spiralig auf dem Gefäß emporwindet und später, nach dem Brennen, durch die Glasur durchscheint. Ein schönes derartiges Gefäß ist auf Seite 146 abgebildet.

Muster und Textur mit verschiedenfarbigen Tonen sind auch mit strengeren Mitteln fast automatisch machbar. Die englische Töpferin Jane Waller hat eine Technik entwickelt, nach der sie kleine Tonkugeln gleicher Größe nebeneinander in eine Preßform legt und diese dann mit einem Stößel zusammenklopft, so daß sie eine hexagonale Form annehmen wie Honigwaben. Zwischen die Preßformoberfläche und den Ton wird ein Tuch gelegt, um die zerbrechliche Struktur während des Austrocknens zusammenzuhalten; nachher kann das Tuch abgelöst werden.

Selbstverständlich ist der Bereich von Strukturen, die gegen eine Preßform gepreßt werden, fast unermeßlich. Stellen Sie sich beispielsweise vor, daß Sie eine Rolle von weißem Ton in ein dünnes Blatt von dunklem Ton wickeln, die entstehende Röhre sodann in kleine Scheiben schneiden, wie es etwa bei Lakritzen geschieht. Diese lassen sich dann auf Tontafeln einrollen und zu Plättchen schneiden oder in Preßformen arrangieren. Diese Arbeit ist außerordentlich zeitaufwendig und setzt absolute Sauberkeit und Genauigkeit voraus, denn nur wenn sich die Ingredienzien sauber abheben, treten die Muster oder Strukturen wie gewünscht hervor.

Es ist entmutigend, wenn derartige Strukturverzierungen im Ofen entzweibrechen. Der Grund liegt oft darin, daß zwischen den Oberflächen von angrenzenden Tonarten keine Bindung vorhanden ist; dies läßt sich am besten dadurch vermeiden, daß man für die verschiedenen Farben von der gleichen Tonmasse ausgeht. Man wählt zum Beispiel einen bestimmten weißen Spezialton oder einen weißen Steinzeugton, bereitet ihn auf und schneidet ihn in zwei Klumpen. Einer davon bleibt weiß, während der andere stufenweise mit Oxiden bis zu 7 % seines Trockengewichts eingefärbt wird. Kobalt, Eisen, Mangan und Ocker können alle separat verwendet oder zusammengemischt werden. Das im englischen Sprachraum so genannte T-Material enthält Molochitkörner (Kaolinschamotte), doch ist es ratsam, zusätzliche Schamotte – bis zu 10 % vom Trockengewicht des Tons – zuzusetzen, damit die Tonpartien nach dem Brennen nicht auseinanderbrechen.

Freidrehen gemischter Tone

Beim Drehen von dunklen und hellen Tonkugeln ohne Kneten tritt ein schraubenförmiges Muster auf, da sich die Tonpartikel spiralig aufwinden.

Mehrfarbton-Gefäße

OBEN:
ROBIN HOPPER
Moderne marmorierte Achattöpferware. Werden dunkle und helle Tone gemischt, wird die Klarheit des Strukturdekors durch das Freidrehen oder die Handhabung ganz allgemein beeinträchtigt. Sie kann erst wieder enthüllt werden, wenn die Oberfläche mit einem scharfen Messer oder mit einer Rasierklinge sorgfältig geschabt wird und das Gefäß unglasiert bleibt. Höhe: 20 und 26 cm.

RECHTS:
LUCIE RIE
Wenn dunkle und helle Tone auf der Töpferscheibe aus einem ungemischten Tonballen aufgedreht werden, windet sich ein spiraliges Muster das Gefäß hinauf. Wird das fertige Objekt aus zwei oder drei gedrehten Teilen zusammengesetzt, wie bei dieser klassischen Vase, muß man sehr auf eine gute Verbindung zwischen den Teilen achten. Hier scheint nach dem Brand Mangan im dunklen Ton durch die dick aufgemalte Glasur. Höhe: 43 cm.

UNTEN:
EWEN HENDERSON

RECHTS:
CLAUDI CASANOVAS

Die Verzierung liegt in der Struktur dieser beiden Gefäße. Nachvollziehbare Linien in der Schichtenbildung von Casanovas' verschlungenen Formen führen zu einem anorganischen und geologischen Aussehen. Hendersons komplexere Skulptur ist aus Porzellan- und Knochenporzellanton gefertigt, dann als Sandwich mit Steinzeugton geformt und mit Oxiden und Glasur versetzt.

Das Verzieren des Rohgefäßes

Die Griechen waren große Dekorateure von Töpferware, was soweit ging, daß bei vielen ihrer Keramiken Hauptzweck die Bemalung zu sein scheint. Bei den klassischen Gefäßen fanden sich jedoch selten eigentliche Meisterwerke des Dekors, und sie finden heute unter Historikern mehr Anklang als unter Künstlern. Nie erreichten die roten, schwarzen und weißen Figuren die Einheit mit dem Material des Gefäßes, wie dies etwa in der orientalischen und persischen Keramik der Fall war, in der die Kunst des Brennens zu einer einzigartigen Stimmigkeit mit den Stoffen geführt hat. Deren Gestaltung der Oberfläche ist so großartig, daß das Wort »Dekoration« fast eine Beleidigung ist, weil unter Dekoration mehr nur die Behandlung einer Oberfläche oder eines Objekts nach dessen Fertigung und weniger ein ganzes Gestaltungskonzept zu verstehen ist. Es gibt westafrikanische Gefäße, deren Gestaltung und Verzierung so überzeugend harmonisch ist, daß man kaum gewahr wird, wo das eine Element beginnt und das andere aufhört. Oder es finden sich unglasierte Vorratsgefäße für Lebensmittel von den Indianern im brasilianischen Mato Grosso, deren kühne Dekoration durch Bemalung auf die Unwiderstehlichkeit einer keramischen Oberfläche hinweist – einer Oberfläche, die geradezu nach einer Verzierung schreit, einer Rundum-Verzierung.

Im vorhergehenden Abschnitt habe ich die Umhüllung eines Gefäßes mit einer Glasur behandelt; ich hoffe, es ist deutlich geworden, daß eine sorgfältig abgestimmte Glasur allein schon eine passende Verzierung eines Gefäßes sein kann. Wie oft habe ich Schüler beobachtet, die, fest überzeugt von der Notwendigkeit einer Bemalung mit Blumen, ihr gut geformtes Gefäß »verschlimmbessern«, indem sie ein steifes und plumpes Sujet aufpinseln, das unmotiviert und in keinem Verhältnis zur Gefäßform ist.

Es gibt so wenig absolut gültige Regeln für die Verzierung wie eine »Grammatik« der Gestaltung. Ein streng geometrisches Muster kann ebenso angemessen sein wie ein freies oder wesenhaftes Ornament; ein brutal oder unnatürlich verzerrtes Gefäß kann in sich so erfolgreich sein wie eine delikat ausgeführte Tonarbeit mit Spitzenornamenten. In der folgenden Beschreibung der Techniken geht es nicht darum, eine über die andere stellen zu wollen. Für mich gilt nur ein Grundsatz für die Dekoration von Keramik: der Töpfer muß seiner Sache sicher sein und darf nicht zögern, er braucht eine gute Portion Selbstvertrauen. Die glühende Atmosphäre des Ofens bringt einerseits unsichere Dekors an den Tag oder entlarvt stümperhafte Pinselstriche, respektiert andererseits ein eigenständiges Dekorelement und die klar gezogene Linie oder die kompromißlos geschnittene Kante!

Oben: Die in den rohen Ton geprägten Zeichnungen von Paul Soldner erinnern an ein ägyptisches Flachrelief. Sie können abstrakt oder gegenständlich sein. Dieses Beispiel zeigt, wie gut die Dekoration auf die Form abgestimmt ist – sie sind nicht voneinander zu trennen.

Unten: Die Tradition, einem Gefäß eine Tierform zu verleihen, ist uralt und modern zugleich. Ein Fledermausgefäß eines Waura-Indianers aus dem brasilianischen Mato Grosso weist einfache Henkelnasen und einen stilisierten Kopf auf. Es stammt aus den sechziger Jahren.

Geprägte Gestaltungselemente (Stempel, Siegel)

Tonoberflächen lassen sich durch Prägen oder Stempeln verzieren, sowohl wenn der Ton plastisch als auch wenn er lederhart ist. Man könnte eine lange Liste von geeigneten Stempeln aus dem Haushalt zusammenstellen, mit denen sich entsprechende Verzierungen bewerkstelligen lassen. Aber Vorsicht: Sie sollten auf einem einzelnen Gefäß nicht mehr als ein oder zwei Sujets einprägen. Je einfacher das Muster dieses Siegels, umso besser ist es. Natürlich lassen sich effektvolle Stempel aus gebranntem Gips oder Holz speziell herstellen. Aber auch natürliche Formen sind als Siegel gut zu gebrauchen.

»Elements of Chance« von Tom und Elaine Coleman. *Die Dekoration ist ein integrierter Bestandteil dieses konstruktiv gestalteten Wandschmucks. Die bei geringer Temperatur gebrannten Elemente sind glasiert (oder bemalt). Die auffälligen Farben betonen die Textur und den kontrastierenden Charakter der einzelnen Teile.*

Prägen

Experimentieren Sie mit Alltagsobjekten, die sich als Prägestempel eignen, oder schnitzen Sie solche nach eigenen Ideen in Gips oder Holz.

Die besten, die ich je gefunden habe, sind die Samenkapseln des Eukalyptusbaumes, die ein strenges, sternförmiges Muster abgeben, das geometrisch und lebendig zugleich ist. Im Töpferatelier kann der Anfänger, dem es vielleicht an Inspiration fehlt, den Kopf von Abdreheisen oder Segerkegeln zum Einüben von Prägungen gleicher Formen verwenden.

Ein kleines knopfähnliches Siegel kann, isoliert auf einem Gefäß, lächerlich wirken, wogegen es in einer Folge oder in einer Linie angeordnet, durchaus einen Blickpunkt für's Auge abgeben kann. Ein Band von Prägungen, das sich um ein gedrehtes Gefäß windet, kann auf einfache Weise mit einem gravierten Holz-, Gips- oder Korkroller appliziert werden. Sollen aber solche Prägeverzierungen ein nicht fachmännisches Aufdrehen überspielen, so gehen sie gewöhnlich daneben und lassen das Gefäß nur noch schwerfälliger aussehen. Regelmäßige oder Randmuster können ebenfalls, wenn mit Gefühl angewendet, auf flachen Oberflächen von Gefäßen, die nach der Plattentechnik gefertigt sind, sehr ansprechen. Dekormuster lassen sich auch auf handgemachten Kacheln im lederharten Zustand prägen, doch besteht die Gefahr, daß sich die Form wegen der Druckanwendung verzieht. Darum ist die Prägeverzierung nur dann geeignet, wenn die Kacheln im Format nicht allzu genau und im Gebrauch nicht allzu glatt sein müssen.

Da Ton Prägungen sehr gut annimmt, können auch detaillierte Zeichnungen wie Kameen genau reproduziert werden, ebenso Buchstabenformen. Die Holz- und Metallettern, die zur Zeit des Buchdrucks verwendet wurden, haben zum Einprägen in der Keramik einen neuen Verwendungszweck gefunden. Man kann sie sich auf dem Antiquitätenmarkt oder mit Glück bei alten Druckereien beschaffen. Sie haben den Vorteil, daß sie seitenverkehrt geschnitten, somit beim Einprägen im Ton korrekt lesbar sind.

Die Verwendung von vollständigen Letternsätzen zu Identifikationszwecken ist bekannt bei alten Mineralwasser- und Bierkrügen und ganz besonders bei Mostkrügen. Einige Töpfer verwenden eine Metallscheibe mit ihrem Namen auf dem Boden, manchmal auch auf der Seite ihrer Gefäße.

Viele Töpfer signieren wie die Maler ihr Werk. Eingeprägte Markierungen oder Siegel haben eine lange Tradition, und manch schönes, elegantes Monogramm wurde in Holz oder gebrannten Gips geschnitten oder in gebrannter Keramik geschaffen. Die schönsten Siegel, die ich kenne, stammen von Hans Coper, der (wie auch Bernard Leach) über eine ganze Serie von größenmäßig abgestuften Siegeln verfügte; je nach Größe des Gefäßes wählte er das richtige aus.

Ein geprägtes Muster kann oft durch Glasieren gewinnen. Bei einem leichten Einstäuben mit einem färbenden Oxid bleibt dieses in den Ecken des Musters hängen, was die Struktur betont. Dagegen lassen Steinzeugglasuren die Kontur der Prägung weicher erscheinen, ohne aber das Muster ganz zu verwischen.

Reliefartige Gestaltungen

Diese setzen einen Zusatz von Ton auf die lederharte Oberfläche des Gefäßes voraus, wobei Schlicker oder Wasser als »Kitt« erforderlich ist. Kleine Tonwülste mit eingeprägten Siegeln werden beispielsweise als Medaillons auf das fertige Gefäß aufgesetzt, ähnlich wie Glasmarken auf dem Hals von Portweinflaschen.

Das berühmte Wedgwood-Aspis-Geschirr ist das klassische Beispiel einer Gestaltung mit erhabenem Relief. In kleinen Gießformen aus Gips fein geformte Porzellan- oder Tonmuster aus weißem Ton werden einem farbigen Gefäß als Flachrelief aufgesetzt – eine Technik, die man als Angarnieren von separat hergestelltem Reliefdekor bezeichnet. Solche Muster können wie im Fall Wedgwood in verschiedenen Farben hergestellt sein; es muß nur dieselbe Tonmasse verwendet werden, um eine gute Haftung zu gewährleisten.

Kleine modellierte Einheiten, die beispielsweise als Henkel oder nur als Dekoration angarniert werden, können figurativ wirken – wie der Frosch auf einem Gefäß mit Deckel von Bernard Leach oder die Fuchsköpfe auf einem jener aufregenden Gefäße mit Deckel von Ian Godfrey. Aber der Anfänger, der ein erhabenes Dekor zu machen wünscht, braucht nicht nach natürlichen Formen zu schielen, die nur schwer mit der Form des Gefäßes, dem sie angarniert werden, in Einklang zu bringen sind. Er ist gut beraten, sich an einfache Motive wie beispielsweise verschlungene Bandverzierung zu halten; sie sind oft verblüffend. In jedem Fall muß die Wirkung des aufgesetzten Dekors auf das Profil des Gefäßes beachtet werden.

Kerben, Aushöhlen, Bohren

Soll die Oberfläche eines Gefäßes gekerbt bzw. ausgehöhlt werden, ist der Zustand des Tons entscheidend. Ist er weicher als lederhart, wirkt der Druck des Werkzeuges auf die Gefäßwand, so daß Sie besser abwarten, bis der Ton fester ist. Ein Basrelief läßt sich mit Bildhauerwerkzeugen, Modelliermessern, scharfkantigen Modellierhölzern oder mit Linolschnittmessern herausarbeiten. Die Gestaltung kann unscheinbar und streng bis zu auffallend-überbordend gehalten sein. Der Gefäßrand kann zum Beispiel eine hohe Horizontlinie mit einer Landschaft und Bäumen andeuten. Solche Gefäße sind natürlich rein dekorativ; sie sind nicht für den praktischen Gebrauch gedacht.

Das lederharte Gefäß läßt sich auch durch Kerben und Bohren verzieren. Teile der Wandung herauszuschneiden, ist recht heikel: das trockene Gefäß muß dem Schneidwerkzeug standhalten, darf aber nicht so trocken sein, daß es reißt. Einfache Löcher lassen sich leicht mit einem Bohrer von Hand bohren, andere Muster jedoch müssen mit einer scharfen Klinge (Skalpell) sorgfältig herausgeschnitten werden. Und es ist offensichtlich: je mehr Löcher, desto geschwächter ist die Struktur! Sehr kleine Löcher füllen sich beim Brennen mit Glasur – eine verbreitete Technik im Orient, die häufig auch von europäischen Töpfern nachgeahmt wird. Dekors, bei denen die ausgeschnittenen Teile offen bleiben, sind wirkungsvoller.

Zwei auf der Töpferscheibe aufgedrehte Einheiten sind die Grundlage für dieses originelle Objekt von Ian Godfrey, *das reich mit gekerbten, gebohrten und geprägten Mustern verziert ist.*

Geriffelte und facettierte Gestaltungen

Facettieren ist eine Verziertechnik, die die Gestaltung eines Gefäßes von Grund auf verändern kann. Eine simple, dickwandige zylindrische Vase läßt sich beispielsweise auf der außenseitigen Oberfläche zu Facetten schneiden und in eine interessante Form bringen. Diese Bearbeitung erfolgt mit einem scharfen Messer, wenn der Ton lederhart ist, oder mit einem feinen Draht, solange sich das Gefäß noch auf der Töpferscheibe befindet. Geometrische Figuren und Kristallstrukturen bieten sich dem Töpfer, der in erster Linie an der Gefäßform interessiert ist, als Quelle der Inspiration an. Häufig handelt es sich dabei um Gefäße, die in Plattentechnik gefertigt sind, wobei die Facettiertechnik weniger auf Symmetrie ausgerichtet ist.

Der wichtigste Rat, den man einem Anfänger geben kann, ist der, daß er das Schneidwerkzeug mutig und bestimmt und nicht zögernd ansetzt. Facettieren ist eine gute Vorübung für die schwierige Technik der Riffelung, nach der flache, runde oder konkave Rillen in die Außenoberfläche eines dickwandigen Gefäßes eingeschnitten werden.

Facettieren

1 Werden Facetten mit dem Messer in die Seitenflächen einer gedrehten Form geschnitten, müssen die Wände dick sein – je weniger Facetten, desto dicker die Wände.

2 Wenn sauberes Ausarbeiten gewünscht ist, empfiehlt es sich, die Basis nach dem Facettieren abzudrehen. Das Resultat ist ein elegantes Rundprofil.

Riffeln

Manchmal wird das lederharte Gefäß zuerst gedreht, dann geriffelt und von oben bis unten befeuchtet; sodann wird die Form gepreßt und die Riffelung verdreht.

Die Riffelung geschieht oft in Spiralen, kann jedoch auch senkrecht reizvoll sein. Eine zylindrische Form läßt sich von zuoberst bis zum Boden wie eine dorische Säule riffeln. Man bedient sich eines Bandeisenwerkzeugs mit einer Endschlaufe, die sich der gewünschten Form anpassen läßt und im Gebrauch die Form beibehält. Bedeckt die Riffelung nur einen Teil des Gefäßes, muß deren Abschluß klar definiert sein: entweder durch eine Schulter oder den stark reduzierten Durchmesser der Fußpartie.

In orientalischen Kulturen facettiert man die Gefäße häufig mit einem Bambusfacettierholz, während sie noch auf der Töpferscheibe sind. Das Aufdrehen – von der Innenseite her – wird danach fortgeführt. Auf diese Weise läßt sich aus einem gedrungenen Zylinder eine Kürbisform machen, bei der sich die Riffelung im Zentrum erweitert. Der Gebrauch einer Bambusrippe nach dem Aufdrehen auf der Innenseite eines Gefäßes kann dieses völlig verändern und sehr dekorativ machen.

Gestaltungen mit Rattermarkierungen

Ein Ratterdekor wird mit einem federnden Metallblatt – von Bernard Leach »springendes Eisen« genannt – erzeugt. Wenn das Gefäß schon ziemlich hart ist, schlägt das Blatt gegen das langsam auf der Töpferscheibe drehende Gefäß. Eine Umdrehung, und das Muster ist gemacht! Form und Größe der Rattermarken hängen vom Profil am Blattende und von der Härte des Tons ab, auf den das Metallblatt aufschlägt. Die Abstände von Rattermarke zu Rattermarke hängen von der Geschwindigkeit ab, mit der die Scheibe sich dreht. Das Geheimnis liegt im Federeffekt des Metalls (ein massives Dreheisen ist ungeeignet), und das beste Material ist ein zu einem S geformtes Bandeisen. Nebenbei gesagt: es ist nicht so einfach wie es zunächst klingt!

Oben: »Mann und Frau«, eine keramische Skulptur von Vladimir Tsivin. *Der Kontrast zwischen den eingeprägten Details und der gleichmäßig geriffelten Oberfläche ist entscheidend – Fingerabdrücke würden das Ganze ruinieren. Porzellan mit sparsamen Glasurtupfen.*
Höhe: ca. 30,5 cm.

Gegenüber: Eine schwere, geriffelte Steinzeugvase mit dekorativen Henkelnasen von Bernard Leach. *Tenmoku-Glasur.*

Links: Ein »hüpfendes Muster«, das auf der Innenseite einer kleinen Schale von Richard Batterham *durch die Glasur betont wird.*

Einlegen

1–2 Für Prägungen in plastischem Ton lassen sich Metallmodel verwenden. Das Muster wird mit farbigem Schlicker aufgefüllt und nach dem Trocknen abgeschabt.

Oben: Eine eckige Flasche von Tatsuzo Shimoaka, *mit einem in die vier Seiten eingelegten Fischgrätenmuster, anschließend glasiert und in kontrastierender Glasur kalligraphisch bemalt.*
Höhe: 25,5 cm.

Unten: Ein Detail einer Platte mit eingepreßtem Muster, mit Kupfer eingelegt. Hergestellt nach der links gezeigten Technik.

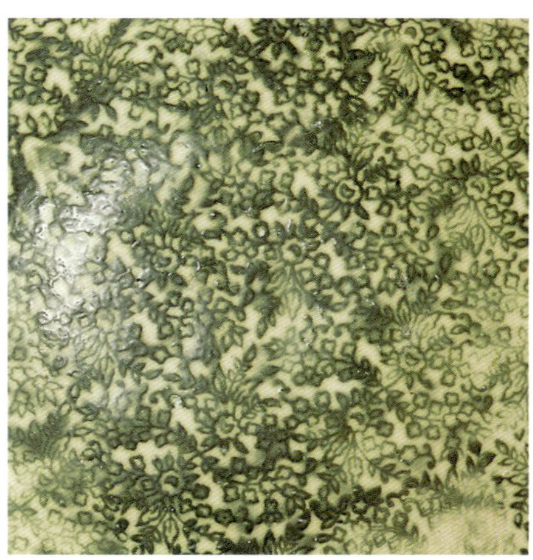

Gestaltungen mit Einlegearbeiten (Intarsien)

Die Verzierung von lederharten oder plastischen Gefäßen beschränkt sich nicht auf die Oberfläche. Farben lassen sich in diesem Stadium auch durch Einlegen oder in Form von Schlicker (siehe unten) zusetzen.

Mit Linolschnittmessern oder Hohlmeißeln können – ähnlich wie beim Linolschnitt – Muster in den lederharten Ton geschnitten werden. Dann wird ein gefärbter Masseton (es können mehrere Farben sein) in die eingeschnittenen Strukturen eingepreßt oder eben »eingelegt«; Voraussetzung ist ein farbiger Ton, der weich genug ist, um die Vertiefungen ohne Verzug aufzufüllen. Während des Trocknens wird die Gefäßoberfläche glatt geschabt, so daß die Einlegepartien als prägnantes Gestaltungselement hervortreten.

Diese Technik eignet sich nicht nur für feine, detaillierte Muster. Kühn angewendet, kann sie zur aussagekräftigen Verzierung werden, da sie ein Teil des Gefäßes und nicht nur ein Oberflächen-Dekor ist. Sie kommt sowohl für aufgedrehte Ware als auch für Töpferei nach dem Platten- und dem Gießverfahren in Betracht. Eingeschnittene Muster lassen sich auch mit flüssigem Schlicker auffüllen; nach dem Trocknen folgt das Abschaben. Es ist dies eine seit dem Mittelalter angewendete Technik für Bodenplatten.

Die Schlickerverzierung (Engobieren)

»Schlickerware« (mit Schlickerornamenten verzierte Irdenware), in ihrer einfachsten Form, ist ein mit einer dünnen Schicht andersfarbigen Tons überzogener Scherben. Der Dekorationston wird wie eine Glasur über den weichen, lederharten Scherben gegossen. Das fertige Gefäß läßt sich dann mit einer Transparentglasur überziehen. Häufiger jedoch verwendet man den farbigen Schlicker zur Verzierung der Innenseite von Schalen.

Dekorationsschlicker, im Gegensatz zum im Kapitel 13 beschriebenen Gießschlicker, läßt sich durch einen Zusatz von Wasser zum Ton zu einer cremigen Konsistenz aufbereiten. Für einen dunkleren Schlicker benötigt man zusätzliche Farbstoffe. Die Schlickercreme ist durch ein Filtertuch abzusieben. Wird ein Schwarz gewünscht, setzt man 15 % Eisenoxid und 3 % Kobalt oder Mangan zu, wogegen 2 % Kupfer und 2 % Kobalt ein starkes Pfauenblau erzeugen. Ist der Scherben rot, läßt sich ein dichtes Schwarz durch Zusatz von 5 % Kobaltoxid (zum Trockengewicht des roten Tons) erzielen.

Der Schlicker sollte aus dem gleichen Ton gemacht sein wie der Scherben des Gefäßes. Dies ist allerdings nicht möglich, wenn das Gefäß aus rotem und der Schlicker aus weißem Ton besteht. Für diesen Fall wird folgender weißer Schlicker empfohlen: 3 Teile Kaolin, 1 Teil Ball Clay und 1 Teil Feldspat, oder: 4 Teile Ball Clay und 1 Teil Kaolin, oder: gleiche Teile Kaolin und Ball Clay.

Ein weißer Schlicker, der, wie erwähnt, in den Eigenschaften vom Ton des farbigen Scherbens, auf den er gegossen wird, abweicht, ist möglicherweise keine gute Lösung, und Sie müssen verschiedene Rezepte ausprobieren, bis Sie denjenigen finden, dessen Ausdehnungs- und Schrumpfungskurve mit Ihrem gegebenen Scherben zusammenpaßt. Falls sich auf der Oberfläche des applizierten Schlickers beim Trocknen Risse bilden, ist dies eine erste Warnung, doch das Abblättern wie das Abschälen einer Glasur dürfte sich erst nach dem Brennen des Gefäßes zeigen.

Wie Glasuren und Gießschlicker (siehe Kapitel 13) müssen Schlicker zur Dekoration glatt und gleichmäßig in der Oberflächenbeschaffenheit sein; ein Zusatz von Bentonit als Suspendiermittel kann dazu beitragen. Hingegen sind keine Dispersionsmittel wie beim Gießschlicker erforderlich, weil die Schrumpfung von Schlicker und Scherben praktisch gleich ist. Es ist ratsam, den Schlicker in gebrauchsfähigem Zustand zu halten, ihn regelmäßig zu filtern – immer vor dem unmittelbaren Gebrauch – und ihn in einem mit Deckel gut verschließbaren Kübel aufzubewahren.

So wie alle Formen von Gefäßen glasierbar sind, lassen sie sich in ähnlicher Weise – durch Eintauchen oder Begießen – mit Schlicker behandeln. Beachten Sie jedoch, daß sich ein weiches Tongefäß, das in einem Kübel zu lang dem Schlicker ausgesetzt ist, leicht zersetzt. Außerdem ist das Engobieren mit Tonschlicker von sehr dünnen Schalen schwierig, weil die Wände vor dem Brennen stets zerbrechlich sind. Eine von den Japanern bevorzugte Methode ist das Bemalen einer Vase mit Schlicker auf der Töpferscheibe, unmittelbar nach dem Aufdrehen, und das Einkämmen eines Dekors durch den Schlicker bis auf den Scherben, während dieser sich langsam dreht. Anfängern sei empfohlen, an einem bereits gedrehten Gefäß zu üben!

Am dankbarsten für den Anfänger ist die Anwendung von Schlicker in Kombination mit einer offenen Form, weil in dieser die Gefäßwände bis zum vollständigen Trocknen gestützt sind. Dabei können zwei Schlicker in schneller Folge aufgetragen werden: einer über die ganze Oberfläche und der andere nur über Teile davon. Wird die Form in einem Winkel gehalten und hin und her gekippt, erzeugen die Schlicker ein marmoriertes Muster.

Ein regelmäßigeres Muster entsteht, wenn man über einem Schlickergrund mit farblich kontrastierendem Schlicker Linien zieht und mit der Spitze einer Feder oder einer einzelnen Borste feine Linien senkrecht dazu herauszieht, so daß sich ein federartiger Effekt ergibt. Mit einem Mehrzahnwerkzeug lassen sich kontrastierende Schlicker zu eindrucksvollen Mustern kämmen, in der Art wie marmorierte Papiere.

Manchmal werden diese Dekors auf ausgerollten Tonplatten appliziert, bevor man sie über eine Form preßt. Nimmt die Oberfläche des Schlickers eine matte, dunkle Färbung an – wenn das freie Wasser, das er enthält, verdunstet oder vom Mutterton

Schlickerapplikation mit dem Malhorn auf einem dunklen Grund von Michael Cardew. *Der stilisierte Vogel auf der flachen Schüssel erinnert an persische oder indianische Muster.*

Schlicker eingießen

In die lederharte, in einer achteckigen Form gepreßte Schale wird ein Flüssigschlicker gegossen und sofort wieder ausgegossen. Er hinterläßt eine dünne Haut.

Marmorieren mit farbigem Schlicker

1 Legen Sie Streifen von flüssigem Schlikker auf einen kontrastierenden Schlickergrund, solange dieser noch feucht ist; das ist die Grundlage für gezieltes Marmorieren.

2 In Schräglage beginnen die Schlicker zu fließen. Halten Sie die Unterlage in dieser Stellung, bis der Marmoriereffekt deutlich ist, dann neigen Sie sie auf die Gegenseite.

3 Marmorieren ist nicht so zufällig, wie es scheinen mag. Wie die Maserung im Marmor resultiert das Muster aus einer Kombination von verschieden gerichteten Kräften.

Federförmiges Dekor

1 Seit Jahrhunderten werden Platten und Schüsseln »federartig« dekoriert. Beginnen Sie mit Auftragen des nassen Schlickers in parallelen Linien.

2–3 Die Linien können dunkel auf einem hellen Grund oder umgekehrt sein, doch müssen sie gezogen werden, solange der Grund noch feucht ist.

Ziehen Sie nun die Federspitze oder eine Naturborste im rechten Winkel und in beiden Richtungen über den Schlicker, so daß sich ein Federeffekt ergibt.

aufgenommen ist –, kann die Platte in die Hand genommen werden, wenn auch mit größter Vorsicht. Die mit Feder oder Kamm bearbeitete Seite wird in die konkave oder konvexe Gipsform gelegt und die unbearbeitete Seite fertig angepaßt, wobei sehr darauf zu achten ist, daß das Muster nicht verwischt wird.

Einmal in die Welt des Schlickers eingestiegen, kann der Anfänger mit vielen, mehr oder weniger kreativen Techniken experimentieren, die vom Widerstand zweier verschiedenfarbiger Flüssigkeiten gegen ihre Vermischung abhängen. Die Behauptung, die Schlickerdekoration sei eine automatische und blutleere Arbeit, ist eine geringschätzige Unterstellung, die zu Recht den Zorn der Liebhaber der berühmten engobebemalten Irdenware aus dem 17. und 18. Jahrhundert, aber ebenso der besten Arbeiten der Leach-Schule heraufbeschwört.

Der erfinderische Töpfer, der Schlicker von passender Konsistenz durch die feine Öffnung eines Plastik- oder Gummibeutels drückt, kann neue Möglichkeiten im Malen mit Schlicker in mehreren Farben ausschöpfen und so dieser Verzierungstechnik eine andere Dimension geben. Das einzige Werkzeug, das er im Fachhandel kaufen muß, ist das Malhorn, außer er improvisiere ein derartiges Gerät, indem er aus einem Kugelschreiber dessen Patrone entfernt und ihn oder sein Vorderteil mit einem Korken an einer Füllröhre befestigt.

Malen mit Schlicker/Engobe verlangt einen starken Kontrast (Weiß auf Schwarz, Braun auf Weiß) und eine steifere Mischung als bei der Feder- und Kammtechnik; die Linien stehen nach dem Trocknen und Brennen reliefartig hervor. Ist die Schlickeroberfläche oder der Schlickergrund auf der Innenseite einer Schale aufgebracht, muß sie zuerst trocknen – sie darf nicht klebrig sein –, bevor Schlicker mit dem Malhorn aufgetragen wird.

Oben rechts: Engobemalerei auf traditioneller Irdenware von Mary Wondrausch.

Malen mit Schlicker

1–2 Bei drehender Töpferscheibe werden die Randlinien mit Schlicker gezogen. Für die Dekoration im Zentrum wird das gleiche Engobemalhorn verwendet.

3 Für die Buchstaben und die Umrißlinien wird nur eine Farbe gewählt. Sodann werden bestimmte Stellen mit Schlicker in Kontrastfarben ausgefüllt.

Ein spitziges Werkzeug ritzt durch die Schlickerschicht bis auf den kontrastierenden Ton darunter oder erzeugt feine Rillen im Scherben des ungebrannten Gefäßes. Diese lassen sich mit Oxiden »einlegen«, oder man beläßt sie so als Strukturmuster wie in dieser Schale von Lucie Rie.

Sgraffito (Ritzdekortechnik) und Schlickermalen

Schlicker läßt sich auch wie Farbe mit dem Pinsel auftragen oder nach der Sgraffitotechnik mit einem scharfkantigen Werkzeug (z. B. einem Kratzeisen) wegkratzen, so daß der darunter liegende kontrastierende Ton hervorkommt.

Schlicker, der mit einem breiten Spezialpinsel aufgetragen wird, zeigt in der Regel nach dem Brennen den Pinselstrich, was sehr oft attraktiv ist, besonders wenn die Schlickerbemalung kühn und großflächig ausfällt (das Gegenstück ist Klein-Klein-Malerei mit Wiederholungen). Nach der traditionellen koreanischen Technik »Hakeme« wird weißer Schlicker mit einem eher steifen Pinsel gemalt, und zwar über die ganze Oberfläche eines frisch aufgedrehten Gefäßes aus dunklem Ton. Der steife Pinsel bewirkt einen ungleichmäßigen und streifigen Auftrag, bei dem der dunkle Grund durchscheint, so daß gar keine andere Verzierung mehr nötig ist als eine Klarglasur. Wegen der unregelmäßigen Oberfläche gibt der aufgemalte Schlicker keinen geeigneten Grund ab für Verzierungen mit der Feder oder dem Malhorn; die beste Wirkung ergibt sich ohne weitere Bearbeitung oder in Kombination mit Sgraffito.

Die lederharte Schlickeroberfläche läßt sich mit einem beliebigen Taschenmesser oder Abdreheisen abkratzen, dabei wird der kontrastfarbige lederharte Ton darunter freigelegt. Dies ist eine harte, nicht leicht von der Hand gehende Technik, die oft auch den weniger künstlerisch Veranlagten anzuziehen vermag. Das dürfte der Grund dafür sein, daß es erbärmliche Sgraffitoarbeiten gibt mit einfarbigen Mottos, Heraldik und Zeichnungen an der Spitze. Zeichnen mit der Spitze eines Werkzeugs ist viel weniger beweglich als Zeichnen mit dem Bleistift, und doch können Beschriftungen in noblen römischen oder Unzialbuchstaben, die in Schlicker gestaltet sind, sehr eindrucksvoll sein. Besonders anspruchsvoll für den Töpfer ist das typographische Problem der Anordnung von Buchstaben im Kreis oder auf einer Rundfläche.

Lucie Rie hat die Technik, mit einer feinen Nadel in Ton zu zeichnen, perfektioniert: sei es mit strahlenförmigen Linien oder mit netzartigen Schraffuren. In ihren Arbeiten besteht die Farbschicht, durch welche hindurch die Linien gekratzt sind, oft nicht aus Schlicker, sondern aus aufgemalten Oxiden.

Das Kämmen durch die Schlickerschicht ist eine andere Technik, bei der der Scherben freigelegt wird; es geschieht am besten vor dem Austrocknen der Schlickerschicht. Der »Kamm« läßt sich aus Karton oder flexiblem Plastik schneiden, wobei die Breite der Zähne bzw. der Abstand zwischen den Zähnen das Muster bestimmt. Das Verfahren ist gut geeignet für preßgeformte Schüsseln, läßt sich aber auch zur Dekoration von aufgedrehten Vasen anwenden, bevor sie von der Töpferscheibe genommen werden.

Andere Dekormethoden mit Schlicker umfassen Schablonen und Aussparpapierstreifen, ferner die Anwendung von Wachs für Negativgestaltungen. Alle diese Techniken werden im nächsten Kapitel zusammen mit dem Majolikadekor behandelt.

Schlickerware ist traditionsgemäß vor allem Irdenware, die mit einer glänzenden Transparentglasur versehen wird. Früher verwendete man in der Regel Bleiglanz, der aber wegen des Vergiftungsrisikos ausgemerzt worden ist. Auch Steinzeug läßt sich mit Schlicker verzieren, obschon die Farben weniger brillant herauskommen. Man beläßt die »engobierten« Steinzeuggefäße deshalb des öfteren ohne Glasur. Solche Gefäße haben bisweilen eine interessante, weil rauhe Oberflächentextur, sind aber im praktischen Gebrauch anfällig gegen Staub und aufwendig zu reinigen.

Papierstreifen zur Aussparung

1–2 Die Applikation eines Musters mittels eines dünnen, angefeuchteten Papierstreifens erlaubt das Übermalen mit einem kontrastierenden Schlicker. Ist dieser trocken, entfernt man das Papier, mit dem das Muster präzis ausgespart worden ist. Diese Ausspartechnik mit Papier wird auch bei glasierter Ware angewendet.

Oben: Gekämmtes Wellenmuster auf den Seiten einer flachen Flasche von Bernard Leach.
Rechts: Die harten Borsten des Pinsels, mit dem Hakema-Schlicker aufgetragen wurde, hinterließen prägnante Muster auf dem Hintergrund dieser großen Vase von Shoji Hamada.

Kämmen des Schlickers

Ein flexibler Kartonkamm mit breiten Zähnen dringt durch den dunklen Schlicker und macht den hellen Grund darunter sichtbar.

Oben: Auf dieser Skulpturform von Rita Ternes *sind farbige Schlicker sorgfältig zwischen die eingeschnittenen Linien gemalt. Unglasiert gebrannt.*

Rechts: Die Oxidbemalung des Tons führt zu einem Verkohlungseffekt beim Zyklopengesicht von Carmen Dionyse. *Nur das blitzende Auge ist glasiert.*

Bändern mit Oxiden

Eine saubere Bänderung kann auf das ungebrannte Gefäß, das sich auf einer elektrischen Scheibe oder Ränderscheibe langsam dreht, gemalt werden.

Das Malen mit Oxiden

Die Oxide, die Glasuren färben, lassen sich mit einem Pinsel auch auf ein rohes, ungebranntes Gefäß malen oder mit dem Schwamm auf ein handgeformtes Gefäß mit gröberer Oberflächentextur auftragen. Diese pulverförmigen Oxide neigen auch bei einem Zusatz von Gummi arabicum oder einer anderen Klebepaste vor dem Brennen zum Verfärben. Beim Auspacken des Ofens nach dem Vorbrand präsentieren sich die Farben enttäuschend gedämpft und nüchtern. Nur in oder unter der Glasur scheinen die Oxidfarben leuchtend auf. Aus diesem Grund erfolgt die Verzierung mit Oxiden meistens nach dem Schrühbrand (Roh- oder Vorbrand).

Das Polieren

Alle bisher beschriebenen Dekortechniken werden vor dem Glasieren ausgeführt. Bevor wir uns auf das Feld der Glasurdekorationen begeben, seien zwei weitere Verzierungsmöglichkeiten erwähnt, die keiner Glasur bedürfen. Eine davon ist der Kapselbrand, der von der Karbonierung im Ofen abhängig und im Kapitel 21 beschrieben ist. Eine andere ist die unter Kunsttöpfern immer populärer werdende Poliertechnik.

Polieren ist eine Arbeit, die mit Liebe gemacht werden muß. Sie ist nur Töpfern auf den Leib geschrieben, die bereit sind, viel Zeit dafür aufzuwenden. Es geht dabei um das Polieren einer Gefäßoberfläche mit einem glatten Werkzeug – gewöhnlich ist es ein Modellierholz aus Hartholz –, bis die winzigsten Risse in der Tonoberfläche mit feinen Tonpartikeln aufgefüllt sind und das Gefäß mit einem ganz besonderen Schimmer glänzt, der irgendwo zwischen poliertem Leder und auf Hochglanz geschliffenem Metall liegen dürfte. Die so polierte Oberfläche ist wohl deshalb so attraktiv, weil sie nie vollkommen gleichmäßig ist – und lebendig wirkt.

Der beim Polieren eines lederharten Gefäßes erzeugte Glanz geht manchmal beim Brennen wieder verloren; die Oberfläche wirkt dann wieder stumpf. Wird jedoch das Gefäß zuerst mit einem sehr fein gesiebten und mit einem ebenso fein gemahlenen Oxid – es kann z. B. schwarzes Eisenoxid sein – versetzten Schlicker überzogen, kann der ursprüngliche Glanz bewahrt werden, vorausgesetzt, daß der Brand ungefähr bis 1.000°C geht.

Diese Temperatur weist auf die Brennbedingungen in Afrika hin, wo diese Technik seit langem für aufgewülstete Gefäße Anwendung findet. Aufgedrehte und in Formen hergestellte Töpferwaren lassen sich ebenfalls polieren, obschon Aufdrehlinien Probleme bieten und dünne Ränder schwierig zu polieren sind, ohne daß sie abbrechen.

Fügt man Graphit zum Schlicker zu, produziert es wohl einen hohen Glanz, der aber nach dem Brennen verschwindet. Eisenoxid im Schlicker erzeugt eine stärker braune Farbe. Die dekorativen Qualitäten einer polierten Oberfläche werden betont, wenn das entsprechende Gefäß mit offener Flamme – im Gas- oder Ölofen – gebrannt wird, wo die Färbung eher gesprenkelt-melierten Charakter annimmt. In die polierte Oberfläche eingeritzte Zeichnungen können, auf kleine Flächen konzentriert, sehr attraktiv sein – in traditionellen afrikanischen Gestaltungen sind sie oft schachbrettähnlich angelegt – durch den Kontrast zwischen der gezielt aufgerauhten Textur und der umgebenden Politur.

Polieren

1 Farbiger Schlicker unterstützt den Poliervorgang. Nach dem Trocknen wurde dieses aufgewülstete Gefäß mit ockerhaltigem Schlicker gleichmäßig bemalt.

2 Die Rückseite eines abgebogenen Löffels wird zum improvisierten Werkzeug. Man bezweckt damit, kleinste Tonpartikel in vorhandene feine Risse einzuarbeiten.

3 Aufgebaute Gefäße haben selten eine so glatte Oberfläche wie gegossene oder abgedrehte. Sie erfordern ein sorgfältiges Aufbauen und geduldige Polierarbeit.

Meisterstücke

Das Verzieren von Gefäßen 2

Oben:
ASTRID GERHARTZ
Bei einem Porzellangefäß mit einer so dünnen Wandung wie bei diesem etwa 15 cm hohen Zylinder muß man mit Verziehungen beim Brand rechnen. Die Künstlerin hat dies hier bewußt in Kauf genommen, um den besonderen Charakter des Materials zu betonen.

Links (Detail):
LAWSON OYEKAN
Die Oberfläche dieses Stückes wird belebt durch kalligraphische Zeichen, Fingerspuren und Einritzungen.

UNTEN:
RUDY AUTIO
Das Malen von Figuren rund um ein Gefäß entspricht einer dreitausendjährigen Tradition. Gewöhnlich müssen sich die Figuren den aufgedrehten Formen anpassen. Hier schuf Rudy Autio eine Form, die den aufgemalten Figuren teilweise die dritte Dimension der plastischen Wiedergabe verleiht. Es ist ein großartiges Beispiel der Durchdringung von Form und Gestaltung; weder die eine noch die andere hätte für sich allein entsprechende Aussagekraft.

OBEN:
THOMAS HOADLEY
Diese dekorative Vase ist aus gefärbtem Porzellan unter Verwendung von Goldfolie auf einer Seite gefertigt.

UNTEN:
ELISABETH VON KROGH
Eine symmetrische Form, typisch für das Schlickergießen in einem modernen Atelier. Ihre Mehrfachbemalung verwendet Unterglasurpigmente. Aus jedem Blickwinkel erkennen Sie einen Tiger!

Das Verzieren von unglasierten und glasierten Gefäßen

Das Bemalen eines Gefäßes nach dem Schrühbrand ist nur eine von vielen Möglichkeiten für eine Verzierung, und deshalb sollen die mehr automatischen Techniken zuerst behandelt werden, um im Handhaben der Töpferware in diesem Stadium ein größeres Selbstvertrauen zu erwerben.

Das Eintauchen

Ist ein Gefäß in seiner Form unregelmäßig oder verfügt es über keine geeigneten Flächen, die eine Zeichnung aufnehmen könnten, so bleibt die Glasur als einziges Dekorationsmittel übrig. Steht die kreative Gestaltung nicht im Vordergrund, geht man mit Vorliebe so vor, daß man einfach eine dunkle Glasur über den hell glasierten Teil eines Gefäßes gießt und die herablaufende Glasur so beläßt. Dieser »Pudding-mit-Soße-Effekt« ist verheerend in bezug auf Form und Profil des Gefäßes. Er ist nur vertretbar, wenn dem Gefäß eine ausgeprägt starke Form zu eigen ist.

Gezieltes Glasieren verschafft mehr Befriedigung. Stellen Sie sich vor, daß Sie die Hälfte einer Platte senkrecht bis zum gewünschten Punkt in einen Kübel mit Glasur tauchen. Ist sie trocken, tauchen Sie die andere Hälfte in eine Glasur von kontrastierender Farbe bis zum Punkt, wo sich die beiden Glasurlinien treffen. Wiederum nach dem Trocknen tauchen Sie die Platte in eine dritte Glasur, indem Sie die Platte um 90° abdrehen. Das Ergebnis ist eine vierteilige Gestaltung mit vier verschiedenfarbigen Segmenten.

Selbst wenn die zweite Glasur auch für den dritten Eintauchvorgang verwendet würde, entstände eine vierteilige Oberfläche, weil eine davon eine doppelt so dicke Glasurschicht aufwiese. So kann man sich zahlreiche Variationen dieser Technik ausdenken.
Sie sind umso dynamischer, wenn die Segmente ungleich groß sind.

Kontrastierende Glasuren können abwechselnd überlappen, was zu verschiedenfarbigen Streifen oder verschiedenem Gefüge auf Gefäßen nach der Plattentechnik oder aufgedrehten Gefäßen führen kann. Man kann Rundformen bewußt nutzen, indem z. B. in einer Schale die Glasur unter einem Winkel eine Kurve beschreibt. Diese Technik – man nennt sie auch »Scheintauchen« – ist oft auf ganz einfachen Formen effektvoll. Der Töpfer merkt rasch, daß eine Glasur mit freiem

Picassos Genius spricht uns in diesem fantasievollen Wasserkrug an, bei welchem Pinselmalerei und Sgraffito kombiniert sind.

Gezieltes Eintauchen

1 Für eine Vierteilung muß man sich die Mühe machen, das Gefäß genau zur Hälfte in die Glasur zu tauchen, so daß die Linie beim Durchmesser verläuft.

2 Beim zweiten Eintauchen wird die andere Hälfte mit einer anderen Farbe bedeckt. Halten Sie das schon zur Hälfte glasierte Gefäß sorgfältig; es muß trocken sein.

3 Vierteilen einer Schale oder Platte mit verschiedenen Glasuren ist Übungssache. Bei richtiger Handhabung kann man sich das Ausbessern der Fingerabdrücke ersparen.

Umriß natürlicher aussieht als eine mit einer strengen Begrenzungslinie, die vorgezeichnet oder mit einem Werkzeug geritzt ist. Andererseits verwenden einige Töpfer Maskierungsstreifen, um präzise Abgrenzungen zu bewirken.

Die Wachsaussparung

Glasuren haften auf Schrühware und untereinander, sobald sie aber auf ölige Oberflächen geraten, ziehen Sie sich zurück. Wird Wachs oder eine ähnliche Substanz auf ein geschrühtes Gefäß oder auch zwischen Glasurschichten aufgemalt, schwindet eine darüber gegossene wässerige Lösung von der gewachsten Stelle. Beläßt man das Wachs, so wie es ist, brennt es im Ofen aus und hinterläßt sein eigenes Muster. Wenn Ihnen dieser Umweg über einen Negativ-Effekt merkwürdig vorkommt, sollten Sie daran denken, daß Malen mit Glasur schwierig ist. Der einzige Weg, die Glasur sauber um einen Umriß zu führen, sagen wir um ein gezeichnetes Eichenblatt herum, besteht im Aufbau einer »Barriere« oder Abdeckung, die verhindert, daß die Glasur über die Linien der Zeichnung hinausläuft. Das Wachs bewirkt diese Barriere.

Das Wegkratzen der Glasur ist für bestimmte Gestaltungen eine Alternativmethode, ähnlich wie die Sgraffitomethode mit Schlicker. Die Methode befriedigt jedoch dann nicht, wenn es sich um große Flächen handelt; sie ist unmöglich, wo eine Glasurschicht eine andere überlagert und beide im ungebrannten Zustand sind. Die eindrucksvollen Gestaltungen eines Hans Coper mit seinen preisgekrönten Schalen setzen voraus, daß die dunkle Glasurschicht erst dann weggekratzt wird, wenn die erste weiße Glasur gebrannt worden ist.

Wachsausspardekoration ist schnell und leicht erlernbar; sie ist deshalb beliebt bei »ausstoßorientierten« Töpfern. Die Aufbereitung von Wachs ist einfach: Sie brechen eine gewöhnliche weiße Kerze in längliche Stücke und geben diese in eine Pfanne mit Terpentin oder Paraffin, dann erwärmen Sie sehr langsam, bis alles Wachs geschmolzen ist. Schnelles Erhitzen ist zu vermeiden, weil das Material sonst in der Pfanne Feuer fangen kann.

Aus Sicherheitsgründen verwenden Sie am besten eine doppelwandige Pfanne oder ein Wasserbad. Ein unangenehm riechender Rauch zeigt an, daß die Mischung die richtige Fließkonsistenz hat. Halten Sie die Mischung dünnflüssig, indem Sie sich vergewissern, daß mindestens gleich viel Terpentin oder Paraffin wie Wachs in

Malen mit heißem Wachs

1 Heißes Wachs auf dem Pinsel trocknet, sobald es das Gefäß berührt. Die Pinselstriche müssen deshalb energisch und nicht zögernd erfolgen.

2 Wird das Gefäß in die Glasur getaucht, so enthüllt sich ein attraktives Muster. Gewachste Muster vor und nach dem Brennen zeigt die Abbildung oben.

der Mischung ist. Das Wachs verfestigt sich, sobald es auf das Gefäß oder die Glasuroberfläche aufgemalt wird, was natürlich den Gestaltungsbereich einengt. Läßt sich das Gefäß warm halten, ist die Gebrauchsdauer des Wachses etwas länger.

Leider hat das heiße Wachs eine verheerende Wirkung auf die Pinsel, die sich nie ganz befriedigend reinigen lassen und rasch ihre Haare verlieren, wenn der Pinsel zu lange in der Mischung bleibt. Man kann die Kosten für verlorene Pinsel reduzieren, indem man improvisierend einen sehr groben Pinsel aus Sehnen oder Spezialfibern macht, der allerdings auch nur grobe Markierungen zuläßt.

Die Wachsaussparmethode ist sehr effektvoll, da die Glasur auf attraktive Art und Weise vom Wachs wegschwindet; oft bleiben dabei Glasurpartikel zurück, die nach dem Brand als Einsprengsel auf dem Gefäß erscheinen. Beim Gießen der Glasur ist der Wachsauftrag eine praktische Methode, um Ränder und Füße von Glasur freizuhalten. Eine Wachsaussparung im Zentrum einer Schale ermöglicht es, darin ein anderes Gefäß mit unglasiertem Fußring zu stapeln und so beim Brennen Einsetzraum zu sparen. Diese »Sparlösung« kann auch oft ästhetisch befriedigen. Wird das Wachs direkt auf die Biskuitoberfläche aufgemalt statt auf eine andere Glasurschicht, so wird diese Zone des Gefäßes beim Irdenwarebrand porös. Bei Gefäßen, in denen Flüssigkeiten aufbewahrt werden, ist diese Methode für die Dekoration der Innenseite jedoch unzweckmäßig.

Die Papieraussparung

Wachs ist nicht das einzige Material, das zwischen Glasur und Scherben gebracht werden kann. Ausgeschnittene Muster aus Papier, aber auch aus Tuch oder Futterstoff eignen sich ebenso; Blätter, z. B. Weinblätter, können sogar direkt verwendet werden. Bei Gebrauch solcher Materialien ist darauf zu achten, daß sie vor dem Brennen vom Gefäß abzuziehen sind, da die an ihnen klebende Glasur Kleckse auf dem Gefäß oder der Ofenplatte hinterlassen.

Alle diese »Ausspartechniken« sind für Schlickerdekors auf rohen Gefäßen und Schrühware gut zu gebrauchen. Die feuchte Oberfläche des rohen Gefäßes unterstützt die Haftung des Papiermusters, wogegen beim Schrühgefäß – insbesondere den vertikalen Flächen – oft ein Klebemittel oder eine Klebepaste nötig ist, um den Papierstreifen am Ort zu halten.

Wird ein Gefäß in Glasur getaucht, können sich die Papierstreifen lösen; es ist deshalb zweckmäßiger, die Glasur aufzuspritzen. Mit einem Zerstäuber (oder selbst einer Zahnbürste!) kann man die zweite Glasur oder ein Oxid rund um ein Papiermuster spritzen, das auf einer gebrannten Glasurschicht liegt. Auch Schablonen sind geeignet für das gezielte Aufspritzen der Glasur.

Latex-Klebstoffe wie z. B. Copydex halten die Glasur ebenfalls zurück; einige Töpfer bevorzugen diesen übelriechenden Kleber anstatt Wachs.

Rechts: Werden zwei Glasuren verwendet, wie auf der Platte von Janice Tchalenko, *hängt der Erfolg von den Farben, der tonalen Abstimmung der beiden Glasuren und natürlich dem Muster ab.*

Stempeln mit einem Schwamm

1 Ein synthetischer Schwamm (keinesfalls ein Naturschwamm) kann mit dem Messer oder mit der Schere bearbeitet werden, damit ein erhöhtes Muster entsteht.

2 Auf eine mit einer Grundglasur glasierte Platte wird vor dem Brand mit einem ausgehöhlten Schwamm eine kontrastierende Glasur aufgetragen.

Oben: Dieser Becher aus der Dartington-Kollektion *zeigt das Resultat einer Pinseldekoration und der Glasierung mit dem Malhorn.*
Unten: Eine kühn dekorierte Platte von Sandy Brown, *welche die kombinierte Wirkung von weichen Aufdrehlinien (Spiralen), von Pinseldekoration, von Malerei mit Glasur und Oxiden mittels Malhorn und von leuchtenden Unter-Glasur-Farben aufzeigt.*

Die Glasurapplikation mit dem Malhorn

Die Dekoration glasierter Ware erfolgt zum großen Teil mit dem Malerpinsel. Doch bevor wir darauf zu sprechen kommen, wollen wir an eine Technik der Schlickerdekoration im vorhergehenden Kapitel erinnern.

Auch Glasuren können nämlich vor dem Glattbrand auf ein erstmals glasiertes Gefäß oder ein unglasiertes Gefäß mit dem Malhorn aufgetragen werden. Es ist eine attraktive Technik, in der eine graphische Begabung zur Geltung kommen kann; oft hat die Malhornlinie eine besondere Qualität, weil sie mit der darunter liegenden, ungebrannten Glasur verschmilzt oder sie zum mindesten beeinflußt. Man kann die gleiche Glasur, aber unter Zusatz eines Oxids oder einer Farbe, benutzen oder aber eine völlig andere Glasur, die wahrscheinlich neben dem verschiedenen Farbton auch eine andere Struktur erzeugt. Die Feinheit der Linie ist von der Konsistenz der im Malhorn befindlichen Glasur abhängig. Sie soll dickflüssiger sein als diejenige, die man zum Übergießen verwendet, darf aber andererseits beim Ausfließen aus dem Malhorn keine Lache bilden.

Die Pinselbemalung

Schmelzende Glasuren wirken sich auf allen linearen und gemalten Mustern aus; »unter Glasur« und »auf Glasur« sind Fachausdrücke, die den Anfänger oft verwirren. Die Unterscheidung ist einfach, obschon der Bereich weitgespannt ist und selbst den Kenner im Einzelfall zu täuschen vermag. Eine Transparentglasur, die über eine Zeichnung gelegt wird, neigt zum Verwischen, je nach Stabilität der für die Zeichnung eingesetzten Materialien. Trägt man eine weiße oder farbige Opakglasur über einer Zeichnung auf, so wird sie – insbesondere bei einer sehr dichten Glasur – die Zeichnung dunkel machen, wenn nicht sogar zum Verschwinden bringen. Eine auf der Glasur gemachte Zeichnung jedoch wird weder verwischt, noch dunkelt sie nach; sie kann in den Ecken leicht »fließen«, sobald die Glasur schmilzt, und die gemalte Oberfläche kann sich vom Rest unterscheiden, weil sie über die Glasur gelegt ist.

Die Pinsel des Töpfers sind länger und »widerspenstiger« als Malerpinsel. Derjenige, der zum erstenmal damit arbeitet, empfindet beim Malen auf dem absorbierenden Ton oder auf der Glasur einen Schock, besonders dann, wenn er bereits das »Gefühl« für das Malen mit einem feinen Zobelpinsel erworben hat.

Glasurauftrag mit dem Malhorn

Mit dem Malhorn aufgetragene Glasur verschmilzt fließender mit der Mutterglasur als Schlicker. Oft zeigt sich eine feine, aber spezielle »Tränenbildung«.

Die Töpferware saugt die Flüssigkeit aus den Pinselhaaren, so daß Sie einen gewissen Druck ausüben müssen, da der Pinsel sonst gegen das Gefäß zu trocknet und unschöne Markierungen hinterläßt. Vergleichbar mit dem Bemalen von Löschpapier oder Seidenpapier, ist es ratsam, auf diesen Papieren vorab zu üben.

Der Anfänger wird Vertrauen in den Pinsel bekommen, indem er Farbstreifen auf einen Zylinder malt. Der Pinsel wird zu diesem Zweck fest gegen das auf der Ränder- oder Töpferscheibe rotierende Gefäß gehalten. Auf ähnliche Weise lassen sich auf der Innenseite von Schalen Kreise malen. Der Anfänger muß nur aufpassen, daß keine großen Farbtropfen vom stark mit Farbe beladenen Pinsel in die Schale fallen.

Im Fachhandel wird man Ihnen gerne Materialien zum Malen in einem weiten Bereich von Farbtönen und -schattierungen zeigen; man unterscheidet zwischen »Unterglasurfarben« und »Aufglasurfarben«. Manche Kunsttöpfer ziehen es vor, ihre eigenen Farben selber aufzubereiten. Sie mahlen die Farbkörper fein und mischen sie mit Wasser oder mit Wasser und Klebstoff. Damit oder mit Metalloxiden kann man auch Glasuren färben. Da die meisten Metalloxide bleigrau oder schwarz aussehen, empfiehlt es sich, ein Mustergefäß oder einen Scherben mit je einem Streifen von allen in der Werkstatt zur Verfügung stehenden Farben zu versehen und sie sauber zu kennzeichnen. Im Idealfall sollten diese Farben unter und über jeder Glasur, die man anwendet, getestet werden. Ein solches Testprogramm nimmt zwar jemandem, der nur einmal pro Woche an einem Kurs teilnimmt, viel von seiner Zeit, es gibt aber keinen besseren Weg, um das Potential der Farbmaterialien kennenzulernen.

Die meisten Oxide scheinen bei hohen Brenntemperaturen durch die Steinzeugglasur hindurch, wenn sie vor der Glasur appliziert werden. Bei Irdenwaretemperaturen neigen sie aber dazu, sich aufzulösen oder zu verwischen. Das muß nicht unbedingt ein Nachteil sein, doch muß eine verwischte Dekoration zum Stil der Gestaltung passen. Um das Verschmieren einer Unterglasur-Zeichnung zu verhindern, verfahren einige Töpfer so, daß sie dekorierte Gefäße ohne Glasur vorbrennen, dann die Glasurschicht applizieren und nachbrennen. Damit vermeidet man auch das Verziehen der Zeichnung während der Glasurapplikation, ferner kann so ein Eindringen von Farben der Zeichnung in die Glasur verhindert werden.

Beim Malen mit unfixierter Unterglasur-Farbe oder mit Oxiden besteht die Gefahr, daß Farbspritzer im Glasurkübel landen und die Glasur unkontrolliert verändern. Andererseits weisen Unterglasur-Gestaltungen eine Dauerhaftigkeit auf, die mit keiner anderen Technik erreicht wird. Die Schale mit Wasserpflanzen auf Seite 8 ist ein großartiges Beispiel dafür.

Wie Sie den Pinsel führen und was Sie malen, ist individuell; kein Lehrer kann Ihnen in dieser Beziehung Regeln mitgeben – denn auch ein Gefäß eines Schülers kann schon einmal ein »Dogma« durchbrechen. Das ist nun mal so!

Achten Sie beim Planen einer Gestaltung darauf, daß die meisten Gefäße kreisrund angelegt sind und runde Wände aufweisen. Entwerfen Sie nicht ein Design, wie Sie es vielleicht für ein rechteckiges Bild entwerfen würden. Denken Sie daran, daß ein Gestaltungselement auf einer Zylinderseite mit der Rundung des Gefäßes »verschwindet«. Am besten wählen Sie ein hohes und dünnes Dekor, oder Sie stellen sich beispielsweise vor, wie Efeu wachsen und sich um das Gefäß winden würde. Vergessen Sie dabei die Symmetrie.

Hat das Gefäß bereits dekorative oder vorstehende Elemente wie z. B. Henkel oder Henkelnasen, so müssen Sie diese in die Gestaltung miteinbeziehen, statt sie als »Konkurrenz« für Ihr Dekor zu betrachten.

Auf diesem Gefäß von Robin Welch *wird ein menschlicher Torso sichtbar, wenn sich die Zeichnung auf der Innen- und Außenseite ergänzt. Diejenigen, die das Zeichnen gegenüber dem Malen vorziehen, mögen oxidimprägnierte Farbstifte verwenden, damit die Zeichnung auch nach dem Brennen stark hervortritt. Gewöhnlich wird die Zeichnung nach dem Glasurbrand gemacht. Das Gefäß wird sodann nachgebrannt.*

Pinselbemalung 1

Experimentieren Sie mit verschiedenen Sorten von Pinseln, um die Glasur aufzutragen, so können Sie feststellen, welche Markierungen sie jeweils auf dem Gefäß hinterlassen.

Pinselbemalung 2

Pinsel mit langen, feinen Haaren eignen sich besser als Wasserfarbenpinsel für das Malen von Streifen oder Mustern in feinen Strichen.

Eine fantasievolle Form mit feiner Kalligraphie des Schweizer Töpfers Jean-Claude de Crousaz. *Die Platte gewinnt durch eine Goldemaillierung in einem zusätzlichen Niedrigtemperaturbrand.*

Maler wie Picasso und Cocteau ließen sich für die Dekoration von der Gefäßform inspirieren.

Sich wiederholende Muster und Bordüren erfordern sehr viel Geschick. Sie werden rhythmischer, wenn der Töpfer stillsteht und das Gefäß sich auf der Ränderscheibe dreht.

Diejenigen, die über kein Zeichentalent verfügen, sind gut beraten, einfache Farbstreifen und -flächen anzuwenden. Die Gestaltung sollte Mut zum Ungewöhnlichen ausdrücken: einige wenige kühne Streifen sehen besser aus als viele Klein-Klein-Muster! Formübergänge wie z. B. Gefäßschultern sollten insofern berücksichtigt werden, als man die Streifen auf diesen selber oder gerade daneben anbringt, statt sie irgendwo sonst auf die Gefäßform zu legen.

Haben Sie aber genügend Selbstvertrauen in Ihr Zeichentalent und wünschen Sie, etwas Repräsentativ-Eigenständiges an Stelle eines abstrakten Musters zu malen, dann empfehlen wir Ihnen, ein einfaches organisches Motiv, z. B. einen Apfel, zu wählen. In unserem Jahrhundert kommt nichts an das gemalte Dekor von Shoji Hamada heran, dessen einfache, aber lebendige Gestaltungen sehr oft Eindrücke von einem Reisfeld nach dem Regen zum Inhalt hatten. Sind Pferde oder Rennwagen Ihre Leidenschaft, benötigen Sie ein großes Talent, um sie in Dekorationen auf Keramik umzusetzen. Nun ist aber nichts unmöglich, und ich erinnere mich an eine schöne offene Schale mit einem kühn gemalten, großartigen Architekturmotiv in grünen, grauen und roten Farben. Es stellte sich heraus, daß es sich nicht auf ein bekanntes historisches Bauwerk bezog, sondern auf das Klubhaus einer Golfanlage ...

Kalligraphische Fähigkeiten sind für den Keramikmaler von großem Nutzen. Mit dem richtigen Pinsel, dicken und dünnen Pinselstrichen, können Buchstabenaufschriften zu außerordentlichen Gestaltungen führen, wie dies etwa schöne Beispiele von Caiger-Smith und Jean-Claude de Crousaz veranschaulichen.

Normalerweise liegt es nahe, das gemalte Dekor nach dem Übergießen mit Glasur und vor dem Brand aufzutragen, doch ist zu beachten, daß gerade in diesem Stadium Glasur und Muster am verwundbarsten sind. Die Applikation ist zwar nicht schwierig, aber das Verwischen und Fingerabdrücke auf dem Dekor sind Gefahren, denen man nur dadurch begegnen kann, daß man die Stücke so wenig wie möglich in die Hand nimmt.

Die In- und Aufglasurdekoration

Inglasurmalerei ist die Technik der berühmten Majolika oder Fayence, die sich einer weißen Zinnglasur auf dem Scherben bedient, welche mit einem vorwiegend blauen Design übermalt ist. Obschon Majolika im 17. Jahrhundert die Blütezeit hatte, findet man auch heute noch frei gemalte Majolika-Muster auf Geschirr (vor allem Platten und Schalen) in den Mittelmeerländern.

Je später in der Fertigungsfolge eines Gefäßes das Dekor aufgemalt wird, umso künstlicher erscheint es. Hinzu kommt, daß sich nach dem Glasurbrand applizierte Oberflächenverzierungen im täglichen Gebrauch eher abnutzen. Trotzdem gibt es zwei wichtige Dekortechniken, die nach dem Glasurbrand zum Zuge kommen: die Aufglasur- (oder Emaillier-) und die Lüstertechnik. Beide gehören zu den Niedrigtemperatur-Brenntechniken, wobei die Gartemperatur niedriger liegt als die Glasurtemperatur. Emailfarben werden bei ca. 750°C aufgebrannt; ähnliche Brenntemperaturen gelten auch für Lüster.

Emailfarben, im Fachhandel erhältlich, werden mit Terpentin oder einer Ölmischung angerührt. Für das Malen mit Emailfarben braucht es keine spezielle Technik. Extrem feine und komplizierte Muster lassen sich auf glasierte Oberflächen aufmalen; für manche ist das Bemalen von vorfabrizierter Ware eine befriedigende Langzeitbeschäftigung.

Lüster ist eine Dekorationsform, bei der ein Metallfilm auf die Glasur gelegt wird. Für die meisten Töpfer handelt es sich beim Lüster um die flüssige Aufglasurmalerei, die Metallsalze wie Kupfersulfat enthält, die sich nach dem Brennen zu einem überzeugenden »Gold« polieren lassen. Lüster kann aber auch mit Niedrigtemperaturglasuren gemischt werden, um insgesamt einen Metallglanz zu erzielen, oder läßt sich auf die gebrannte glasierte Ware aufmalen. Im Ofen darf es nicht mit anderer Ware zusammen eingesetzt werden. Lüster reagiert sehr empfindlich auf die Ofenatmosphäre; es kann so weit gehen, daß der Lüster nicht polierbar herauskommt. Einige Lüster-Aufbereitungen erfordern eine reduzierende Ofenatmosphäre. Schon bei Lüstern des frühen Mittelalters ist der reduzierende Brand nachgewiesen.

Abziehbilder und Siebdruck

Die bis jetzt beschriebenen Dekortechniken befriedigen den Töpfer nicht, der ein Muster auf vielen Gefäßen exakt wiederholen will. In der Industrie erzielt man das mit keramischen Abziehbildern, die auf einen dünnen Transparentfilm, der im Ofen ausbrennt, transferiert werden, oder man druckt sie im Siebdruckverfahren direkt auf das Gefäß.

Viele Töpfer übernehmen und kombinieren diese Methoden der Industrie, indem sie Abziehbilder im Siebdruck selbst herstellen. In Wasser läßt sich das Papier ablösen und das Muster auf der glasierten Oberfläche fixieren. Es liegt auf der Hand, daß flache

Oberflächen am besten sind, um das Muster sauber und unbeschädigt applizieren zu können. Direktes Siebdrucken (mit der Töpferware direkt unter dem Sieb) muß auf tadellos ebenen Oberflächen erfolgen. Vorfabrizierte Fliesen weisen gewöhnlich abgerundete Ecken auf, die die Qualität des Siebdrucks, der die ganze Fläche zu bedecken hat, beeinträchtigen.

Mit dem Siebdruck lassen sich ganze Flächen mit einer satten Farbe und sehr präzisen Ecken bedrucken, und es ist sogar möglich, Fotografien zu reproduzieren und Detailmuster mit großer Genauigkeit wiederzugeben. Werden Emailfarben beim keramischen Siebdrucken verwendet, erzeugen sie brillante Farben. Am erfolgreichsten sind sie – weil kontrastreich – auf einer weiß glasierten Oberfläche. Die Technik ist sowohl für zurückhaltende Muster als auch für große, sich wiederholende oder figürliche Gestaltungen zweckmäßig.

Fliesenmalerei

Die Dekoration und die Gestaltung von Fliesen ist ein weites Feld für sich, der Schrecken für manchen Amateur, und doch faszinierend für viele Anfänger. Die Fliesenfertigung wurde in Kapitel 11 beschrieben; sie ist zeitraubend und frustrierend, wenn der Töpfer nicht über die nötige Ausrüstung dafür verfügt. Aber dicke Steinzeug- und Reliefffliesen lassen sich mit Erfolg machen. Denken Sie daran, daß sie nicht unbedingt quadratisch – nur ineinanderpassend – sein müssen, um eine attraktive Dekoration zu erzeugen. Handgefertigte Fliesen können eine strukturierte Oberfläche haben oder lassen sich (wie jede andere Keramik) prägen, schneiden oder einlegen, bevor sie getrocknet und gebrannt werden. Wollen Sie eine flache Oberfläche, wie z. B. bei einem Kaffeetisch, mit Fliesen belegen, müssen sie glatt sein; am besten verwenden Sie für die Dekoration Metalloxide oder Aufglasuremail oder -lüster auf flachen, weiß glasierten Fliesen. Es ist gar nicht so einfach, zum Masseton von unglasierten Fliesen passende Glasuren zu finden, die nicht krakelieren. Andererseits ist es auch nicht einfach, einen Hersteller von Fliesen zu finden, der sie unglasiert liefert.

Geometrische oder rautenförmige Muster auf Fliesen bestehen oft aus vier oder mehr Einheiten, so daß ein großformatiges, sich wiederholendes Dekor entsteht. Die Wiederholung an sich ist allerdings kein entscheidender Teil eines Fliesendekors. Fliesen sind eigentlich konventionelle Herstelleinheiten, die aber als Fliesenbilder von der Größe einer ganzen Westfassade einer Kathedrale Dauerhaftigkeit verleihen können! Eines der schönsten Beispiele für ein großes Wandgemälde aus Fliesen, das ich kenne, ist das für die Dominikanerkapelle in Vence bei Nizza, das Matisse im hohen Alter entworfen und ausgeführt hat. Es ist eine Lektion in Einfachheit, das Sprichwort »weniger ist mehr« verkörpernd.

Streifen, Tropfen und Tupfen von Irdenwareglasur können auf glasierten Fliesenoberflächen sehr wirkungsvoll arrangiert werden, so daß eine Gestaltung entsteht, die sich selber genügt, aber gleichzeitig auch ein starkes Einzelelement für eine Wanddekoration sein kann. Der Anfänger sei darauf aufmerksam gemacht, daß eine als Einzelstück schöne Fliese oder Platte, in Kombination mit anderen in einer Wanddekoration verloren, ja häßlich wirken kann. Wenn der Amateur die Ausdauer hat, eine Wand zu schaffen, dann muß er die ganze Gestaltung im voraus planen und alle Einheiten (wenn möglich) im gleichen Ofen brennen.

Doch nun ist es an der Zeit, die letzte Station in der Fertigung eines Gefäßes anzugehen: den Ofen.

Oben: Eine lineare einfarbige Zeichnung von Matisse *ziert weiße Fliesen an einer Wand in der Dominikanerkapelle im südfranzösischen Ort Vence.*

Unten: Modernes Fliesen-Design aus Portugal. Es zeigt in schöner Weise, wie aus lauter gleichen Fliesen ein großformatiges und großzügiges Muster entstehen kann.

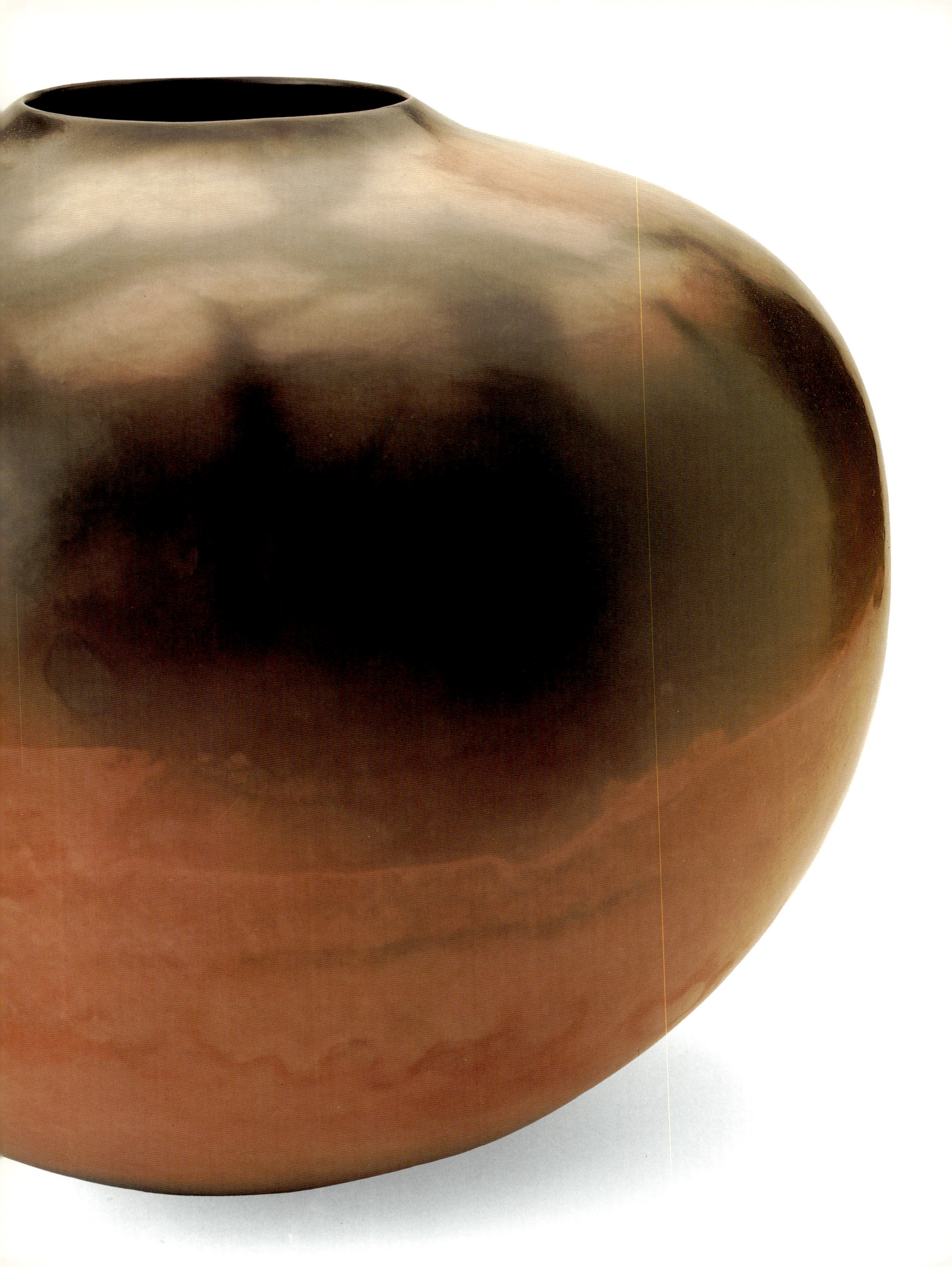

Brennen, Raumbedarf und Zubehör

Der Höhepunkt im Werden der Töpferware ist der Brennvorgang. Einige Töpfer verwenden Holz, so daß die Flammen ihr Werk umzüngeln, anfangs feuerrot, dann bis zur weißen Hitze des Steinguts sich steigernd. Die meisten verwenden Gas oder Öl, beides beeinflußt die Gefäßoberfläche auf seine Weise. Es bildet sich eine enge Beziehung zwischen Ofen und Töpfer wie zwischen dem alten Segler und seinem Segelboot: jeder Trick, jede Schwäche und Stärke darf genützt werden, um das Beste herauszuholen. Die Wahrheit kommt an den Tag, wenn der Ofen schließlich geöffnet wird. Bei einem auf eigene Faust arbeitenden Meister können die Früchte der Arbeit von drei Monaten in einem einzigen Ofen stecken. Die Freude oder die Enttäuschung nach seiner Öffnung ist mit keiner anderen Erfahrung vergleichbar. Kein Wunder, daß die Japaner ein gesellschaftliches Ereignis daraus machen.

Gegenüber: Dieses große glasierte und polierte Gefäß von Gabriele Koch *wurde in einer mit Sägemehl gefüllten Kapsel gebrannt. Durchmesser: 56 cm.*

Brennöfen und Brennen

Das durchschnittliche Keramikgefäß kommt zweimal mit dem Brennofen in Berührung: einmal beim Schrühbrand (auch Biskuit-, Roh- oder Glühbrand genannt) und zum zweiten beim Glasurbrand, wie in Kapitel 1 beschrieben. Allerdings haben viele Anfänger gar nichts mit dem Ofen zu tun, da ihre Ware im Auftrag gebrannt wird. Da sie aus diesem Grund über den Brennvorgang nicht instruiert sind, wissen sie über die Brenntechnik, das Einsetzen und den Brennbetrieb nicht Bescheid. Diese bleiben für sie ein Rätsel.

Nur zu oft verursachen ungeeignete kleine Öfen oder defekte elektrische Brennelemente Engpässe im Arbeitsablauf. Ein Gefäß, das vierzehn Tage auf den Schrühbrand warten muß, wartet dann auch auf den Glasurbrand, und seine verletzbare dekorierte Oberfläche läuft Gefahr, beschädigt zu werden: durch Anschlagen oder durch Fingerabdrücke. Die Freude über ein perfekt gebranntes Gefäß, das man dem Ofen entnimmt, mag für die Enttäuschung über die Wartezeiten und allfälligen Beschädigungen entschädigen. Der Anfänger wird rasch lernen, daß der Weg seiner Gefäße durch den Ofen alles andere als rasch und geradlinig ist; Verständnis für auftretende Hindernisse mag der Ungeduld entgegenwirken.

Die Ofengestaltung

Früher wurden die Öfen mit festen Brennstoffen – Holz, Holzkohle, Kohle, Koks – beschickt, wogegen heute die meisten Öfen elektrisch betrieben werden, sowohl in der Industrie als auch in Keramikschulen. Bei hohen Temperaturen in holz-, öl- oder gasgefeuerten Öfen lassen sich spezielle Glasureffekte erzielen. Solche Öfen sind bei Kunsttöpfern sehr beliebt. Wie immer ein Ofen gefeuert ist, er enthält einen soliden Brennraum, in welchem die Gefäße aufgebaut werden, und der hohe Temperaturen aushalten muß. Ein Ofen, der Temperaturunterschiede von ca. 1.300°C zu bewältigen hat, muß ein fachmännisch gebautes Gerüst haben; die Brennkammern aus feuerfesten Blöcken weisen gewöhnlich einen gewölbten Abschluß auf, idealerweise in der selbsttragenden Konstruktion eines Kettenbogens.

Für große Gefäße und allgemein ausgeglichene Resultate ist eine gleichmäßige Wärmeverteilung erwünscht. Diese wird beim Elektroofen mit entsprechender Anordnung der Heizelemente erreicht. Bei den mit Brennstoffen gefeuerten Öfen ist dafür die Führung der Feuergase (Zugverhältnisse) verantwortlich. In solchen Brennkammern ist das Brenngut manchmal vor der direkten Flamme (wegen Überfeuerung) mittels feuerfester Kapseln zu schützen, in die das Töpfergut eingepackt wird. Man kann das Brenngut aber auch in sogenannten Muffeln einsetzen; man spricht dann von Muffelöfen. Die Zone unmittelbar um den Brennstoffbrenner und neben den Heizelementen ist heißer; sie ist deshalb kein guter Platz für die Töpferware. Sogar Öfen, die mit Muffeln ausgerüstet sind, haben einen zusätzlichen Schutzwall gegen die Flammen, um das Brenngut vor der zu großen Hitze zu schützen. Dem Wall kommt keine eigentliche Stützfunktion zu, und das ist auch gut so; er verzieht sich nämlich wegen der Hitze mit der Zeit und muß ersetzt werden.

Es gibt zwei Haupttypen von elektrischen Öfen für den Kunsttöpfer: Öfen, die sich von vorne, mit einer Türe, und solche, die sich von oben, mit einem Deckel, öffnen. Beide Typen haben seitliche Schaulöcher, die in der Anfangsphase des Brandes geöffnet bleiben müssen, damit der Dampf entweichen kann.

Die Hitze steigt, und es liegt auf der Hand, daß ein Feuer heißer brennt bei guten Zugverhältnissen. Der Bau des Kamins und der Brennkammern sind zwei Aspekte der Forschung für einen besseren Wirkungsgrad in der faszinierenden Geschichte des Ofenbaus. Die Führung des Wärmeflusses durch den Ofen beeinflußt dessen Außenform; die traditionellen Flaschenöfen der Töpfereien in den englischen Midlands sind ein gutes Beispiel dafür. Diese Öfen sind aber veraltet. Die wenigen und seltenen »Überlebenden« der industriellen Vergangenheit werden heute in Museen gezeigt.

Hinsichtlich Wirtschaftlichkeit kann sich kein großer Ofen, den man mit viel Mühe füllen, aufheizen und dann abkühlen lassen muß, mit dem Tunnelofen messen, dessen thermische Verhältnisse konstant bleiben – heiß in der Mitte und kühl an beiden Enden – und in dem das Brenngut langsam auf feuerfesten Wagen durchgezogen wird. Gleich vorteilhaft ist der moderne Haubenofen, der über das auf einem feuerfesten Wagen gestapelte Brenngut gesenkt wird. Diese Ofensysteme sind für eine große und kontinuierliche Produktion angebracht, nicht aber für den Kunsttöpfer. Dieser benötigt einen Kammerofen, der nur Energie verbraucht, wenn sie tatsächlich benötigt wird. Neuere Entwicklungen zeigen, daß die von oben beschickten Öfen, die mit einem Deckel abgedichtet sind, im Vormarsch sind. Immerhin gehören die von vorn durch eine Türe beschickten Kammeröfen (die Öffnung kann auch temporär mit Ofensteinen zugemauert sein) zu den verbreitetsten Öfen.

Die Regeln für das Einsetzen des Brenngutes sind bei allen Ofentypen dieselben. Der Anfänger sollte jede Gelegenheit wahrnehmen, um die Einsetzarbeit für den Schrühbrand oder den Glattbrand (auch Glasur-, Scharf-, Fertig- oder Garbrand genannt) zu beobachten und sich die Unterschiede einzuprägen.

Das Einsetzen für den Schrühbrand

Es wäre Platzverschwendung, wenn man in der Brennkammer freien Raum übrig ließe; deshalb werden kleine Gefäße auf mobilen und gleichwohl starken Ofenplatten geschichtet. Rohrstützen und die von ihnen getragenen Platten, d. h. die Brennhilfsmittel, werden auch »Ofenmöblierung« genannt. Sie müssen hohe Temperaturen ohne Formveränderungen (Verzug) aushalten. Sollten die Stützen und Platten während eines Brandes einstürzen, muß man davon ausgehen, daß praktisch die ganze Ofenladung zerstört wird, besonders bei einem Glattbrand, bei dem sich dann die Gefäße berühren und durch die Glasur zusammenkleben. Um solchen Unfällen vorzubeugen, müssen starke und schwere Ofenplatten aus Sillimanit und ineinandergreifende solide Stützen verwendet werden.

Mittels der Brennhilfsmittel kann ein schichtweises Einsetzen der Gefäße bis zuoberst in der Brennkammer erfolgen. Beim Schrühbrand kann man dicht einsetzen, so daß sich die Gefäße berühren, und kleine Gefäße können in größere gestellt werden. Schalen, die Seite an Seite eingesetzt werden, verschwenden viel Brennraum; sie lassen sich aber Rand auf Rand stapeln, was zudem den Vorteil einer ausgeglichenen Lippenausbildung hat. Stark gebaute Gefäße können aufeinandergestellt werden, hingegen sollte flache und dünne Ware, wie z. B. flache Schüsseln, nicht belastet werden; insbesondere sind die nicht unterstützten Ränder gefährdet. Es ist verlockend, einen Ofen mit Schrühbrandware so dicht zu füllen, daß die Platten auf den Kanten gestapelt sind; leider ist die Gefahr, daß sie sich werfen oder reißen, zu groß.

Ungebrannte Ware kann in einem Öl- oder Gasofen gegen die Seiten einer Muffel gestellt werden. In einem Elektroofen dagegen muß ein Mindestabstand von den Heizelementen von 1 cm beachtet werden. Berühren die Gefäße die Elemente, so brennen sie aus und schmelzen; gleichzeitig wird die Ofenwand beschädigt. Neben den Wänden müssen auch die Ofenplatten in gutem Zustand gehalten werden. Im Kapitel über das Einsetzen beim Glasurbrand ist der Schutz der Ofenplatten mit einem Trennmittel sowie die Verwendung von Streusand beschrieben. Vermeiden Sie – auch beim Schrühbrand – Ofenplatten mit Glasurflecken.

Beim Schrühbrand schrumpfen die Gefäße weiter; die Gesamtschrumpfung kann, vom feuchten plastischen Ton ausgehend, bis zu 15 % betragen, je nach Tonsorte. Wegen der ungleichen Schrumpfung kann es geschehen, daß ein im großen Gefäß mit größerem Schwund eingesetztes kleines Gefäß nach dem Brand gefangen bleibt. Solche Überraschungen sind beim Beschicken des Ofens mit Brenngut einzukalkulieren.

Der Schrühbrand

Die Hauptursache für Schäden beim Brennen grüner Ware ist Feuchtigkeit. Wenn Feuchtigkeit im Ton zurückbleibt, verwandelt sie sich beim Aufheizen über den Siedepunkt in Dampf, dehnt sich aus und sprengt die Gefäße auseinander. Es ist die Feuchtigkeit in der Mitte der dicken Wandungen eines schweren Gefäßes, die zum Bersten führt, nicht die Wanddicke selber. Die Farbe (hell wenn trocken) und das Tastgefühl (kühl wenn noch feucht) sind der Schlüssel zum Prüfen des Trocknungsgrades eines Gefäßes. Aber selbst wenn das Brenngut für den Schrühbrand im Ofen knochentrocken scheint, ist es wichtig, den Aufheizvorgang sehr langsam zu beginnen und die Spund- und Schaulöcher offen zu halten, damit eventueller Dampf entweichen kann. Die meisten Töpfer pflegen zu prüfen, wann ein Schrühbrandofen aufgehört hat, Dampf zu bilden, indem sie wenige Sekunden lang einen Glasscherben über das Spund- oder Schauloch halten und beobachten, ob sich das Glas beschlägt.

Mit steigender Temperatur im Ofeninnern verändert sich die durch das Schauloch beobachtete Farbe: von dumpfrot zu kirschrot, dann zu orange bis gegen weiß. Farben sind präzise Temperaturindikatoren, aber leider sind die Augen des Töpfers gewohnt, sich an die variierende Leuchtkraft anzupassen, so daß sie nicht in der Lage sind, durch Beobachten Farbe und Temperatur in Korrelation zu bringen. Darum braucht der Töpfer geeignete Hilfsmittel. Das eine ist das Thermoelement, ein Meßinstrument, das den Strom zwischen zwei Metallen mißt und die Temperatur auf einer Skala anzeigt; die Stromabnahme im Innern des Ofens ist durch ein Schutzrohr geschützt. Der Vorteil des Thermoelements liegt darin, daß die Temperatur aus Distanz ablesbar ist, ohne in den Ofen zu schauen. Nachteilig ist die Ungenauigkeit: die Toleranzmarge von ca. 30°C ist für den Töpfer zu groß. Zudem registriert es nur die Temperatur und nicht den durch die Hitze erreichten Reifegrad des Brenngutes.

Ein Hitzestoß wirkt sich auf einem Gefäß oder einer Glasur mehr aus, als die gemessene Temperatur erwarten läßt, darum braucht es ein Hilfsmittel, das die Genauigkeit des Pyrometers überprüft: die Seger-Kegel. Diese schlanken, pyramidenförmigen Kegel von ca. 7 cm Länge bestehen aus einer keramischen Rohstoffmischung, die bei bestimmten und genau reproduzierbaren Temperaturen schmilzt. Sie stehen, leicht gekrümmt, auf einem Keramikfuß meistens in einer Serie von drei Kegeln.

Der Kegelsatz wird so auf eine Ofenplatte plaziert, daß man die Kegel durch das Schauloch beobachten kann.

Sie dürfen indessen nicht zu nahe beim Schauloch aufgestellt sein; es ist gar nicht immer leicht, sie an einer günstigen Stelle zu plazieren. In einem Ofen ist bei geschlossener Tür keine Lichtquelle mehr vorhanden; ist er voll beschickt, ist es oft ratsam, mit einer Taschenlampe zu prüfen, ob die Kegel auf der richtigen Etage und durch das Schauloch sichtbar sind. Die Positionierung ist wichtig, denn die Kegel sind bei hohen Temperaturen und extremer Helligkeit im Ofeninnern nur schwer zu sehen. Ein zu langes und zu nahes In-den-Ofen-Starren kann recht schmerzhaft werden. Sonnenbrillen bringen Abhilfe, doch denken Sie daran, daß Plastikgläser vor Ihren Augen schmelzen! Dies vermittet Ihnen einen Begriff von der ausströmenden Hitze.

Schrühbrennen von Steinzeug geht gewöhnlich bis zu Temperaturen von 1.000°C, was eine gut poröse Oberfläche für den Glasurauftrag erzeugt. Industrielles Steingut, das oft bei 1.060°C glasiert wird, wird immer auf eine höhere Schrühbrandtemperatur von 1.100°C gebracht. Bei dieser Temperatur bewirkt eine chemische Veränderung eine Kompression in der Endglasur, welche die Gefäße härter und unempfindlicher gegen Rißbildung werden läßt (siehe Kapitel 16).

Die im Keramikunterricht gefertigte Ware wird gewöhnlich alle schrühgebrannt, sei sie nun für Steinzeug oder Irdenware bestimmt. Die Temperatur dieses Vorbrands liegt zwischen 960°C und 1.120°C. Der Brennverlauf in einem Schrühbrandofen sieht folgendermaßen aus: Der Ofen soll während der ersten zwei bis drei Stunden auf Niedrigtemperatur gehalten werden; die Spund- und Schaulöcher bleiben offen, damit der Wasserdampf entweichen kann. Dann steigert man für zwei bis drei Stunden auf halbe Leistung; die Dampfbildung hört auf, und man kann die Löcher schließen. Die letzte Aufheizstufe – für weitere drei Stunden etwa – geht bei voller Leistung vor sich. Mit einem solchen Brennzyklus für den Schrühbrand steigt die Temperaturkurve vorerst langsam, dann steil an. Die Kurve für den Glattbrand verläuft umgekehrt: zuerst steil, dann langsam, wenn sich die Temperatur dem Schmelzpunkt der Glasur nähert. Moderne Elektroöfen lassen sich per Computer gemäß diesen Brennkurven programmieren. Der Töpfer kann sich dabei ausruhen, was für den Töpfer der alten Schule und für denjenigen mit einem holzgefeuerten Ofen völlig undenkbar ist, denn der traditionelle Töpfer schürt sein Feuer Tag und Nacht!

Das Einsetzen für den Glasurbrand

Sowohl der richtige Einsatz des Brenngutes als auch die präzise Temperaturführung sind für den Glasurbrand viel entscheidender als für den Schrühbrand. Da die Glasur auf dem Höhepunkt des Brennens flüssig ist, kann sie herunterlaufen, ja, von einem Gefäß sogar ganz weglaufen. Bis zur Basis glasierte Gefäße würden sich auf der Ofenplatte glasig festkitten, wenn sie darauf gestellt wären. Glasierte Gefäße, die sich berühren, kleben aneinander, deshalb müssen sie voneinander getrennt gesetzt werden, mit einem Sicherheitsabstand von mindestens 5 mm. Achten Sie darauf, daß glasierte Fußringe und Böden auf Dreifüße gestellt werden (diese feuerfesten Stelzen mit drei Spitzen halten das Gefäß wie mit den Fingerspitzen). Dreifüße sind nicht stark genug, um Steinzeugtemperaturen auszuhalten, ohne sich zu verziehen oder das Gefäß zum Verziehen zu bringen. Aus diesem Grund stehen Steinzeuggefäße direkt auf der Ofenplatte oder auf Spezialringen aus gebranntem Ton, aber ohne Glasur auf dem Fußring oder in dessen unmittelbarer Nähe. Porzellangefäße verändern ihre Form mehr oder weniger im Ofen, weil der Gefäßkörper verglast.

Dieser Umstand ist beim Beschicken des Ofens – es verbleibt immer noch die mögliche Überraschung des Absackens und Berührens –, aber auch bei der Herstellung, zu berücksichtigen.

Ein leichtes Bestreuen der Ofenplatten mit Flint, Molochit oder einem speziellen Streumittel verhindert jegliches Kleben an den Ofenplatten. Es muß jedoch vermieden werden, daß sich Staub vom Streumittel auf die eingesetzten Gefäße der tieferen Lagen absetzt. Alte, mit Glasurtropfen verunreinigte Platten lassen sich mit in Wasser angerührtem Flint übermalen; der Überzug wirkt dann wie ein oben beschriebenes »Trennmittel«.

Das verschiedenartige Verhalten von Glasuren im Ofen ist im Kapitel 16 behandelt

Gegenüber: Brennhilfsmittel und Ofenplatten aus Sillimanit. Dreispitze sind unerläßlich für den Glasurbrand von rundum glasiertem Steingut. Links: Mit einem von der Zange gehaltenen Testring prüft der Töpfer, ob die Glasur gargebrannt ist. Durch ein Schauloch beobachtete, im Ofeninnern plazierte Seger-Kegel (unten) *zeigen die Temperatur bzw. die Reife der Ware an. Der gebogene Kegel H1 zeigt, daß die Temperatur 1.100°C erreicht hat.*

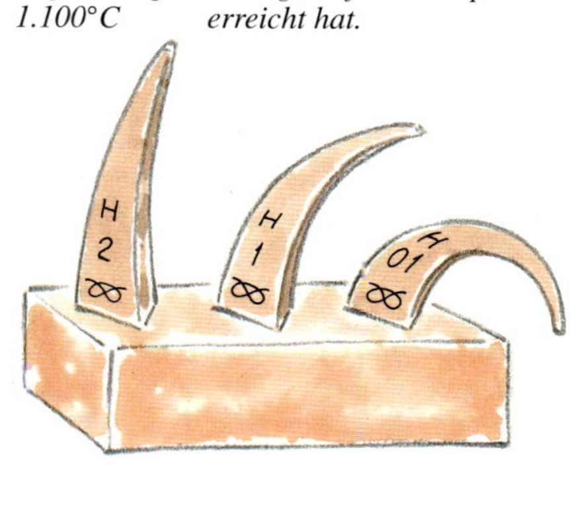

worden. Es lohnt sich aber, an dieser Stelle (noch einmal) zu vermerken, daß keine zwei Ofenbrände genau gleich sind. Jegliche Gefäße, die in punkto Farbe, Gefüge und Textur, ferner in punkto Tastgefühl möglichst gleich sein sollen, müssen, wenn möglich, im gleichen Brand eingesetzt werden und sogar in derselben Ofenzone. Dies ist von besonderer Bedeutung bei brennstoffgefeuerten Öfen, bei denen die Ofenatmosphäre vom Töpfer variiert werden kann. Nicht wenige Töpfer vertreten die Ansicht, daß sich die Qualität der Glasur mit dem Beibehalten der »Reifetemperatur« im Garbrand um 10 bis 20 Minuten verbessern läßt, statt Strom- oder Brennstoffzufuhr sofort nach Erreichen der Maximaltemperatur abzustellen.

Reduzierendes und oxidierendes Brennen

Bei der Irdenware wie beim Schrühbrand bringt die Veränderung der Ofenatmosphäre nichts: der Dekor läßt sich nicht verbessern. Beim Steinzeug indessen bewirkt eine reduzierende Ofenatmosphäre eine dunklere Farbe des Tonkörpers, was zwangsläufig auch die Farbe der Glasur verändert. Sie hat außerdem eine dramatische Auswirkung auf einige der Metalloxide, indem sie ihnen Sauerstoff zugunsten des Verbrennungsprozesses entzieht. Unter solchen Verhältnissen verändert sich Kupfer von grün zu kupferrot und Eisen von braun zu grün.

Wie läßt sich auf einfache Weise eine Reduktion bewerkstelligen? Ein Drosseln der Luftzufuhr beim Öl- oder Gasbrenner ohne oder mit partiellen Muffeln oder das Einführen von Brennholz durch das Schauloch absorbiert Sauerstoff im Brennvorgang.

Nun fühlen sich aber die meisten Alleintöpfer unsicher, wieviel Holz sie zusetzen müssen, bei welcher Temperatur und wie lange sie die reduzierende Atmosphäre aufrechterhalten müssen. Der Ofen soll über die ganze Zeitspanne der reduzierenden Atmosphäre kontinuierlich mit Holzschnitzeln, die man auch zum Feueranzünden braucht, beschickt werden; das heißt, daß man viel Holz zur Hand haben muß. Eine halbe Stunde ist die Mindestdauer einer »Reduzierperiode«. Sie unterhalb von 1.000°C anzusetzen, nur um zeitweiligen Schwierigkeiten, die Temperatur mit gedrosseltem Sauerstoff zu steigern, aus dem Weg zu gehen, ist unvernünftig. Es braucht ganz einfach einen letzten (oxidierenden) Feuerstoß, um die Gartemperatur im Ofen zu erreichen.

Bei einem holzbefeuerten Ofen wird die Reduktion einfach dadurch erreicht, daß man einen Zugluftregler schließt und dadurch den Luftzug verringert.

Eine genaue technische Beschreibung des reduzierenden Steinzeugbrands mag für den Anfänger zu weit gehen. Und doch ist es wichtig zu wissen, daß gleichartige Glasuren zu verschiedenen Resultaten führen können, und es ist nicht unwichtig, etwas von der Methode zu wissen, die zu den ausgewogensten und schönsten Werken in der orientalischen Kunst geführt hat. Erfolgreiches »Reduzieren« in Elektroöfen ist schwierig zu erreichen, weil dort ja keine Verbrennung mit Zugluft stattfindet. Materialien durch das Schauloch zum Verbrennen zuzugeben, ist wenig ratsam, weil so die Brennelemente beschädigt, deren Lebensdauer vermindert und die eingesetzten Gefäße im Ofen selber beeinträchtigt werden.

Aufdampfbrände

Ein Ofen für Salzglasuren muß wegen der austretenden Dämpfe im Freien stehen und auch außerhalb städtischer Besiedlung. Das Salz wird gewöhnlich in Kristallform eingeführt. Ein Ofen für Sodaglasierungen kann, sofern er über einen guten Kamin verfügt, auch in einem geschlossenene Raum betrieben werden. Die entsprechenden Dämpfe werden sich aber immer auch an den Innenwänden des Ofens niederschlagen, und wenn sie sich dann bei höheren Temperaturen verflüchtigen, kann sich das auf das eingesetzte Brenngut bei späteren Schrüh- oder Glasurbränden auswirken. Bei Sodaglasuren sind diese Auswirkungen geringer als bei Salzglasuren, und die entsprechenden Töpfer brauchen sich deshalb keine großen Gedanken darüber zu machen, weil sie ohnehin bei Sodaglasuren bleiben.

Für Sodaglasur kann ein konventioneller Gas- oder Ölofen verwendet werden, in den die Sodalösung durch die nahe am Brenner liegenden Öffnungen eingesprüht wird. Auf diese Weise steigt der Dampf den Flammen folgend auf und glasiert die Gefäße, sofern keine Muffel vorhanden ist. Spezialöfen verfügen über kleine Einsprühlöcher in verschiedener Höhe auf allen Seiten, um eine gleichmäßige Verteilung der Dämpfe zu gewährleisten.

Manche führen das Soda auch in Kristallform ein, Ruthanne Tudball jedoch, eine Vorreiterin dieses Glasurverfahrens in England, hat dafür eine andere Methode entwickelt. Sie löst eine Handvoll Natriumbikarbonat in etwa einem halben Liter heißen Wassers auf und sprüht die so gewonnene gesättigte Lösung mit Hilfe einer unter Druck stehenden Gartenspritze im Abstand von etwa einer Viertelstunde jeweils ein paar Sekunden lang während zwei bis drei

Zubereitung einer Sodalösung

Man streut eine Handvoll Natriumbikarbonat in einen halben Liter Wasser; es sollte heiß sein, damit sich das Pulver rascher auflöst.

Einsprühen in den Ofen

Die gesättigte Lösung wird dicht über dem Brenner mit Hilfe einer unter Druck stehenden Gartenspritze in den Ofen gesprüht.

Stunden in den auf 1.260° bis 1.300° gebrachten Ofen. Längere Sprühstöße vermeidet sie, weil sie eine zu starke Dampfentwicklung im Ofen für gefährlich hält. Für ihren großen Ofen braucht sie pro Brand etwa eineinhalb Kilo Soda, die sie in der beschriebenen Weise auflöst. Nach dem Einsprühen prüft sie durch das Einschieben von Proberingen aus Ton durch ein Guckloch, ob die Glasierung befriedigend ausfällt, ehe sie für das Endstadium zur sicheren Verbindung der Glasur die Temperatur hochfährt. Ruthanne Tudball führt immer nur einen Brand durch, der zugleich Schrüh- und Glasurbrand ist.

Sägemehl-Öfen

Für Sägemehlbrände sind die verbreitetsten »Öfen« Metallbehälter wie ausgediente Benzinfässer oder Abfalltonnen, die mit enem Deckel versehen sind. Sie werden ziemlich dicht mit trockenem Sägemehl gefüllt, in das dann das Brenngut eingeschoben wird, wobei man Gefäße gut damit ausfüllt. Da hier eine Brenntemperatur von 750° C selten überschritten wird, ist zur Erreichung von Dauerhaftigkeit gewöhnlich vorheriger Schrühbrand erforderlich. Das Sägemehl wird von oben her entzündet, gewöhnlich mit einer Lötlampe oder einem Schweißbrenner, und schwelt allmählich nach unten durch. Wenn in den Blechbehälter Löcher gebohrt wurden, wird dem Sägemehl von außen Sauerstoff zugeführt, und es verbrennt daher schneller. Erfahrene Töpfer aber nutzen diese primitiven Brennöfen lieber, um damit Karbonisierung zu erzielen – diese dunkle Musterung, oft auf poliertem Schlickerüberzug, die durch den Sauerstoffentzug bewirkt wird. Daher verzichten sie auf das Anbringen von Löchern, damit der Brand unter Sauerstoffreduktion erfolgt.

Die Konstruktion eines Ofens

Wenn sich auch nicht wenige Töpfer damit zufrieden geben, den gesamten Brennzyklus dem technischen Spezialisten zu überlassen, gibt es andere, die dem pyrotechnischen Teil des Töpferns ganz besonders viel abgewinnen können. Ihre Begeisterung wird eher angestachelt als gebremst bei der Aussicht, den eigenen Ofen bauen und betreiben zu können.

Angesichts der neu erwachten Begeisterung für Holzbefeuerung bauen sich inzwischen nicht wenige ernsthafte Amateurtöpfer gewaltige holzbefeuerte Öfen mit meterlangen, tunnelähnlichen Brennkammern, die wie feuerspeiende Drachen wirken, wenn sie in Betrieb sind. Selbst gebaute Öfen müssen aber nicht unbedingt solche Dimensionen annehmen, und einfache und auch moderne Materialien erweisen sich für den Ofen-Eigenbau als hilfreich.

Für jene, die sich unbedingt selbst einen Ofen bauen wollen, in dem Steinzeugtemperaturen erreichbar sind, gibt es Spezialliteratur, und Brenner für Gas- und Ölbetrieb sind im Keramikfachhandel erhältlich.

Leichtbauöfen

Die Entwicklung der Keramikfasern für die Raumfahrt in den achtziger Jahren und der ebenso revolutionierenden Leichtbausteine »Sayvit« in den USA hat den Aufwand für die Isolation eines gut funktionierenden Ofens beträchtlich verringert. Da das Gewicht und die tragenden Bauelemente reduziert worden sind, ließ sich die Konstruktion modifizieren und vereinfachen (gerade wie bei einer modernen Kathedrale, die kein Steingewölbe mehr benötigen würde). Leichtbausteine, welche die Hitze aufnehmen, und keramische Fasern, zu dünnen Tafeln (wie Gipsplatten) gepreßt, können die Grundlage eines Ofens mit einer Brennkammer von 0,14–0,16 m^3 bilden. Ein solcher für den Kunsttöpfer geeigneter Ofen wiegt nur noch ungefähr 100 kg; er läßt sich selbst in einer Wohnung aufstellen, vorausgesetzt, daß ausreichende Ventilation und Feuerschutz gewährleistet sind. Solche Öfen werden mit sicherheitsbewußten Instruktionen und Installationsempfehlungen (einschließlich der Abstände von den Wänden) geliefert.

Heute sind auch Elektroöfen mit Metallmantel und eingebetteten Heizelementen erhältlich, in Rund- oder Achteckform, in einer ausgeklügelten Bauweise, die die Brennkammer zu vergrößern oder zu verkleinern erlaubt. Zu diesem Zweck lassen sich Ringe aus Isolierstein hinzufügen bzw. wegnehmen, vergleichbar mit einem Stapel von Reifen, dessen Innenvolumen durch Einsetzen entsprechend kleinerer Reifen verändert werden kann.

Die Flexibilität, die damit erreicht wird, ist vorteilhaft, und noch günstiger ist die Energieeinsparung. Ein Leichtbauofen kann eine Temperatur von 1.300°C in nur fünf Stunden erreichen. Wenn das auch für den Schrühbrand nicht zweckmäßig ist, profitiert doch der Glattbrand von der Brennstoffeinsparung. Leichtbauöfen neigen auch zu sehr raschem Abkühlen, was traditionsgemäß für die Glasur als schädlich betrachtet worden ist. Es scheint aber, daß diese alte »Mär« vom langsamen Abkühlen einzig daher rührt, weil die alte Generation von Öfen nur langsam abzukühlen imstande war, und langsames Abkühlen die Qualität der Gefäße verbesserte. Man weiß heute, daß schnelles Abkühlen nur während bestimmter Temperaturübergänge Risse hervorruft.

So wie heute die Geschäftsleute mit ihrem Laptop unterwegs sind, reisen Töpfer durch die Gegend, um Raku-Brand zu demonstrieren, und führen praktische kleine Raku-Öfen, mit Propangas betrieben, im Auto mit. Als Wandungen für einen solchen Ofen dienen 4 cm dicke Schalen aus Keramikfasern (empfehlenswerterweise mit einer Schutzschicht versehen, um das Eindringen sich lösender Fasern in die Lunge zu vermeiden), die zur Stabilisierung außen von einem Maschendrahtnetz umgeben und an diesem mit Nichromdraht befestigt sind. Diese Konstruktion ist mit einem leichten Eisenrahmen versehen und stabil genug, um die erforderliche Hitze auszuhalten und auch wiederholte Brände durchzustehen. Diese leichten »Haubenöfen« kann man auf eine Basis aus feuerfesten Backsteinen setzen, und dank der angebrachten Henkel können sie noch heiß von zwei Personen vom Brenngut abgehoben werden; man kann sie für Raku-Brände oder auch normale Brände mit rascher Aufheizung und Abkühlung verwenden. Gewöhnlich sind diese Öfen rund bzw. tonnenförmig, es gibt aber auch schon welche, die man zerlegt und flach verpackt transportieren und dann kastenförmig in etwa einer halben Stunde zusammenbauen kann. Versteckte »Pyromanen« können sich auf diese Weise austoben, und da diese Öfen billig und auch durchaus sicher sind, ermöglichen sie sozusagen jedem die Freude am eigenen Ofen und Brennen.

Dieser von Phil Cooke entwickelte Leichtbauofen mit nur einem Brenner ist ideal für den Raku-Brand, ermöglicht aber auch Steinzeugtemperaturen.

Der Raku- und Kapselbrand

Der Raku-Töpfer muß sich mit beidem auseinandersetzen: mit dem Brennprozeß und dem Feuer selber. Für den Anfänger ist dies eine dramatische und unwiderstehliche Erfahrung. Bernard Leach war ein Anfänger, als er in Japan zum ersten Mal Zeuge eines Brandes in einem Raku-Ofen wurde; damit hat seine Liebe zur Töpferei begonnen und ein Leben lang gehalten.

Raku bedeutet »Glück durch Zufall«. Das Verfahren wurde erstmals in Japan im sechzehnten Jahrhundert angewendet. Moderne Techniken sind dem Zufall stark zu Leibe gerückt – und doch sind die Resultate auch heute noch nicht voraussagbar, und die Verluste bleiben hoch. Der Erfolg hängt vom sehr schnellen Glattbrand der mit Niedrigtemperaturglasur dick glasierten Schrühware ab, ferner vom ebenso schnellen Abkühlen, das öfters durch Abschrecken mit kaltem Wasser geschieht. Es verlangt einen widerstandsfähigen Ton mit niedriger Wärmeausdehnung und eine Glasur, die fast sicher beim Abkühlen in Sekundenschnelle um mehrere hundert Grad Celsius haarrissig werden wird. Es liegt in der Natur der Glasur, oft großartige Farben oder Lüster zu entwickeln, die bei Töpfern sehr begehrt sind. Man kann die Raku-Qualität vielleicht am besten als ein »augenblickliches Altern« beschreiben.

Einige Aufbaumethoden eignen sich weniger für die Raku-Technik. Gefäße nach der Gießschlicker- oder Plattenaufbaumethode beispielsweise reißen im Raku-Ofen mit hoher Wahrscheinlichkeit auseinander. Hingegen sind Gefäße in der Aufwülst- und der Quetsch-Technik oder aufgedrehte, dickwandige Gefäße für Raku am besten geeignet. Gewöhnlich gedrehte Gefäße, die durch Dehnen des Tons aufgebaut werden, sind weniger standfest in der Form als gut ausgeformte, aufgewülstete Gefäße, bei denen der Ton gepreßt wird. Dünne, aufgedrehte Gefäße, aber auch extrem asymmetrische und flache Gefäße jedoch brechen wahrscheinlich auseinander. Die »sichersten« Formen sind nicht zu weit offene Schalen und andere Formen ohne Ecken.

Der Ton soll in der Textur offen sein, mit Vorteil von hohem Schamottegrießanteil. Seit Raku »standesgemäß« und populär geworden ist, ist im Fachhandel ein spezieller Masseton für diese Technik, gewöhnlich als »Raku-Ton« bezeichnet, erhältlich. Wenn Sie Ihren eigenen Ton aufbereiten, fügen Sie zu einem plastischen Ton etwa 10 % gröberen oder feineren Schamottegrieß zu; es kann auch Quarzsand sein.

Fertige grüne Gefäße werden auf übliche Weise einem Schrühbrand bei ca. 1.000°C unterworfen, dann mit einer Irdenwareglasur, die bei weniger als 1.000°C schmilzt, glasiert. Trotz der niedrigen Temperatur des Glattbrandes werden wegen der Giftigkeit viele Raku-Töpfer davon abgehalten, Blei, selbst in der gefritteten Form, zu verwenden. Eine alkalische Niedrigtemperaturfritte wird am häufigsten als Raku-Glasur angewendet, wobei 15 % Ball Clay oder Ball Clay und Kreide zugesetzt werden. Die typische Haarrißbildung alkalischer Glasuren stellt hier kein Problem dar, da sie ohnehin wegen des raschen Abkühlens nicht zu umgehen ist; im Gegenteil: sie ist sogar erwünscht.

In der Regel wird die Glasur eher mit einem rauhen Rundpinsel dick auf das Gefäß gemalt, als daß man sie aufspritzt oder das Gefäß darin eintaucht. Die färbenden Stoffe wie Kupfer, Kobalt, Mangan und Zinn lassen sich entweder in die Glasur einmischen oder auf die Glasur aufmalen. Für diesen Fall verwendet man eine gute Haftung gewährleistende, wässerige Gummiarabicum-Paste. Feine, differenzierte Mu-

Abschrecken von Raku-Ware

1 Der Raku-Töpfer trägt feuerfeste Handschuhe, wenn er den Ofen öffnet.
David Roberts *(links) hebt einen Haubenofen mit Hilfe von Gegengewichten.*

2 Die Raku-Töpferin Ursula Ströh-Rubens, *ausgerüstet mit einem Hitzeschutzvisier, entnimmt dem Ofen ein Gefäß mit Metallschaufeln.*

3 Das heiße Gefäß kommt direkt in einen mit Sägemehl gefüllten Metallkübel, um die Nachreduktion zu bewirken, solange die Glasur noch »offen« ist.

ster sollte man vermeiden; sie verwischen mit der spezifischen Einwirkung des Feuers auf die Glasur teilweise oder ganz. Kräftige Kleckse aus einem Oxid oder einer zweiten Glasur, mit dem rauhen Rundpinsel oder mit dem Malhorn aufgetragen, können zu interessanten Resultaten führen.

Brennmethoden

Die traditionelle Methode eines Raku-Ofens ging von einem kleinen, improvisierten, mit Ofensteinen im Freien aufgebauten Ofen aus. Den Kamin »bastelte« man aus einem Steinzeugablaufrohr, und alte Ofenplatten aus Sillimanit übernahmen die Funktion von (gestützten) Türen. Der Prozeß lief so an, daß man den Ofen vorerst mit leerer Muffelkammer vorheizte und dabei die darauf gestellten glasierten Gefäße zum vollständigen Austrocknen vorwärmte.

Mittels langgriffiger Zangen wurden nun die Gefäße von vorn – aus sicherer Distanz – in die von Flammen umgebene Muffelkammer befördert. Die Ofenkon-

Raku-Vase von Jane Wallner; Höhe: 12 cm.

Abschrecken der Raku-Ware

4 Nun wird weiteres Sägemehl über das Gefäß gestreut. Je länger dieses in dem schwelenden Material verbleibt, umso vollständiger wird die Reduktion.

5 Das noch heiße Gefäß wird in einem Kübel mit Wasser abgeschreckt. Dabei werden die oft irisierenden Farben der Reduktion unter der Glasur »eingefroren« bzw. fixiert.

6 Schließlich werden die Rückstände von gebranntem Sägemehl von der Außenseite des Gefäßes entfernt. Der Töpfer benutzt dazu einen Scheuerlappen mit Wasser.

struktion umfaßte auch ein Schauloch, damit der Raku-Töpfer die Ware in der Muffel gut zu beobachten vermochte, um sie nach dem Schmelzen der Glasur – wiederum mit den Zangen – aus dem Ofen zu nehmen.

Dann kam der aufregendste Teil der Raku-Arbeit: das Herausnehmen des rotglühenden Gefäßes aus dem Ofen, das erste »Abschrecken« in einer mit Blättern oder Sägemehl gefüllten Metalltonne, und anschließend das zweite Abschrecken in Wasser. Beim ersten »Abschrecken« verbrannten Blätter oder Sägemehl unter Rauchentwicklung, und beim eigentlichen Abschrecken war das Gefäß nicht mehr rotglühend, nur noch heiß. Riß- und Sprüngebildung bei der Entnahme des Gefäßes aus dem Ofen gehörten zwangsläufig dazu.

Selbstverständlich kamen Elektroöfen für das Raku-Verfahren nicht in Betracht. Mit dem neuen, einfachen Konzept, den Ofen vom Gefäß weg zu bewegen (und nicht das Gefäß aus dem stehenden Ofen zu entfernen), veränderte sich alles. Der von Paul Soldner entwickelte Haubenofen erlaubt die Fertigung viel größerer Gefäße.

Soldner gilt als der Raku-König im Westen. Seit den sechziger Jahren hat er in Amerika Techniken zur Herstellung von so großen Raku-Gefäßen entwickelt, wie sie mit irgendeiner anderen Töpfertechnik auch gefertigt werden können. Damit ließen sich große und sehr schöne Gefäße mit Raku-Oberflächen auch in Kunsttöpfereien herstellen. Da das Resultat nicht voraussehbar ist, kommt die Raku-Technik für die industrielle Fertigung nicht in Betracht. Selbst im Keramikunterricht ist die Raku-Fertigung nicht einfach, obschon sich in Sommerkursen traditionelle kleine Raku-Öfen im Freien aufstellen lassen. Kunsttöpfer, die ihre Werkstatt auf Raku ausrichten, beschaffen sich zunehmend den Haubenofen.

Die mit keramischen Leichtfasern isolierte Haube läßt sich mittels eines Flaschenzuges bis auf die Basis, auf der die glasierten Gefäße stehen, senken. Das gestattet dem Töpfer, die Kammer von unten mit Öl oder Gas aufzuheizen bis zur Rotglut, und die Heizung unmittelbar vor dem Heben der Isolierhaube abzustellen. So präsentiert sich das rotglühende Gefäß, das nun (immer noch) mit Zangen aus sicherer Entfernung in eine mit Sägemehl gefüllte Tonne befördert wird. Das Sägemehl beginnt wegen der Hitze des Gefäßes zu schwelen, verbraucht den Sauerstoff für die Verbrennung, so daß sich der Tonkörper in der reduzierenden Atmosphäre unter der Glasur dunkel färbt. Die schnelle Haarrißbildung in der Glasur läßt die Bildung von Kohlenstoff in den Spalten zu; gewöhnlich bildet sich dann ein Perlmuttglanz auf der Oberfläche, hervorgerufen durch die Reduktion der Metalloxide – z. B. Zinnoxid – während der Verbrennung zu den Metallen. Auf diese Weise verwandelt sich Kupfer in ein blaßrotes Pink oder Türkis. Befördert man das Gefäß zum zweiten Mal mit den Zangen in ein Wasserbad, »friert« die Glasur ein. Es setzt eine sekundäre Rißbildung ein, allerdings nicht unbedingt sofort; sie verleiht der Oberfläche des Gefäßes eine extra »Tiefe« und ein gesprenkeltes Aussehen. Zehn Minuten im Wasserbad genügen für die Umwandlung. Dann kann das Gefäß mit einer Nagelbürste geschrubbt werden, um losen Schmutz und Belag zu entfernen.

Obschon der ganze Vorgang recht kompliziert anmutet, verlangt er eigentlich nur Geschicklichkeit im Umgang mit den Zangen, eine gute Organisation und einen sicheren Standort im Freien, da kräftige Flammen- und Dampfbildung nicht zu unterschätzen sind. Der ganze Vorgang nimmt nur einige wenige Stunden in Anspruch. David Roberts, ein führender englischer Raku-Töpfer, hat einen Brennzyklus von drei Stunden – von kalt auf 1.000°C und wieder auf kalt – entwickelt.

So bekommt diese Technik einen Schnellverlauf, der für viele, die nicht die Geduld haben, Wochen auf ein glasiertes Gefäß zu warten, attraktiv ist. Mit der Raku-Technik entwickelt sich die Puppe vor Ihren Augen zum Schmetterling!

Der reduzierende Kapselbrand

Eine eher düstere, aber gleichermaßen aufregende Oberfläche läßt sich beim Brand von Gefäßen erzielen, die ebenfalls in Sägemehl, aber in einer keramischen »Kapsel« eingepackt, in einem konventionellen Ofen mit offener Flamme gebrannt werden. Weder handelt es sich dabei um Raku noch ist das Endprodukt mit Glasur vollständig dichtgebrannt. Diese Kapsel, die traditionsgemäß das zu brennende Gefäß aufnimmt, wird seit Jahrhunderten in der Töpferei angewendet. Natürlich läßt sich zu diesem Zweck auch ein großes keramisches Ausschußgefäß verwenden. Die Technik wurde mit großem Erfolg von John Leach in der Muchelney-Töpferei in Somerset entwickelt. Das schrühgebrannte Gefäß wird leicht schräg in eine Sägemehl enthaltende Kapsel eingebettet. Es brennt in reduzierender Atmosphäre unter dem Sägemehl; mit der Reduktion nimmt es eine dunkle bis schwarze Färbung an, wobei sich ein heller Ring rund um das Gefäß abzeichnet, der von den Flammen des brennenden Sägemehls auf dessen Oberfläche herrührt. Obschon der Ofen bis auf Steinzeugtemperaturen geheizt wird, drückt das schwelende Sägemehl in der Kapsel die Temperatur auf rund 1.150°C herunter, so daß das Gefäß nicht vollständig verglast, aber auch nicht vollständig mit Glasur abgedichtet ist. Es trägt indessen den Stempel des Feuers und vermag diejenigen zu entzücken, die im Endstadium eines keramischen Prozesses noch einen Hauch von Alchemie wittern ...

Die Schalenform von John Leach *geht auf afrikanische Vorbilder zurück. Die Färbung ist das Resultat eines Kapselbrandes: Die Gefäße werden in bis auf halbe Höhe mit Sägemehl gefüllte Kapseln eingesetzt und in holzgefeuerten Öfen gebrannt.*

22

Der Heimtöpfer

Das Töpferhandwerk soll grundsätzlich *nicht* in einer Küche ausgeübt werden. Natürlich läßt sich ein einzelnes Gefäß, besonders wenn es von Hand aufgebaut ist, auch in der Küche fertigen; sobald sich aber ein simples kreatives Werken zu einer ausgedehnten Freizeitbeschäftigung entwickelt, wird die Belastung und der Streß, das Töpfern mit den alltäglichen Küchenarbeiten zu kombinieren, unerträglich.

Das Fertigen von Gefäßen braucht viel Platz und auch eine gute Durchlüftung; die meisten Töpferarbeiten sind zudem mit einem ständigen Wasserbedarf verbunden. Das Badezimmer, das Wasser liefert, kann im Notfall dem Fotografen als Dunkelkammer dienen, nicht aber dem Heimtöpfer als Töpferei, weil es einfach an Platz fehlt, und die Badezimmeratmosphäre alles andere als stimulierend wirkt.

Ton, ein an und für sich nicht schmutziges Material, ist »anhänglich« wie Staub und hinterläßt einen trüben Film, wenn abgewaschene Flächen wie Werktische trocknen. Ton selbst färbt weder Teppiche noch Kleider, hingegen färben zahlreiche Materialien, die mit Ton zusammen verwendet werden, wie z. B. Metalloxide. Der Heimtöpfer, der sich dessen bewußt ist, braucht eine gehörige Portion Begeisterung, um dem Gebot der Sauberkeit und Ordnung nachzukommen – selbst wenn er sich auf die Fertigung von Schachfiguren auf einem Brett beschränken muß ...

Der Standort der Werkstatt

Der ideale Standort für eine Töpferwerkstatt ist ein Nebengebäude, ein Anbau oder ein Schuppen, die ebenerdig und nicht anderweitig zweckgebunden sind. Bewohner von Wohnungen ohne zusätzlichen freien Raum müssen die Ausübung von Töpferarbeiten zu Hause vergessen. Atelierraum ist selbst in dicht besiedelten Städten nicht allzu schwierig zu mieten; für den Anfänger ist aber der Werkraum im Keramikunterricht die beste Anfangslösung.

Dieses Buch wäre kein guter Begleiter, wenn es diejenigen, die nur über das Allernötigste einer Werkstatt verfügen, nicht ermutigte, davon Gebrauch zu machen. Meine eigene Begeisterung half mir in frühen Zeiten, in einem alten Kohlenkeller, in einem Raum in einer Stiefelfabrik und in einem Wintergarten (den ich mit einem Rebstock teilte!) zu töpfern. In keinem dieser Räume lag ein Teppich, sondern nur der nackte Boden, der sich wischen und schrubben ließ: eine Voraussetzung für eine Heimtöpferwerkstatt.

Merkwürdigerweise werden Töpferwerkstätten in neuen Schulen und Fachhochschulgebäuden öfters im obersten Stockwerk – oder im Kellergeschoß eingerichtet. Die Nachteile werden spätestens dann offensichtlich, wenn schwere Ausrüstungen und Rohstoffe dorthin zu transportieren sind. Brennöfen in Schulen wiegen selten weniger als 200 kg, und Ton wird in der Regel tonnenweise angeliefert. Dies belastet allerdings die Schüler nicht allzu sehr, denn die Endprodukte ihrer Arbeit sind leichter und einfacher zu transportieren, aber für die private Werkstatt sind die genannten Nachteile in Erwägung zu ziehen. Ebenerdige Räume sind ideal; sie sollten einen großen Türeingang (unabdingbar für größere Brennöfen) und viel Licht haben. Alle brennstoffbefeuerten Öfen benötigen einen eigenen Ofenabzug, weil normale Kaminabzugrohre sehr oft für Energiestöße ungeeignet sind. Aus diesem Grund sind einstöckige Gebäude am passendsten, falls Kaminrohre gebaut werden müssen. Weil fließendes Wasser eine Voraussetzung ist, dürfte ein nicht mehr benutztes Waschhaus ein nahezu ideales Anfangsobjekt sein!

Der Haken bei solchen Nebengebäuden ist wegen der Kälte der Winterbetrieb. Obschon der Brennofen, wenn im Betrieb, in Form von Abwärme Komfort mit sich bringt, ist eine kontinuierliche Heizung und Isolation gegen Frostschäden unabdingbar. Ich erinnere mich an den traurigen Anblick, als die zum Trocknen ausgelegten Stücke eines ganzen »Produktionsschubes« über Nacht vom Frost in Stücke gesprengt dalagen. Es ist zudem schwierig, im Winter mit kalten Händen und Füßen gute Arbeit zu leisten, oder, im Sommer, ohne gute Ventilation die heiße Ofenarbeit zu besorgen.

Die Wahl der Ausrüstung

Der Brennofen ist der wichtigste Ausrüstungsgegenstand. Der Heimtöpfer ist gut beraten, wenn er beim Kauf eines neuen oder eines gebrauchten Ofens die Außenmaße sorgfältig abnimmt, um sicherzugehen, daß er den Ofen in die Werkstatt hineinbringen kann. Auch der kleinste Elektroofen braucht ein individuelles Schaltgerät und einen speziellen Anschluß an die Hauptleitung. Der Kapitalaufwand für den Ofen kann entmutigend sein, doch gibt es keinen anderen Weg, als dafür entweder Geld oder Zeit aufzuwenden, denn sonst gibt es keine Töpferei.

Der Ofen kommt vor der Töpferscheibe und eröffnet dem Töpfer ein weites Betätigungsfeld. Der Heimtöpfer, der versucht ist, zuerst eine Töpferscheibe anzuschaffen, wird es bald bereuen, nämlich dann, wenn er feststellt, daß er seine grüne, in Watte oder Zeitungen verpackte Ware zum Brennen in eine Schule oder in die örtliche Ziegelei bringen muß. Daß auf dem Transport immer wieder Ware kaputt geht, und der Heimtöpfer mit seiner Ware nicht gerade mit offenen Armen empfangen wird, sei nur nebenbei erwähnt. Es ist eine ernüchternde Erfahrung, weil der Töpfer keine Kontrolle über den Brand hat und zudem die Kosten für auswärtige Brennarbeit in einer Fabrik atemberaubend hoch sind.

Ein solider Arbeitstisch ist die nächste Anschaffung. Eine darauf gelegte glatte Schiefertafel oder eine Marmorplatte von einem alten Waschtisch eignen sich besser als Arbeitsfläche für Ton als ein Holzbrett; sie sind allerdings heute kaum mehr aufzutreiben und werden durch glatte Kunststoffabdeckungen zufriedenstellend ersetzt. So ausgerüstet – mit einem installierten Ofen, einer Werkbank, Ton und fließendem Wasser – sind alle Hindernisse ausgeräumt: der Heimtöpfer kann mit der Arbeit beginnen! Wendet er mehr Energie auf, um den Werkplatz noch besser einzurichten, läßt er sich oft vom Ziel, Töpferware zu fertigen, abbringen; die Perfektion wird zum Hemmschuh. Die Werkzeuge für handgemachte Töpferware sind einfach; sie sind bereits beschrieben worden. Küchenmesser, Modellierhölzer, Metallsägeblätter und Tonroller lassen sich leicht beschaffen, ebenso Schmirgelpapier, Schneidedraht oder Nylonfaden und Tonzusatzstoffe. Ofenbrennhilfsmittel – die sogenannte »Möblierung« –, wenn nicht mit dem Ofen mitgeliefert, müssen gekauft werden, da sie nicht so leicht herzustellen sind.

Die Herstellung und Applikation von Glasuren erfordert anspruchsvollere Werkzeuge; eines der wichtigsten ist ein Phosphorbronze-Filtertuch oder -sieb. Ein Sieb mit dem Feinheitsgrad 100 Mesh, 20,5–25,5 cm im Durchmesser, ist die erste Wahl, doch ist es nützlich, auch ein gröberes und feineres Sieb (Feinheitsgrade 80 und 120 Mesh) zur Verfügung zu haben. Auf ländlichen Märkten kann man sich immer noch für wenig Geld alte Waagen, Kübel und Eimer, Mörser mit Stößeln, Emailbecken und Schalen beschaffen. Doch ist der Heimtöpfer, der über wenig Freizeit verfügt, gut beraten, ebenbürtige und robuste Kunststoffgebinde aus Polyäthylen zu kaufen, denn Polyäthylen ist des Töpfers bester Freund in der Werkstatt. Es ist leicht zu reinigen, und man sieht auf den ersten Blick, wenn es nicht sauber ist. Wenn Sie beispielsweise eine Schrubbürste aus leuchtend orangefarbigem Plastik und Nylonborsten mit dem Vorgänger aus Holz und Naturborsten vergleichen, so gewinnt (das Ästhetische außer acht gelassen) Plastik allemal.

Beim Gießen kann sich der keramische Krug, so beschämend es für den Töpfer auch ist, nie mit dem Plastikkrug mit scharfkantigem Ausguß, der ein tropfenfreies Gießen gestattet, und mit der flüssigkeitsabstoßenden Oberfläche messen. Der weit geöffnete Plastikkrug ist zudem viel praktischer als sein traditionelles Gegenstück aus Email, das üblicherweise einen engen Hals und eine breite Basis aufweist. – Ein Krug, eine Schrubbürste, zwei Schüsseln und ein Kübel oder Eimer mit Deckel – alle aus Polyäthylen – machen die Minimalausrüstung aus.

Waagen und Waagschalen gehören zum wichtigen Zubehör für den Töpfer; damit wiegt er die Glasurbestandteile, aber auch den Ton ein. Federwaagen sind wenig geeignet; sie sind nicht nur ungenau, sondern haben zu kleine Waagschalen und sind zudem langsam. Eine Waage mit zwei Wiegebalken – mit den Gewichten auf der einen und der vernünftig großen Waagschale auf der anderen Seite – hat sich bewährt. Sie ist auch für kleine Mengen genau, was man von der Federwaage nicht behaupten kann. Natürlich gibt es heute auch schnelle und sehr genaue Digitalwaagen, sie sind aber sehr teuer. Küchenwaagen und -roller sind grundsätzlich auch als Töpferzubehör brauchbar; es ist aber zu empfehlen, für die Töpferarbeit eine eigene Ausrüstung zu benutzen, sind doch einige Töpfermaterialien ungesund, wenn nicht sogar giftig.

Eine vollständige Liste der nützlichen Werkzeuge aufzustellen, ist von geringem Nutzen. Man lasse eher den gesunden Menschenverstand walten, was den Bedarf und Lösungsmöglichkeiten anbelangt. Vorratsgläser mit gut schließendem Deckel (siehe Kapitel 15) bewähren sich zum Aufbewahren von Glasuren und Trockenmaterialien, die Feuchtigkeit aufnehmen können. (Materialien, die Feuchtigkeit aus der Atmosphäre absorbieren, sind nicht nur nicht mehr trocken, sondern auch schwerer, was eine Einwaage verfälscht.) Daneben braucht man Schwämme (synthetische und natürliche), Stifte, Korken und Malpinsel; sie alle müssen sauber gehalten werden. Zu empfehlen ist ein geeigneter Platz – z. B. auf einem Wandbrett über der Töpferscheibe – für das Kleinmaterial, wie etwa Wildlederstreifen, die sonst nur zu leicht im Tonabfall oder Schlickerkübel landen.

Töpferscheiben

Falls Sie eine gebrauchte Scheibe kaufen, müssen Sie in erster Linie die Lagerabnutzung prüfen, ferner, bei einer elektrisch angetriebenen Scheibe, die Leistung. Versuchen Sie, bei voller Leistung den Scheibenkopf mit beiden Händen an der Seite zu bremsen. Gelingt das leicht, sollten Sie die Scheibe nicht kaufen. Dies ist ein Test, den Sie auch bei neuen Scheiben durchführen müssen, um den Leistungsbereich kennenzulernen. Das Problem für den Heimtöpfer liegt oft darin, daß die Töpferscheibe nach Katalog zu bestellen ist; er kauft sie also und bezahlt Verpackung und Porto, ohne sie getestet zu haben.

Eine elektrische Töpferscheibe braucht eine Kraftstromsteckdose, aber keine spezielle Verkabelung. Sie sollte an einem Platz mit guten Lichtverhältnissen aufgestellt werden, vorzugsweise unter einem Fenster. Gibt es einen Ablauf für die Auffangschale unter der Töpferscheibe, ist darauf zu achten, daß Tonreste weder direkt auf den Boden spritzen noch in die Kanalisation gelangen, da sie diese rasch verstopfen würden. Am besten laufen sie in ein Becken, wo sie sich absetzen können (z. B. ein altes Waschbecken) und der Überlauf in die Kanalisation führt. Der abgelagerte Ton läßt sich nach dem Auswaschen wieder verwenden. Ist keine Kanalisation vorhanden, leitet man das Material durch einen Gummischlauch in einen großen Kübel – vergessen Sie nicht, diesen zu leeren, bevor er überfließt! Einige Töpferscheiben haben einen Auffangbehälter, der sich nur leeren läßt, wenn man die Scheibe entfernt, was ganz schön schwere Arbeit bedeuten kann.

Der Vorratsraum

Jeder mir bekannten Töpferei ermangelt es an Abstellfläche. Die Töpferware, die trocknet, aufs Glasieren, die Endbearbeitung oder den Brand wartet, schließlich auch die Fertigware selber, haben eines gemeinsam: sie benötigen Platz. Arbeitsflächen müssen davon frei gehalten werden, weshalb Batterien von verstellbaren Brettern unschätzbar sind. Die Entdeckung, daß das einzige leere Brett zu tief unten liegt, um ein frisch gefertigtes Gefäß aufzunehmen, macht man leider oft erst in dem Moment, wo man das Gefäß abstellen möchte! Es lohnt sich daher, im voraus Abstellplatz frei zu machen. Gestelle mit losen Brettern, die auf Tragrahmen, welche wie Leitern aussehen, ruhen, sind mit Zapfen am einfachsten verstellbar. Lose Bretter lassen sich auch auf Winkeleisen, die in der Wand befestigt sind, anordnen.

In einer Heimwerkstatt wird in der Regel täglich gearbeitet. Aber selbst wenn das nicht der Fall ist, kann man den Zustand der frisch gedrehten Gefäße öfters und regelmäßig überprüfen. Der Bedarf für einen Feuchtschrank ist für den Heimtöpfer aus diesem Grund weniger zwingend als für den wöchentlichen Klassenunterricht in Keramik. Trotzdem kann der Heimtöpfer überrumpelt werden, wenn eine Fertigungsmenge von grünen Gefäßen über Nacht trocknet. Ist dann zur gleichen Zeit der Ofen im Betrieb, ist ein praktisch luftdichter Schrank wie ein Retter in der Not! Ist der Feuchtschrank aus Holz gezimmert, wird er sich werfen, ist er aus Metall, wird er rosten, darum bastelt man am besten einen improvisierten »Schrank« aus alten, wertlosen Materialien. Ein nach der Aufwülst- oder Plattentechnik gefertigtes Gefäß läßt sich mit Plastikbeuteln umhüllen und feucht halten. Bei nasser, aufgedrehter Ware sind Polyäthylenbeutel unzweckmäßig, da jede Berührung der Ware Spuren hinterläßt. Die Feuchtigkeit eines frisch gedrehten Gefäßes läßt sich am besten aufrechterhalten, indem man ein anderes Gefäß oder eine Büchse darüberstülpt und den Spalt über dem Ablagebrett mit einem Tonring abdichtet. Solche eher extremen Maßnahmen sind bei normalem Werkstattbetrieb selten nötig. Es ist vorteilhaft für beide, für die Gefäße und die Töpferwerkstatt, Projekte zum guten Ende zu führen und Fortschritte anzustreben.

Bilden Sie sich selbst weiter!

Unzufriedenheit mit der Qualität Ihrer Arbeit sollte nicht nur Grund zur Verzweiflung sein, sondern ist ein Weg zur Weiterentwicklung, da ein handgefertigtes Gefäß beim nächsten Mal besser gemacht werden kann; der Heimtöpfer kann sich ganz diesem Ziel zuwenden.

Die Resultate in der Töpferarbeit reflektieren die Stimmung des Töpfers. Manchmal will es scheinen, als ob die Arbeit, insbesondere auf der Töpferscheibe, immer schlechter statt besser werde. Selbst Experten im Freidrehen haben ihre schwarzen Tage, an denen sie besser nicht auf der Scheibe arbeiten, sondern eine an-

Antike und moderne ländliche Krüge beschämen oft das Werk von Kunsttöpfern.

dere Technik anwenden würden. Es gibt ja so viele Stilmöglichkeiten und Typen in der Keramik, daß Ihnen die Arbeit nie ausgehen wird.

Als Lehrer bin ich immer erfreut festzustellen, wie groß die Vielfalt an Absichten und Talenten der Leute ist, die zum ersten Mal in die Töpferei einsteigen. Meine Begeisterung schrumpft ein wenig, ich gebe es zu, wenn ein Kursteilnehmer sagt, sein wichtigstes Kursziel sei die Herstellung von Weihnachtsgeschenken für Freunde und Verwandte (ohnehin ein unmögliches Unterfangen, da die Kurse im September beginnen). Andererseits sprechen Anfänger schnell auf die eine oder andere Technik an; die Vielfalt der Arbeit und der Interessen ist ein Plus für die Moral. Wünscht der Anfänger Tafelgeschirr, Schalen mit Dekor, plastische Formen ohne Zweckbindung zu machen, steht dem nichts entgegen.

Selber mit Ton zu arbeiten, sensibilisiert die Leute ganz allgemein für die Töpferei, sie werden kritischer gegenüber industriell gefertigter Ware und sind interessierter an Sammlungen in Museen oder Galerien mit zeitgenössischen Werken. Eine regelmäßige, wenn auch kurze Wochenlektion weckt den Appetit, so daß der angehende Töpfer von sich aus Anregungen in Ausstellungen sucht. Zu verfolgen, wie andere Töpfer Keramik machen, kann seine Vorstellungen vollständig umkrempeln.

Die emotionale Ausdrucksweise mit Ton in modernen Töpferplastiken hinterläßt manchmal bei Galeriebesuchern einen regelrechten Schock; oft ärgern sie sich ganz einfach über die Art und Weise, wie Keramikkünstler die traditionelle Keramik von früher mißachten. Die Imagination hat immer schon ihren Ausdruck im Ton gefunden, und fünf- oder sechstausend Jahre Experimente, Traditionen und Reaktionen haben zu keiner anderen Schlußfolgerung geführt als die der Kontinuität in der künstlerischen Form. Das Formen einer kleinen offenen Schale aus Ton ist heute so fundamental – und so unbegrenzt in den Möglichkeiten – wie zur Zeit von Mykenä oder Atahualpa. Der Unterschied liegt höchstens darin, daß die Schale von heute wahrscheinlich weniger gut ist ...

Lieferanten auf dem Gebiet des Keramikbedarfs stellen in der Regel Kataloge zur Verfügung, die gut illustriert und außerordentlich informativ sind. Es lohnt sich, solche zu konsultieren. Eine echte Hilfe bilden die zahlreichen ausgezeichneten Bücher über das Töpfern. Herausragend ist das Buch »A Potter's Book« (Ein Töpferhandbuch) von Bernard Leach, das ein sehr schönes Bild von der Aufregung und der Befriedigung des Töpferberufes vermittelt, sei es nur ein Steckenpferd oder eine Lebensaufgabe.

In jedem Land existiert ein Register der qualifizierten Kunsthandwerker auf dem Gebiet der Keramik. Sicher gibt es darunter solche, die einen Erfahrungsaustausch unter berufenen und enthusiastischen Töpfern begrüßen. Daneben gibt es Fachzeitschriften (siehe Seite 190), die es möglich machen, sich technisch und künstlerisch auf dem laufenden zu halten.

Weltweit finden sich Hunderte von keramischen Werkstätten und Kooperativen, mit denen Verbindung aufzunehmen nicht allzu schwer sein sollte. Natürlich ist es nicht unbedingt erforderlich, Mitglied eines Verbandes oder irgendeiner Gruppierung zu sein, um Fortschritte in der Fertigung von Töpferware zu erzielen. Doch dürfte der Dialog mit gegensätzlichen Auffassungen in jedem Fall anzustreben sein; es sind die gegensätzlichen Kräfte, die echte Kunst auslösen. Die Betonung liegt entweder auf der Funktionalität und dem guten Design (zum Beispiel beim Tafelgeschirr) oder auf den ästhetischen und gefühlsbetonten Möglichkeiten des Tons als Mittel, um sich künstlerisch auszudrücken. Freilich ist eigentlich diese Aufteilung allzu künstlich. Das gute keramische Gefäß spricht für sich selbst, vermittelt Qualität und Schönheit ohne Worte.

Vier kleine Fliesen von Johannes Peter, *Reliefdekor mit weißem Schlicker, dann mit Kobaltoxid bemalt und schließlich transparent glasiert. Steinzeug.*

FACHAUSDRÜCKE

Zu Tonen und Glasuren siehe Kapitel 14, Seiten 115–117. *Kursive* Bezeichnungen verweisen auf ein anderes Stichwort in diesem Glossar.

Abdrehstütze Eine meistens aus plastischem Ton bestehende und nur einmal verwendbare Hohlform, manchmal aber auch als permanente Gips- oder Metallstütze ausgebildet, die das Gefäß auf dem *Scheibenkopf* beim Abdrehen festhält.

Abrollen Das Zurückrollen der Glasur, verursacht von Fettspuren und Staub auf der Schrühware, hinterläßt Narben, die unveränderlich häßlich sind. Siehe Kapitel 14.

Absplittern Absplittern oder Abplatzen, vor allem bei Fliesen oder Plättchen, verursacht durch Frostschäden.

Angarnieren Eine Technik zum Anbringen eines Reliefdekors auf o. ä., der in Formen aus Gips oder Holz vorgeformt sein kann. Ein bekanntes Beispiel ist die Wedgwood-Jasperware, wo das Relief in kontrastierendem Ton (Weiß auf Blau oder Grün etc.) ausgeführt ist. Der Ausdruck wird jedoch in allgemeinerem Sinn auch verwendet für das Ansetzen von Henkeln, Schnaupen, Tüllen usw.

Aufsatzscheibe siehe Scheibenkopf.

Biskuit Zweimal ohne Glasur gebrannte Ware, meist als Biskuitporzellan.

Blähung Blasen, von Gasbildung im Tonkörper während des Brandes verursacht. Die Blasenbildung hängt mit hohen Temperaturen und dem *Glattbrand* zusammen. Wäre sie im Schrühbrand erfolgt, hätte man die Ware weggeworfen.

Dispergiermittel Stoffe, die mit sehr wenig Wasserzusatz dem *plastischen Ton* in einer chemischen Reaktion eine flüssigere Charakteristik verleihen. Natriumsilikat und Natriumkarbonat sind typische Dispergiermittel.

Entgraten oder Verputzen Versäubern oder Verputzen eines Gefäßes vor dem Brennen. Der Ausdruck stammt aus der keramischen Industrie, wo Formnähte *grüner* Gefäße wegzuschaben sind.

Extruder oder Tonrollenstrangpresse Eine meistens an der Wand befestigte Vorrichtung, um *plastischen* Ton unter Druck in abgelängten Stücken zu produzieren, wobei die Form der Tonwürste durch Einsatzscheiben erzeugt wird. Siehe Kapitel 11.

Feuerfest Wörtlich bedeutet feuerfest »widerstandsfähig gegen Hitze«. Jeder Ton ist in dem Sinn feuerfest, daß er nicht brennt; der Fachausdruck bezieht sich aber auf speziellen Ton für das Hochtemperaturbrennen. Glasurbestandteile, die den Schmelzpunkt erhöhen, sind bekannt als Feuerfestzusatzstoffe.

Flußmittel Ein Schmelzmittel, das mit Kieselsäure (Siliziumdioxid) die Bildung von Glasur oder Glas bewirkt.

Fritte Ein Glasurmaterial, bestehend aus *Flußmittel* und Kieselsäure, welche zusammengeschmolzen und zu einem feinen Pulver gemahlen werden.

Fußring Der kleine Kreisring aus Ton an der Basis vieler gedrehter und von Hand aufgebauter Gefäße, der sie von der Unterlage, auf der sie stehen, abhebt. Ist der Fußring ein Teil des gedrehten Gefäßes, wird er während des Abdrehvorgangs geformt und ausgehöhlt.

Gartemperatur Die Temperatur, bei der eine »ausgereifte« Glasur ihre besten Eigenschaften ausspielt. Eine Abweichung von nur 10°C nach oben und nach unten von der optimalen Gartemperatur genügt, um das Resultat zu beeinträchtigen.

Geschlagene (auch gestampfte) Gefäße Eine merkwürdige Bezeichnung für Gefäße, bei denen Ton um eine Holzform garniert wird. Die so erzeugte Wandung wird sodann zur Form »geschlagen«.

Glattbrand (auch Glasurbrand) Im Glattbrand wird die glasierte Ware gebrannt.

Grüne Ware Ungebrannte Gefäße werden »grün« oder »grüne Ware« genannt, wenn sie getrocknet auf den ersten oder Vorbrand warten.

Haltezeit Aufrechterhaltung der Glasbildungstemperatur im Ofen durch angemessene Brennstoffdosierung. Durch Beibehaltung der Temperatur während zehn Minuten (statt Abstellen oder Drosseln des Ofens nach Erreichen der gewünschten Temperatur) bekommt die Glasur ein voll entwickeltes Aussehen.

Homogenisieren (auch Kneten) Das Schneiden und Formen von Klumpen *plastischen* Tons, vor dem Kneten. Damit erreicht man ein gleichmäßiges Gefüge.

Irdenware Glasierte Töpferware, bei Temperaturen von 1.000°C bis 1.100°C gebrannt, bei denen der Körper nicht verglast.

Kapsel Eine meist runde Kapsel (Umhüllung, Schutzschale) aus feuerfestem Ton, oft in Teilstücken, in der man die Töpferware in brennstoffgefeuerten Öfen ohne *Muffeln* brennt.

Karbonisierung Die permanente Verfärbung des Tons durch das Eindringen von Kohlenstoffpartikeln während des Brandes der Töpferware. Die dunklen Linien in der Raku-Töpferei stammen von in die Glasurrisse eingedrungenem Kohlenstoff, wenn das Gefäß in Blättern und Sägemehl geschwelt wird. Die Karbonisierung von unglasierter Ware erfolgt bei niedrigen Temperaturen im Sägemehlbrand; sie führt zu einem zufälligen Dekor.

Kombinierte Techniken Bei der Herstellung von Töpferware angewandte Kombination von Freidreh- und Handaufbautechniken. So kann ein Armleuchter einen Fuß in Plattentechnik, einen aufgewülsteten Stiel und freigedrehte Kerzenhalter haben.

Lederhart oder käsehart Ein wichtiges Stadium im Fortschreiten eines Gefäßes vom rohen Ton bis zur Fertigware. Ein lederhartes Gefäß ist trocken genug, daß es nicht an den Fingern klebt, und weich genug für gewisse Korrekturarbeiten an der Form, ohne Risse oder andere Beschädigungen hervorzurufen.

Majolika Glasierte *Irdenware* mit milchiger Zinnglasur, bemalt mit Metalloxiden. In Italien als Majolika (von Mallorca), in Frankreich als Fayence (von Faenza), in England als Delft-Ware (von Delft) bekannt, kommt Majolika wahrscheinlich ursprünglich aus Nordafrika oder Persien.

Muffel Die *Feuerfest*-Kammer im Innern des brennstoffgefeuerten Ofens, in der die zu brennende Töpferware vor den Flammen geschützt liegt.

Nierenförmige Werkzeuge Ein nierenförmiges Werkzeug aus flexiblem Federstahl zum Feinbearbeiten des gedrehten Gefäßes oder aus steifem Gummi zum Pressen und Nivellieren des Tons in einer Form.

Oxidierend brennen Mit reichlicher Sauerstoffzufuhr brennen, so daß eine vollständige Verbrennung eintritt und die Oxide leuchtende Farben bekommen.

Papierversetzter Ton Zugabe von bis zu 50 % aufbereiteten Papierbreis zu normalem *plastischem Ton* erbringt eine hochplastische Masse mit stark verringerter Schwundrate und hoher Verbindungsfähigkeit; vorteilhaft vor allem für Handaufbau und Gestalten von Figuren.

Plastisch Auf Ton bezogen bedeutet plastisch, daß der Ton verformbar ist und die Form behalten kann.

Porzellan Weiße, dickgebrannte Ware meistens durchscheinend, aus Feldspat, Kaolin und Quarz hergestellt.

Preßform Genau gesagt: eine Preßform aus zwei Gipshälften (Modeln), welche, zusammengesetzt, den plastischen Ton in eine präzise Gestalt pressen. Häufiger wird der Ausdruck für eine Einfachform verwendet, in die der *plastische* Ton von Hand oder mit einem Werkzeug hineingedrückt wird.

Ränderscheibe Eine frei drehende Metall-*aufsatzscheibe,* auf einem Ständer (Höhe wenige Zentimeter bis ein Meter) montiert. Es besteht kein mechanischer Antrieb, die Scheibe wird von Hand oder mit dem Fuß angetrieben, zur Dekoration des Gefäßes (siehe Seite 125) oder ganz einfach um das Gefäß rundum zu drehen.

Reduzierend brennen Brennen mit verringerter Sauerstoffzufuhr (entweder durch Drosseln der Luftzuführung oder den Zusatz einer Substanz, die sich beim Brennen mit dem Sauerstoff verbindet). Reduzierendes Brennen wird bei *Steinzeug* angewendet mit dem Ziel, die Farbe der Metalloxide zur Farbe der Metalle zu reduzieren. So wandelt sich das Grün des Kupferoxids zum Ochsenblutrot des Metalls um. Reduzierendes Brennen wird nur während einer kurzen Periode praktiziert, und zwar gegen Ende der aufsteigenden Temperaturkurve.

Rißbildung Die Rißbildung in der Glasur auf der Oberfläche der Gefäße stammt von der größeren Schrumpfung in der Glasur als im Tonkörper während des Abkühlvorgangs. Siehe Kapitel 14.

Roher Ton, Rohglasur Roher Ton ist ungebrannter Ton, und Rohglasieren bedeutet das Auftragen von Glasur auf ein ungebranntes Gefäß. Zusammen gebrannt entsteht eine Töpferware im Einbrandverfahren.

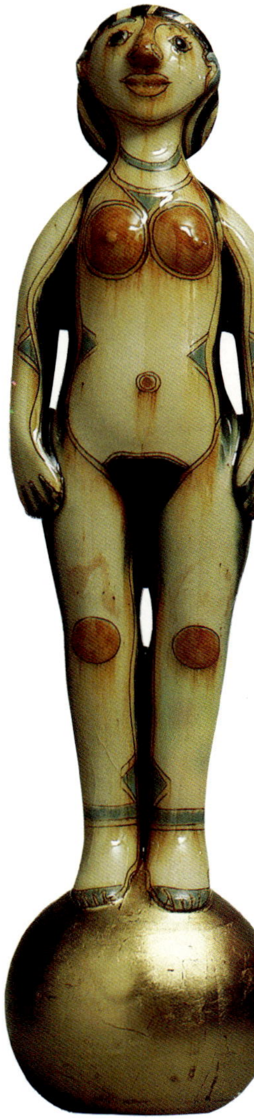

Figur von Jac Hansen

Schamotte Fein gemahlener gebrannter Ton bzw. Schamotte, in der Struktur von zuckerbis zu mehlfein, wird dem *plastischen* Ton zugesetzt, um das Trocknen zu befördern. Schamottezusätze verleihen dem Gefäß mehr Textur oder verringern die Schrumpfung.

Scheibenkopf (auch Aufsatzscheibe) Die flache Scheibe, die oben am Schaft der Töpferscheibe befestigt ist und auf der das Gefäß geformt wird.

Schlicker Ton in einem sehr flüssigen Zustand, angewendet beim Formgießen (siehe Kapitel 13) und zu Dekorationszwecken (siehe Kapitel 18).

Seger-Kegel Nach dem Erfinder benannt, ein Indikator für die Brennhöhe durch Schmelzen eines Seger-Kegels. Es sind eigentlich nicht Kegel, sondern schlanke Pyramiden aus schmelzbarem Material wie Glasur. Sobald die präzise Temperatur erreicht ist, biegt sich die Spitze vornüber.

Seidensiebdruck Ein häufig industriell angewendeter Dekorationsprozeß, bei dem Farbstoffe in einem flüssigem Zustand durch ein sehr feines Seidensieb gepreßt werden, welches zum Teil mit Wachs undurchlässig gemacht worden ist. Das sich ergebende Muster wird dort sichtbar, wo die Farben die ungewachsten Stellen des Siebs passiert haben. Es können verschiedene Siebe verwendet werden, wenn man ein mehrfarbiges Muster erzeugen will.

Seladon-Glasur *Steinzeug*-Glasuren, die Eisen enthalten, erzeugen im *reduzierenden* Brand Grün-, Grau- und Graublaufärbung.

Scherben Der Ton, welcher die Struktur eines Gefäßes bildet.

Sieb oder Siebtuch Ein feinmaschiges Sieb aus Phosphorbronze.

Steinzeug Glasierte Töpferware, in welcher Körper und Glasur zu einem nicht porösen Glaszustand zusammengeschmolzen sind, bei Brenntemperaturen oberhalb 1.200°C.

Tonrollenstrangpresse siehe Extruder.

Trennmittel Mit Wasser angerührtes Quarzmehl wird in einer dünnen Schicht auf mit Glasurtropfen verunreinigte Ofenplatten aufgetragen, um das Kleben der Töpferware zu verhindern.

Umrandung Die um eine Mutterform herum aus Ton, Holz oder Linoleum gebaute Abgrenzungswand, die dann beim Füllen der Form den gebrannten Gips aufnimmt.

Unterlegteller und -platten Eine flache, tragbare Arbeitsfläche. Runde, flache Scheiben aus Holz, Metall, Kunststoff, Gips oder gebranntem Ton sind praktische Unterlagen, um darauf Gefäße zu fertigen oder aufzubewahren. Ofenplatten werden manchmal auch mit Unterlegplatten bezeichnet.

Zusammengesetzte Gefäße Töpferware, die in der Regel aus freigedrehten Einzelteilen zusammengesetzt ist.

BEZUGSQUELLEN

Deutschland

Bischitzky & Co. GmbH, Kolpingring 22, 82041 Oberhaching (Rohstoffe, Tonmassen, Glasuren, Werkzeuge, Maschinen, Brennöfen)

Gerd-Hagen Börkey, Keramik-Bedarf, Paulsborner Straße 10, 10709 Berlin (Rohstoffe, Tonmassen, Glasuren, Werkzeuge, Maschinen, Brennöfen, Fachliteratur)

Thomas Butters, Glasur Labor, Froschgasse 16, 72131 Ofterdingen (Rohstoffe, Tonmassen, Glasuren, Werkzeuge, Maschinen, Brennöfen)

Fuchs'sche Tongruben GmbH & Co., Postfach 347, 56223 Ransbach-Baumbach (Tonmassen)

Goerg & Schneider GmbH & Co. KG, Bahnhofstraße 4, 56427 Siershahn (Tonmassen)

Tongrube Sylvia Isele, Regiment-Piemont-Straße 7, 78315 Radolfzell

Carl Jäger, Tonindustriebedarf GmbH, 56206 Hilgert (Rohstoffe, Tonmassen, Glasuren, Werkzeuge, Maschinen, Brennöfen)

Kahlen Keramik – Töpferbedarf, Neuhausstr. 2, 10, 52078 Aachen (Rohstoffe, Tonmassen, Glasuren, Werkzeuge, Maschinen, Brennöfen)

Reinhard Keitel, Töpfereiausstattung, 99428 Weimar-Niedergrundstedt (Maschinen, Brennöfen)

Keramikbedarf GmbH, Manderscheidtstraße 90, 45141 Essen-Frillendorf (Rohstoffe, Tonmassen, Glasuren, Brennöfen)

Michael Sälzer, Am Viktoriastollen, 56349 Kaub/Rh. (Brennöfen)

Töpfereibedarf Salzmann, Mörliehäuser Straße 6, 37186 Moringen-Großenrode (Tonmassen, Glasuren, Werkzeuge, Maschinen, Brennöfen)

SKG Keramische Farben GmbH, Hafenweg 26 a, 48155 Münster (Glasuren)

Terra Töpfereibedarf, Schnaitweg 7, 79117 Freiburg, und Schloßstraße 32, 79541 Lörrach (Rohstoffe, Glasuren, Werkzeuge, Maschinen, Brennöfen)

Farben Viebach, Hohentorsheerstraße 95/97, 28199 Bremen (Tonmassen, Glasuren, Werkzeuge, Brennöfen)

WEMA GmbH, Fritz-Weidner-Straße 2, 90451 Nürnberg
Welte Glasur und Farbe GmbH, Kunftstr. 2, 51103 Köln (Rohstoffe, Tonmassen, Glasuren, Werkzeuge, Maschinen, Brennöfen)

Andrea Wolbring, Keramik- und Töpferbedarf KG, Parsdorfer Straße 1 a, 85598 Baldham b. München (Rohstoffe, Tonmassen, Glasuren, Werkzeuge, Maschinen, Brennöfen, Fachliteratur)

Thomas Wolbring GmbH, Rudolf-Diesel-Straße, 56203 Höhr-Grenzhausen (Rohstoffe, Glasuren, Maschinen, Brennöfen)

Österreich

AFT Töpfereibedarf, Maria-Theresia-Straße 34, 4600 Wels (Rohstoffe, Tonmassen, Glasuren, Werkzeuge, Maschinen, Brennöfen)

Di Iorio Keramikzentrum, Freistädter Str. 47, 4040 Linz (Rohstoffe, Tonmassen, Glasuren, Werkzeuge, Maschinen, Brennöfen)

Ing. Lehrer GmbH & Co. KG, Paschingerstraße 4, 4060 Leonding

Skokan Keramikbedarf, Rauchgasse 33, 1120 Wien (Rohstoffe, Tonmassen, Glasuren, Werkzeuge, Maschinen, Brennöfen)

Schweiz

Bodmer Ton AG, Holzrüti 1, 8840 Einsiedeln (Rohstoffe, Tonmassen, Glasuren, Werkzeuge, Maschinen, Brennöfen, Fachliteratur)

Feuerungsbau AG, Albulastraße 39, 8048 Zürich (Brennöfen)

Tony Güller, Töpfereibedarf, Batterieweg 6, 4614 Hägendorf (Tonmassen, Werkzeuge, Maschinen, Brennöfen)

Albert Isliker & Co. AG, Ringstraße 72, 8050 Zürich (Rohstoffe, Glasuren)

Lehmhuus AG, Oetlingerstraße 171, 4057 Basel (Rohstoffe, Tonmassen, Glasuren, Maschinen, Brennöfen)

LIWAG, Tößstraße 14, 8413 Neftenbach (Maschinen, Brennöfen)

Michel, Keramikbedarf, Lerchenhalde 73, 8046 Zürich (Werkzeuge, Maschinen, Brennöfen)

Neue KIAG, Keramisches Institut AG, Töpfereibedarf, 3510 Konolfingen (Rohstoffe, Tonmassen, Glasuren, Werkzeuge, Maschinen, Brennöfen)

Tonwerk LAUSEN AG, 4415 Lausen (Rohstoffe, Tonmassen, Glasuren)

ZEITSCHRIFTEN

Die Töpferzeitschriften haben die spezielle Funktion, die Töpfer, deren Werkstätten sich oft in abgelegenen ländlichen Gegenden befinden, auf dem laufenden zu halten über Entwicklungen, Ausstellungen und neue Arbeiten. Der Pionier auf diesem Gebiet in England war die alle zwei Monate erscheinende *Ceramic Review* (21 Carnaby Street, London W1V 1PH). Es ist eine ausgezeichnete Zeitschrift wie auch die sehr empfehlenswerte *Ceramics Monthly* in den USA (herausgegeben von William Hunt, 1609 Northwest Boulevard, Columbus, Ohio 43212). *American Ceramics* erscheint vierteljährlich (15 West 44th Street, New York, NY 10036). In Australien ist die Zeitschrift *Ceramics: Art and Perception* gut informiert und auf sehr hohem Niveau (35 William Street, Paddington, NSW 2021). In Neuseeland ist es *The New Zealand Potter* (New Zealand Publications Ltd., P.O. Box 881, Auckland, New Zealand), seit langem etabliert und über die Grenzen von Neuseeland hinaus sehr bekannt.

In Frankreich sorgt die Zeitschrift *Revue de la Céramique et du Verre,* herausgegeben von Sylvie Girard (61 Rue Marconi, F-62880 Vendin-le-Vieil) für Kontakte unter den Töpfern und macht auch Außenstehende mit der Keramik bekannt. Diese Zeitschrift hat einen ganz eigenständigen Charakter und mischt Geschichte und Ethnologie mit den neuesten Arbeiten europäischer Töpfer. Die Artikel sind auf französisch und auf englisch abgefaßt.

Deutsche Fachzeitschriften sind *Keramik Magazin* (Rudolf-Diesel-Str. 10–12, Postfach 1820, D-50226 Frechen) und *Keramik Info* (Bienenstraße 31, D-76530 Baden-Baden). Die Zeitschrift *Neue Keramik – new ceramics* (Unter den Eichen 50, D-12205 Berlin) stellt zeitgenössische Keramikkunst in deutscher Sprache vor und wiederholt wichtige Abschnitte auch auf englisch.

In Spanien gibt es zwei Zeitschriften: *Ceramica* (Apartado de Correso 7008, Pasoe Acacias 9, Madrid) und *Buleti Informatiu de Ceràmica,* eine vierteljährlich erscheinende Zeitschrift (Sant Honorat 7, Barcelona 08002).

REGISTER

Kursive Seitenzahlen weisen auf Illustrationen hin.

BILDNACHWEIS

Künstler und ihre Werke

Der Verlag dankt den folgenden Töpfern, Fotografen und Organisationen für die freundliche Erlaubnis, die Fotos in diesem Buch reproduzieren zu dürfen:

1: David Cripps; 2-3 mit freundlicher Genehmigung von Antony Gormley, Foto von David Cripps; 4: mit freundlicher Genehmigung von Betty Woodman, Max-Protetch-Galerie, New York; 6: Cornelia Klein/Harald Mühlhausen; 8–9: Foto von Michael Holford; 12: Rudolf Staffel – »Light Gatherer«, Foto von Eric Mitchel, mit freundlicher Genehmigung der Helen-Drutt-Galerie, Philadelphia; 13: Catherine Vanier; 26 oben: Ursula Scheid; 27 rechts: Herbert Wenzel, Deutschland; 32 oben: Thomas Ward/Bonhams; 34: Edouard Chapallaz; 38 links: Hein Severijns/Keramikmuseum Westerwald; 38 oben rechts: Robert Turner/Dorothy-Weiss-Galerie, San Francisco, Kalifornien; 38 unten rechts: Janet Mansfield, »Flower Vase«, holzgebrannt im Anagama-Ofen in Gulgong, NSW, Australien, Foto von Roger Deckker; 39 oben links: Peter Voulkos, Foto von Joe Schopplein; 39 unten links: Michael Casson, mit freundlicher Genehmigung der »Ceramic Review«; 39 rechts: Thomas Ward/Bonhams; 43 oben: Jane Hamlyn, mit freundlicher Genehmigung der »Ceramic Review«; 44 oben: Foto von Harry Foster/Kanadisches Museum für Zivilisation; 45 oben: Theresia Hebenstreit, Wiesbaden; 47 oben: Carol Roorbach; 49 rechts: Stephen Brayne/Aberystwyth Art Centre; 52 oben: Peter Kinnear; 53: Thomas Ward/Bonhams; 54 oben rechts: Jane Hamlyn; 54 unten links: David Cripps; 55 oben: Los Angeles County Museum of Art, Stiftung Howard und Gwen Laurie Smits; 55 unten rechts: Michael Casson, mit freundlicher Genehmigung der »Ceramic Review«; 59 oben: Duncan Ross; 61: Thomas Ward/Bonhams; 63 oben: Nicholas Homoky, mit freundlicher Genehmigung der »Ceramic Review«; 64 links: Thomas Ward/Bonhams; 64 oben rechts: Ruth Duckworth, Dorothy-Weiss-Galerie, San Francisco; 64 unten rechts: Thomas Naethe; 65 oben: Beatrice Wood/Garth-Clark-Galerie, Foto von John White, Privatsammlung; 65 unten: Paulien Ploeger, Foto von Erik Hesmerg; 66: David Cripps; 70 oben: David Roberts; 74: Galerie Besson/Alev Ebüzziya Siesbye, Foto von Michael Harvey; 75:Michael Holford; 76 oben links: Thomas Ward/Bonhams; 76 rechts: Martin Lewis, Foto von Bob Chegwidden; 77: Galerie Besson/Jennifer Lee; 79 oben: Thomas Ward/Bonhams; 83: Los Angeles County Museum of Art, Stiftung Howard und Gwen Laurie Smits; 84 unten: Cornelia Klein/Harald Mühlhausen; 85 oben: Philippe Lambercy; 85 unten: Evelyn Klein/Keramikmuseum Westerwald; 86: Carmen Dionyse, Foto von Bollaert; 87 oben links: Torbjørn Kvasbø; 87 oben rechts: Ard de Graaf; 87 unten links: David Cripps; 87 unten rechts: Paul Soldner, mit freundlicher Genehmigung der Louis-Newman-Galerie, Beverley Hills; 90 links: Richard de Vore; 93 oben: David Cripps; 94 links: Richard de Vore; 94 unten: Elspeth Owen, Foto von Nicolett Hallett; 95 oben: Claudi Casanovas; 97 oben: Froyle Tiles; 99 oben: Emily Myers; 103 oben: Thomas Ward/Bonhams; 104 oben: Suzy Atkins, Foto von Soisson; 106: Sasha Wardell, Foto von Nicole Crestou; 107 oben: Jeroen Bechtold, Foto von René Geretzen; 108 oben: Dieter Balzar; 109 oben: Johann van Loon; 110: Janice Tchalenko; 113: Young Jae Lee; 114: Stephen Brayne/«Ceramic Review«; 115: Edouard Chapallaz; 116: Catherine Vanier; 117: Thomas Ward/Bonhams; 119 oben: David Leach, mit freundlicher Genehmigung der »Ceramic Review«; 123 oben: Tove Anderberg, Foto von Tom Lauretsen; 124 oben: Thomas Ward/Bonhams; 128: Vaughn Smith; 129 rechts: Gilles Le Corre, Foto von Chris Honeywell; 129 oben links: Robin Welch; 129 unten links: Jac Hansen; 133 oben: David Cripps; 133 unten: Stephen Brayne; 134 unten: Johannes Peters; 135 oben links: Stephen Brayne/Aberystwyth Art Centre; 136 unten: Jane Hamlyn, mit freundlicher Genehmigung der *Ceramic Revue*; 137: Ruthanne Tudball; 139 oben: Thomas Ward/Bonhams; 139 unten: Peter Kinnear; 146 links: Foto von Harry Foster/Kanadisches Museum für Zivilisation; 146 rechts: Galerie Besson/Lucie Rie; 147 oben: Galerie Besson/Claudi Casanovas; 147 unten: Galerie Besson/Ewen Henderson; 149 oben: Paul Soldner, mit freundlicher Genehmigung der »Ceramic Review«; 149 unten: Alphabet and Image; 150 oben: Tom und Elaine Coleman; 151: Thomas Ward/Bonhams; 153 oben: Galerie Besson/Vladimir Tsivin; 154 oben: Peter Kinnear; 155 rechts: Thomas Ward/Bonhams; 158 oben: David Cripps; 159 rechts: Privatsammlung, Foto von John Colls; 160 oben rechts: Rita Ternes; 160 oben links: Carmen Dionyse, Foto von Heyrman Graphics; 162 oben: mit freundlicher Genehmigung von Astrid Gerhartz, Foto von Grosse; 162 unten: David Cripps; 163 links: Rudy Autio; 163 oben rechts: Thomas Hoadley; 163 unten rechts: Elisabeth von Krogh; 165 oben: Thomas Ward/Bonhams, © Dacs 1994 (Pablo Picasso, »Vase Itzteque aux Quatres Visages«, 1968); 166: Sandy Brown; 170: Jean-Claude de Crousaz; 171 oben: Explorer/A. de Guise; 182 oben: Jane Wallner, Foto von Frank Thurston; 187 unten: Johannes Peters; 189: Jac Hansen.

Die folgenden Fotos wurden für den Verlag aufgenommen von Adam Birks-Hay: 71 unten, 92, 93 unten, 178, 179. Alle weiteren Fotos wurden von Peter Kinnear speziell für dieses Buch aufgenommen.

DANKSAGUNG

Zahlreiche vielbeschäftigte Berufstöpfer und Lehrkräfte haben mitgeholfen, diesem Buch in Gestaltung und Zielsetzung Profil zu verleihen. Leider mußte aus Platzgründen auf Hunderte von ausgezeichneten Bildern, wie sie von Abigail Ahern, Harald Mühlhausen und vielen anderen mit Akribie beschafft worden sind, verzichtet werden. Die vertrauten Gesichter von führenden Töpfern und ihre Werke bereichern das Buch; sie sind zu zahlreich, um ihnen einzeln zu danken. Indessen wissen sie, wie sehr wir beide, der Fotograf Peter Kinnear und ich, ihre Mithilfe geschätzt haben. Unser besonderer Dank geht an ungezählte großzügige Töpfer, darunter: Cyril Frankel, Anita Besson, Bonhams, Albert Clamp, ganz besonders an John Leach und die Mitarbeiter der Muchelney Pottery, Nick Rees und Mark Melbourne, Bryan und Julia Newman, Betty Blandino, Gabriele Koch, David Cowley und die Studenten des Goldsmith College in London, Deirdre Bowles, Mary Wondrausch, Jane Waller, Jennifer Lee, Mike Levy, die »Ceramic Review«, Sylvie Girard, die »Revue de la Céramique«, John Ford, Alan Caiger-Smith, Claude Champy, Garth Clark, Gunnar Jakobsen, Thea Burger, Nicholas Homoky, David Roberts, Ursula Ströh-Rubens, Janet Mansfield, Stephen Course und die Dartington Pottery.